# "一带一路"与中国区域经济发展研究

孙久文　高志刚　张世贤◎主编

"THE BELT AND ROAD" AND CHINA'S REGIONAL ECONOMIC DEVELOPMENT RESEARCH

经济管理出版社
ECONOMY & MANAGEMENT PUBLISHING HOUSE

**图书在版编目（CIP）数据**

“一带一路”与中国区域经济发展研究/孙久文，高志刚，张世贤主编. —北京：经济管理出版社，2019.1
ISBN 978-7-5096-6360-8

Ⅰ. ①一… Ⅱ. ①孙… ②高… ③张… Ⅲ. ①中国经济—区域经济发展—研究 Ⅳ. ①F127

中国版本图书馆 CIP 数据核字（2019）第 016694 号

组稿编辑：申桂萍
责任编辑：梁植睿
责任印制：黄章平
责任校对：董杉珊

出版发行：经济管理出版社
（北京市海淀区北蜂窝 8 号中雅大厦 A 座 11 层 100038）
网　址：www. E-mp. com. cn
电　话：（010）51915602
印　刷：北京晨旭印刷厂
经　销：新华书店
开　本：720mm×1000mm/16
印　张：16
字　数：269 千字
版　次：2019 年 5 月第 1 版　2019 年 5 月第 1 次印刷
书　号：ISBN 978-7-5096-6360-8
定　价：68.00 元

# 前　言

“一带一路”是“丝绸之路经济带”和“21 世纪海上丝绸之路”的简称，“一带”，指从中国出发，经中亚、俄罗斯到达欧洲，或是经中亚、西亚至波斯湾、地中海，以及中国到东南亚、南亚、印度洋的“丝绸之路经济带”；“一路”，指从中国沿海港口过南海到印度洋、延伸至欧洲，或是从中国沿海港口过南海到南太平洋的“21 世纪海上丝绸之路”。目前，已经有 60 多个国家和国际组织积极响应“一带一路”的倡议，这些国家总人口约 44 亿，经济总量约 21 万亿美元。“一带一路”是世界跨度最大、覆盖面最广的新兴经济带。

## “一带一路”的国际区域合作理论基础

区域分工理论用来解释区域分工和经济活动的区域分布，通常是在国际贸易理论的基础上构建的。斯密的古典贸易理论和赫克歇尔–俄林的新古典贸易理论都是基于比较优势，分别认为劳动生产率、要素禀赋相对丰裕程度的差异，是导致区域分工及区域贸易产生的主要原因，并主张实行自由贸易，通过要素流动、区域贸易实现均衡增长，提高各区域整体的福利水平。长期以来，建立在比较优势基础上的古典和新古典贸易理论，使发展中国家和欠发达地区在分工结构中处于依赖劳动密集型和资源密集型产品出口的价值链低端，在短期固然能获得一定的贸易利益，但在长期产业结构难以转型升级，和发达国家的差距会进一步扩大，跌入“比较利益陷阱”。

区域空间组织理论认为，区域空间组织的变迁往往与交通技术的变革密切相关。据弗里德曼的空间一体化理论，持续的经济增长会导致空间一体化。在空间一体化的中前期，区域空间组织较为符合点轴开发形式。科技水平较高、主导产业明确、基础设施优越的各级中心城市，充当了点轴体系中的“点”，即“增长极”，连接各个“点”的以交通运输线路为主的基础设施沿线发展出轴带状的产业带。在点轴体系较为完善后，也就是空间一体化过程的后期，城市等级体系形成，发达的交通网络形成，区域体系变成组织良好的综合体。

“一带一路”本质上是发展经济带，在中国与沿线合作国家之间依托铁路、河流、公路、航空等交通运输干线，在沿线开展频繁的产品以及资金、劳动力、技术、信息、资源等生产要素的流动，促进沿线地区的分工合作和产业集群，优化产业空间布局，发展出一批不同等级的城市体系，最终实现空间一体化。

## “一带一路”的深刻背景与内涵

“一带一路”的提出，是从中国国家发展的客观需要出发，体现中国作为影响世界格局的关键力量和在世界发展中的战略方向，具有深刻的国际和时代背景。

当前，全球经济普遍低迷，在调整和变革之中，产业分工和经济地理格局将产生深刻变化。从国内看，我国经济已经进入新常态，呈现出新的发展趋势和调整的特征。资源开发过度，生态环境退化，收入差距加大，城乡矛盾突出，产业发展遇到瓶颈。解决这些问题，需要我们把国内经济发展与国际经济合作结合起来，走一条新的改革开放的国际化道路。

在国际贸易出现了明显的区域化趋势的今天，区域性贸易协定发展加速，国际分工不断深化，产业链和价值链分工在世界经济格局中日益重要。而中国的国际经济合作，面临着以美国主导的 TPP、TTIP 等区域经济集团的压力，以及长期依赖于出口导向型经济拉动，产业处于国际分工的低端环节，跌入“比较利益陷阱”等问题。在“一带一路”大开放、大交流、大融合的区域合作新理念下，如何为中国实施“一带一路”这种全新的区域合作思路搭建分析框架，设计合理的运行机制，解决中国在转变增长方式、产业转型升级、优化区域空间组织、延伸区域合作空间等诸多问题，是一个亟待解决的重要问题。

## “一带一路”的国际区域合作基础

“一带一路”倡议是一项宏大的系统工程。国家在制定“一带一路”倡议的实施规划中，提出要突出重点、远近结合，有力有序有效推进。对于与“一带一路”沿线国家的关系，提出要坚持共商、共建、共享原则，积极与沿线国家的发展战略相互对接。毫无疑问，“一带一路”倡议的推进，要依靠沿线国家的区域经济合作；通过区域经济合作，实现互利共赢、共同发展的目标。

首先，“一带一路”沿线的东部国家是东亚、东南亚国家，这些国家多为新兴工业化国家，与中国国情相似，发展阶段相近，经过多年的中国与东盟、中国与日韩等国家的合作，形成了较强的经济互补性。我国对这些国家具有资金、技术、管理等方面的优势，同时我国改革开放的发展经验对这些国家也有重要借鉴意义。我们可以针对这些国家转移一部分产能，特别是中低端产业的产能。其次，“一带一路”沿线的中部国家是中亚、南亚、西亚和北非，这些国家有的劳动力丰富，市场前景广阔；有的能源矿资源丰富，但处于工业化早期阶段。这些国家是我国重要的贸易伙伴，与我国利益交集多，合作面广，特别是在资源合作方面，形成了良好的经济关系。这些国家与我国在产能合作方面的潜力也很大。再次，“一带一路”沿线的西部国家是东欧和西欧，俄国和东欧国家大多是转型经济体，加快经济社会发展的愿望迫切。西欧国家是发达国家，面临诸多的发展问题，他们期望通过与中国的合作来拓展市场，振兴低迷的经济。我国与这些发达国家的合作，是通过扩大对这些国家投资，利用当地比较优势进行生产、降低成本、扩大对第三国销售，解决贸易壁垒问题。

自“一带一路”提出以来，中国与“一带一路”沿线国家的交通、能源、通信等方面已取得了卓有成效的进展，相比这些硬件基础设施方面的互联互通，难度更大的是创造政策沟通、民心相通、货币联通、贸易畅通等软件环境。目前，我国与“一带一路”国家在这些方面的互联互通还处于起步阶段，实现沿线国家发展战略的对接，政策、民心、货币、贸易等方面的互联互通，将是“一带一路”倡议的重点。

# 目　录

# 第一章　“一带一路”与区域经济发展*

2013年9月7日，习近平主席在哈萨克斯坦纳扎尔巴耶夫大学发表演讲时表示：为了使各国经济联系更加紧密、相互合作更加深入、发展空间更加广阔，我们可以用创新的合作模式，共同建设“丝绸之路经济带”，以点带面，从线到片，逐步形成区域大合作。2013年10月3日，习近平主席在印度尼西亚国会发表演讲时表示：中国愿同东盟国家加强海上合作，使用好中国政府设立的中国—东盟海上合作基金，发展好海洋合作伙伴关系，共同建设21世纪“海上丝绸之路”。

“一带一路”是我国最高决策层主动应对全球形势深刻变化、统筹国内国际两个大局提出的重大倡议，是关乎未来中国改革发展、稳定繁荣乃至实现中华民族伟大复兴中国梦的重大“顶层设计”。毫无疑问，“一带一路”影响到我国政治经济生活的方方面面，本章拟从区域经济发展的角度，分析“一带一路”的影响。

## 一、“一带一路”与区域经济发展的关系

“一带一路”是中央以“和平合作、开放包容、互利共赢”精神为指引，本着“共商、共建、共享”的原则提出的国家发展大战略。“一带一路”提出的初始依据，是中国和“一带一路”沿线国家的区域经济发展状况。

---

* 作者：孙久文、傅娟、唐泽地、顾梦琛。

## (一)“一带一路”的区域经济基础

1.“一带一路”的区域经济意义

当前，“一带一路”已经进入到积极推进的阶段，旨在“促进经济要素有序自由流动、资源高效配置和市场深度融合，推动沿线各国实现经济政策协调，开展更大范围、更高水平、更深层次的区域合作，共同打造开放、包容、均衡、普惠的区域经济合作架构”的目标，正在逐步实现。

从《推动共建丝绸之路经济带和21世纪海上丝绸之路的愿景与行动》的规划中我们看到，“丝绸之路经济带”包括经中亚、俄罗斯至欧洲波罗的海区域的西线和经中亚、西亚至波斯湾、地中海的西南线以及中国至东南亚、南亚、印度洋的南线，从国内区域来看，重点是影响西北和西南各省份的发展；“21世纪海上丝绸之路”是从中国沿海港口过南海到印度洋延伸至欧洲及从中国沿海港口过南海到南太平洋，对我国沿海省份影响极其重大。我国的国土开发和区域发展，经过1999年以来的区域开发行动，已经形成了“普遍沸腾”的局面，特别是市场化进程的加快使我国各区域与国际经济的联系日趋紧密。推进“一带一路”的国内区域经济基础是坚实的，在福建、新疆、云南、内蒙古等地形成了核心区或“桥头堡”。

2.“一带一路”的区域经济内涵

第一，“一带一路”是区域经济发展战略的延续与完善。区域发展不平衡一直是我国的基本国情。从改革开放初期到21世纪初期，我国区域发展战略经历了从非均衡发展战略到实施区域协调发展战略的转变过程。改革开放初期实施的非均衡发展战略，大大加快了我国经济发展，缩小了我国与发达国家的差距，创造了“中国奇迹”，但是非均衡发展战略客观上扩大了东部和西部的差距，加之金融危机，造成我国外需明显紧缩。在这个背景下，国家陆续提出了“西部大开发”“振兴东北老工业基地”“中部崛起”等战略，形成了区域发展总体战略。进入“十三五”时期，“京津冀协同发展”战略和“长江经济带”战略的相机提出和实施，对这两个区域的发展起到了巨大作用。“一带一路”的实施，是在前期各个发展战略基础上的延续，是对前面所有发展战略的区域层面的完善，因而具有引领性的作用。

第二，“一带一路”是应对经济新常态和新挑战的重要部署。进入21世纪第二个十年，西部地区已经站在新的历史起点上，进入了新的发展阶段。随着西部大开发战略、中部崛起战略的实施，近年来中部、西部和东部的相对差距有所减小，但是绝对差距还是呈扩大趋势。2014 年各省份人均 GDP 最高的天津，是最低的甘肃的 4.34 倍。而中西部与东部在教育、医疗、基础设施等方面的差距十分明显，表明区域发展质量差异较大。解决区域发展差距是我们面临的历史性任务。与此同时，中国经济正在逐步进入新常态。首先，经济增长从高速向中高速转变，2014 年全国 GDP 增幅为 7.4%，在世界范围内属于较高水平，但该增速创我国 24 年来最低值。其次，产业结构不断优化升级，2014 年我国第三产业增加值继续超过第二产业，同时，最终消费支出对经济增长的贡献率达到 51.2%，但外贸对经济增长的驱动乏力。最后，经济发展过程累积的潜在风险正在逐步显化，随着国际经济形势趋紧和国内经济增速放缓，部分行业产能过剩、地方债务问题、财政可持续发展、通货紧缩等风险需要着重关注。“一带一路”是我们应对这些区域问题的重要抓手：一是加强与沿线国家的经济联系，提振我国的对外贸易；二是通过国际合作化解部分过剩产能；三是强化各个区域的贸易自由度，为区域经济发展注入新的动力。

第三，“一带一路”是加强次区域和跨国际区域合作的新方向。“一带一路”就是要加强与沿线国家的交流与合作，向西延伸到与西亚、中东、欧洲的国家和地区的交流与合作，通过“海上丝绸之路”加强与南亚、东盟等的联系与合作。我国向西开放的空间十分广阔，具备良好的条件。首先，“丝绸之路经济带”是从我国东部沿海到中亚进而到欧洲的大通道，“丝绸之路经济带”沿线的地区具有较大发展潜力，西北地区与其合作的潜力很大。其次，我国与南亚国家、西亚国家在发展阶段、资源禀赋等方面都不尽相同，在经济、技术、能源上互补性很强，西南地区和沿海地区与其合作的空间很大。最后，俄罗斯和蒙古与我国有长期的合作关系，建设中蒙俄走廊符合各方的利益，中国与俄罗斯、蒙古国及欧洲各国可以在互惠、互利的基础上保持经贸合作与各方面的交流，有利于形成全方位的对外开放格局，东北、内蒙古和华北的部分地区可以形成三条走廊，对我国东北和内蒙古的带动作用十分可观。

总之，从“四大板块”的形成到“三大支撑带”战略的提出，标志着我国的区域经济发展已经到了一个“均衡协调”的新时期。“一带一路”对区域发展所形成和注入的动力，沿已经形成的经济发展网络向内陆传递，使经济空间联系更加紧密和顺畅，是我国未来区域经济发展的主要动力之一。

## (二)“一带一路”与拓展区域发展新空间的关系

我国目前已经达到上中等收入国家的水平。中国经济发展使各区域的财富逐步丰裕，拓展区域发展新空间已经提到日程上来。

1. 中国区域经济发展的新特点

(1) 发挥区域优势。我国幅员辽阔，各区域的区位条件、资源条件和发达程度差异很大。东部沿海地区区位条件好，离国际市场近，市场机制建立较早也较为完善，在承接国际产业转移的过程中，实现了高速发展；而中西部地区的区位条件不利，市场发育程度相对较低，商品流通不够顺畅，土地、技术、资本等要素市场地区分割严重，发展速度在一段时间内落到东部沿海地区之后是不可避免的。

发挥区域优势是区域协调发展的客观基础。改革开放以来的区域发展过程，是准确把握全国各地区的不同的经济发展和市场发达程度，在市场发展较好、经济较发达地区调整生产力布局，更多地发挥市场经济行为主体的作用，协调主体利益；而在市场机制不太完善、经济欠发达地区调整生产力布局，在发挥市场配置资源主体的作用的同时，更加注重发挥政府的作用，用区域规划引领区域发展。

(2) 追求空间平等。实现空间平等有两种思路：“空间中性”与“基于地区”①。“空间中性”是假设空间均衡存在和生产要素完全流动，区域发展总体战略是“空间中性”的政策体现。“空间中性”要求经济与人口在一定空间趋于均衡，各地区获得大致相同的发展机遇。“基于地区”的政策则具有明显的针对性，直接针对某一个地区实施相应的发展政策，比如国家级新区、承接产业转移示范区、综合配套改革示范区等，都属于此类政策区域。

是否实现空间平等的衡量标准，是地区发展差距是否缩小。从区域差距的变化情况看，2013 年沿海地区人均 GDP 为 6 万元，而内陆地区仅为 4 万元。从 1997 年到 2013 年的 17 年间，绝对差距从不到 5000 元扩大到 25000 元以上。实现空间平等的目标还任重道远。

(3) 外向开放发展。随着经济全球化的进一步发展，注重开放条件下的外向

① 周玉龙，孙久文. 论区域发展政策的空间属性 [J]. 中国软科学，2016 (2)：67-80.

发展成为优化区域空间格局的重要导向。随着国际贸易和生产要素的国际流动，我国经济与国际经济的关系日益加深。区域经济发展受国际经济的影响日趋明显，以融入国际经济大循环为目标来发展区域经济，收到加快空间发展的回应。

例如，我国的石化工业的布局，随着我国原油的进口量不断增加，对外依存度逐年提高，由于国内相当部分炼油、石化企业都依靠进口原油，石化工业布局向沿海地区移动就成为必然的趋势。当前优化我国生产力布局，必须考虑开放条件下的全球化产业发展态势，外贸依存度大的行业应考虑向沿海布局，以内需为主的行业应当随人口分布而布局。

总之，改革开放以来，中国区域空间发展是不平衡的，地区之间的发展差距仍在拉大，但并没有影响中国的区域经济发展。也就是说，在沿海经济发展水平提高的同时，内地的经济发展水平也在提高，只是提高的速度不一样。

2.“一带一路”对拓展区域发展新空间的作用

（1）通过“一带一路”建设，形成新的增长点。从 1979 年开始，我们先后建立了包括深圳在内的 5 个经济特区，开放和开发了 14 个沿海港口城市和上海浦东新区，相继开放了 13 个沿边、6 个沿江和 18 个内陆省会城市，建立了众多的特殊政策园区。但显然，前期的对外开放重点在东南沿海，广东、福建、江苏、浙江、上海等省市成为了“领头羊”和最先的受益者，而广大的中西部地区始终扮演着“追随者”的角色，这在一定程度上造成了东、中、西部地区的区域失衡。为适应经济全球化的新形势，党的十八届三中全会强调实行对内对外开放相结合，“一带一路”正是我国扩大对外开放的新举措。通过“一带一路”建设，东部地区可以实现加速转型升级；中西部地区应该抓住这一机遇，促进中西部地区资源要素的自由流动和充分利用，通过资本、技术等的聚集，形成新的增长动力，提高中西部地区的产业层次，深化中西部地区的对外开放，形成新的增长点。

（2）加快以“三大支撑带”为主体的区域新格局的逐渐形成。统筹发展“三大支撑带”是构建我国区域发展新格局的主要行动，这一新格局涵盖中国所有区域，并且从以往的单独区域到现在的支撑带连接，这意味着中国的区域经济发展战略逐步走向整体性和全局性，通过“三大支撑带”的支撑，中国的区域对外开放将进一步走向深入。

“一带一路”通过“丝绸之路”和“海上丝绸之路”与沿线国家互联互通，全面构建我国对外开放的格局，与“一带一路”遥相呼应的长江经济带贯通长三角城市群、长江中游城市群和成渝城市群，长江经济带横跨我国东中西三大区域，中央明确提出，“有序开工黄金水道治理、沿江码头口岸等重大项目，构筑综合立体大通道”。长江经济带建设不仅是为了流通货物，更在于“引导产业由东向西梯度转移”，建设产业转移示范区。按照“提升优化一批、梯度转移一批、关停淘汰一批”的思路，优化存量，化解过剩产能，实现转型。京津冀地区则需要打破行政分割，改变“分灶吃饭”的现象，以协同创新为先导，构建京津冀区域分工新格局。通过构建产业分工格局，实现三地融合，联动发展，打造协同创新共同体。

“三大支撑带”与“四大板块”统筹发展，通过四通八达的陆路、铁路交通连接起来，构建全面的区域发展大格局，形成全方位的对外开放新格局，支撑起我国经济发展的愿景。

(3) 促进中国开放经济全新的空间格局的逐步形成。中国区域经济发展近年由不均衡发展进入相对均衡时期，2010 年到 2014 年东部、东北部的第二产业增加值比重分别从 44.1%、10.4%下降到 40.2%、9.9%，中部和西部分别从 23.9%、21.6%上升到 25.4%、24.3%，区域经济之间的发展差距呈现缩小态势。但是，2015 年和 2016 年，这种趋势又开始反弹，地带性的差距出现不规律的变化。我们同时也必须看到另一面，由于种种原因，西部地区的对外开放程度还是弱于东部地区，进出口总额只占全国的 6.1%，而东部地区进出口额占全国的 84.6%，呈现出“东强西弱，海强边弱”的状况。为应对中国经济发展的新常态，扩展新的世界市场，目前，我国已经建立上海、天津、广东、福建四个自由贸易区，它们不仅要当好改革开放的“排头兵”、制度创新的“试验田”，并且还要与“三大支撑带”相呼应，构建我国全方位的对外开放新版图。从地理位置上来看，上海位于“海上丝绸之路”和长江经济带的交汇处，将来可能会聚集更多的企业、金融机构，未来的金融创新也是其重点；天津位于京津冀区域，未来其发展的重点也是高端金融服务业；广东主打“港澳牌”，将以深化粤港澳合作为重点，进一步推动粤港澳服务贸易自由化，同时加快经贸规则与国际对接；福建作为大陆与台湾距离最近的省份，未来将重点突出对接台湾自由经济区。

(4)“一带一路”发展战略为产业转移和消化过剩产能带来发展空间。“一带一路”增强了西部地区承接产业转移的竞争优势。面对西部地区承接产业转移的诸多不利和限制因素，“一带一路”的提出为西部地区增强自身优势、承接东部产业的转移提供了机遇。“一带一路”沿线国家，尤其是处于转轨时期的中亚国家，轻纺织业较为落后，与我国经济互补性较强，发展边境贸易空间较大，并且这些国家对外联系不便，我国具有陆路联系的优势。因此，“一带一路”的建设为西部承接产业转移提供了重要契机。西部通过承接东部产业转移不仅可以带动当地就业，促进经济增长，而且能够改善西部的产业结构，改变长期以来以资源为主的产业结构，同时也有利于东部“腾笼换鸟”，实现产业转型升级。由于前几年我国投资增长过快，国内大部分省份致力于发展房地产业、钢铁，导致产能过剩，对我国经济带来较大的影响。在国内增长放缓、国际需求不足的大背景下，依靠传统市场已难以消化我国的过剩产能，因此我国迫切需要开拓新的市场。“一带一路”的提出，加强了我国与新兴国家的经济合作与交流，目前新兴市场国家和欠发达国家的基础设施建设仍然欠缺，中国可利用积累的外汇储备作为拉动全球经济增长的资本金，同时也可通过资本输出带动消化国内的过剩产能。

### （三）实施“一带一路”加快区域经济发展的政策建议

通过前面的分析，我们看到“一带一路”对我国的区域经济发展起到关键性的作用。为加快实施“一带一路”促进区域经济发展，本章特提出以下建议：

第一，制定“一带一路”规划，一方面要注重促进东中西部、沿海和内地的联动发展，加快缩小区域发展差距，强调各个区域特别是大区域联动，如推动产业的有序转移和承接，来推进产业梯度发展等；另一方面，“一带一路”建设要注重促进区域一体化发展，促进资源要素的自由流动和高效配置，推进国内与国际的合作发展，使对内对外开放相互促进，更好地利用两种资源、两种市场，来拓展我们的发展空间，提升发展潜力，实现可持续发展。

第二，建设“一带一路”要不断完善国内基础设施建设，提高国内一体化水平，降低国内运输成本，形成一批纵横交错、互相连接的沿海、沿江、沿边战略大通道，加快国内各经济区的整合和联系，缓解西部内陆地区的区位和空间劣势，打破内陆地区不靠海的限制，加快我国内陆地区同沿海地区的连通，以“丝绸之路经济带”和“21 世纪海上丝绸之路”为基础扩大对外开放，打造一批重要物流链和关键节点，推动形成具有跨国境要素集成能力、市场辐射能力的区域产业发展新布局。

第三，加快构建“一带一路”的“五大支柱”。一是政策沟通。各国本着求同存异的原则，在政策和法律上为经贸合作铺平道路。二是设施联通。打通从太平洋到波罗的海的交通大通道，并在此基础上完善交通基础设施建设，形成连接中亚、西亚和南亚的交通运输网络，为各国经贸合作和交流提供便利。三是贸易畅通。消除贸易壁垒，降低贸易和投资成本，实现互利共赢。四是资金融通。在经常项和资本项下实现本币兑换和结算，这样可以大幅度降低流通成本，增强抵御金融风险的能力，提高本地区的国际竞争力。五是民心相通。加强人民之间相互往来，增进人民友谊，通过积极开展公共外交，增信释疑，实现沿线各国的民心沟通。

第四，发展多样化的区域合作形式，加快推进跨国际合作区的建设。经济带和大经济区的区域合作是我国未来国际区域合作的重要形式。云南与澜沧江—湄公河流域国家的合作，新疆与中亚各国的合作，内蒙古与蒙古、俄罗斯的合作以及与图们江流域的区域合作，都已经具备了构建国际合作区的条件。

## 二、“一带一路”建设成效与进展

2013 年 9 月习近平主席在出访哈萨克斯坦时首次提出共建“丝绸之路经济带”的设想,[①] 同年 10 月习近平主席在出访东南亚国家期间首次提出共建“21 世纪海上丝绸之路”的倡议,[②] 简称为“一带一路”倡议。此倡议一经提出便得到国内外广泛关注和积极响应。“一带一路”倡议蕴含平等、互利、互动、共赢的东方哲学思想，是中国在新的历史条件下实现全方位对外开放，传承历史、面向未来的重大举措，该倡议作为一个面向全世界开放、包容、均衡、普惠的区域经济合作框架，不仅为中国与沿线国家优势互补、互利共赢开辟了广阔的空间，也为中国外向型经济跨越式发展和深度参与全球经济治理提供了历史机遇。2015 年 3 月，中国国家发展改革委、外交部和商务部联合发布了《推动共建丝绸之路经济带和 21 世纪海上丝绸之路的愿景与行动》，标志着“一带一路”进入全面推进建

① 习近平. 弘扬人民友谊　共创美好——在纳扎尔巴耶夫大学的演讲［EB/OL］. 新华网，http：//news.xinhuanet.com/world/2013-09/08/c_117273079.htm ，2013-09-07.

② 习近平同印度尼西亚总统苏西洛举行会谈［EB/OL］. 新华网，http：//news.xinhuanet.com/2013-10/02/c_117587755.htm ，2013-10-02.

设阶段。[①] 经过这几年的发展，“一带一路”建设在政策沟通、设施联通、贸易畅通、资金融通、民心相通方面都取得了积极成效并且进展顺利。

## （一）政策沟通获得广泛共识

政策沟通是“一带一路”倡议推进的政治基础与首要条件，是国家间务实合作的重要保障。

1. 高层互访频繁，助推跨地区战略衔接

“一带一路”倡议提出以来，我国政府高层频频访问“一带一路”沿线国家，并在出访过程中介绍“一带一路”的理念、内容、方针，与这些国家的领导达成了合作共识。习近平主席在 2013 年 9 月到 2018 年 4 月访问了 37 个国家，有 52 个“一带一路”国家元首访问中国，总计达 107 次。通过高层互访，我国已与“一带一路”沿线国家形成各层次的双边合作机制，并与多个沿线国家的发展战略实施对接，得到了沿线各国的积极响应，如俄罗斯的“欧亚经济联盟”、哈萨克斯坦的“光明之路”、蒙古的“草原之路战略”、英国的“北方增长计划”、欧盟的“容克计划”、韩国的“欧亚倡议”、越南的“两廊一圈”、澳大利亚北部大开发、波兰的“琥珀之路”等，沿线国家的发展战略为我国“一带一路”的推进奠定了基础。[②]

2. 双边、多边定期化合作机制稳步建立

双边和多边合作逐步深化，我国与“一带一路”沿线国家双边、多边合作定期化合作机制已初步建立，有力推动了区域与跨区域合作。截至 2018 年 4 月底，中国已与 53 个“一带一路”国家签署了政府间“一带一路”合作备忘录。2016 年 9 月，联合国开发计划署与中国签署共建“一带一路”谅解备忘录，这是首份政府间共建的“一带一路”谅解备忘录，是国际组织参与“一带一路”建设展现良好开端。中国同俄罗斯之间上到两国元首、总理等高层领导人，下到各政府部门和各地方，已经建立起一整套全覆盖的互访与合作机制。中国同乌克兰、白俄罗斯、哈萨克斯坦、土库曼斯坦和乌兹别克斯坦等欧亚国家均设有领导人直接牵

---

① 国家发展和改革委员会，外交部，商务部. 推动共建“一带一路”的愿景与行动［EB/OL］. 新浪网，http：//news.sina.com.cn/c/2015-03-28/140031655780.shtml，2015-03-18.

② 欧晓理. “一带一路”工作进展及未来展望［J］. 港口经济，2015（12）：13-15.

头的政府间合作委员会。同时，上海合作组织（SCO）、中国—东盟“10+1”、亚太经合组织（APEC）、亚欧会议（ASEM）、亚洲合作对话（ACD）、亚信会议（CICA）、中阿合作论坛、中国—海合会战略对话、中国—中东欧“16+1”合作机制、大湄公河次区域（GSM）经济合作、中亚区域经济合作（CAREC）等多边合作不断深化。2016 年 6 月，《建设中蒙俄经济走廊规划纲要》[①] 作为“一带一路”框架下第一个多边合作规划纲要正式启动实施，共同规划发展三方公路、铁路、航空、港口、口岸等基础设施资源，推动发展中国和俄罗斯、亚洲和欧洲之间的过境运输。

3. 伙伴关系提升迅速

在伙伴关系发展方面，我国一直高度重视与包括沿线国家在内的世界各国加强伙伴关系，伙伴关系得到有效提升。截至目前，我国已经与绝大多数沿线国家建立了多层次的各类伙伴关系，其中与中国建交后处于“全面战略伙伴关系”的国家数量最多（见图 1–1）。特别是 2013 年“一带一路”倡议提出以来，沿线国家与中国的伙伴关系迅速提升，截至 2015 年底，共有 24 个沿线国家提升了与我国的伙伴关系（见表 1–1）。

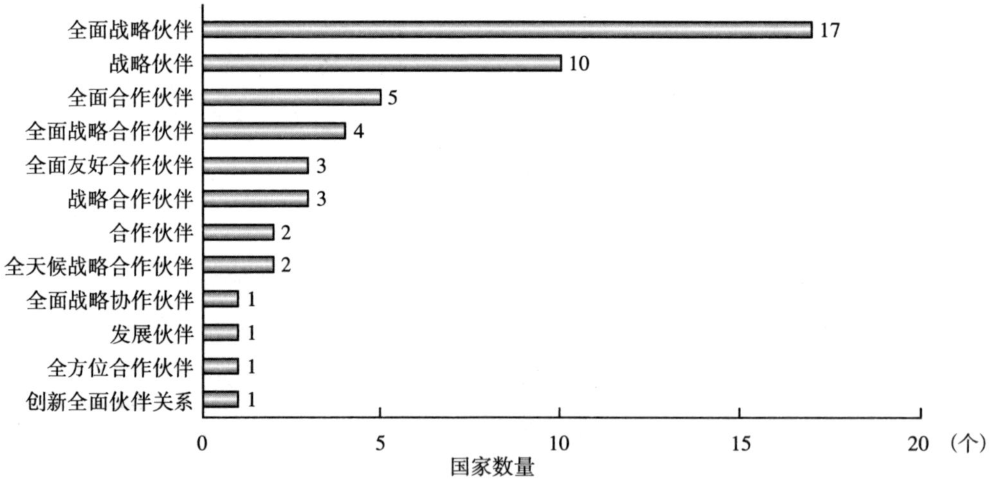


**图 1–1 我国与“一带一路”沿线国家建立的伙伴关系情况（截至 2017 年底）**

资料来源：根据中华人民共和国外交部网站整理。

① 建设中蒙俄经济走廊规划纲要（全文）[EB/OL]. 国务院新闻办公室，http: //www.scio.gov.cn/ztk/wh/slxy/htws/Document/1491208/1491208.htm，2016-09-14.

**表 1-1 “一带一路”倡议提出以来我国与沿线国家伙伴关系级别提升情况**

| 国家 | 当前伙伴关系名称 | 提升年份 |
|---|---|---|
| 印度尼西亚 | 全面战略伙伴关系 | 2013 |
| 马来西亚 | 全面战略伙伴关系 | 2013 |
| 吉尔吉斯斯坦 | 战略伙伴关系 | 2013 |
| 印度 | 发展伙伴关系 | 2014 |
| 东帝汶 | 全面合作伙伴关系 | 2014 |
| 马尔代夫 | 全面友好合作伙伴关系 | 2014 |
| 保加利亚 | 全面友好合作伙伴关系 | 2014 |
| 蒙古国 | 全面战略伙伴关系 | 2014 |
| 埃及 | 全面战略伙伴关系 | 2014 |
| 卡塔尔 | 战略伙伴关系 | 2014 |
| 新加坡 | 全方位合作伙伴关系 | 2015 |
| 哈萨克斯坦 | 全面战略伙伴关系新阶段 | 2015 |
| 巴基斯坦 | 全天候战略合作伙伴关系 | 2015 |
| 亚美尼亚 | 友好合作关系 | 2015 |
| 约旦 | 战略伙伴关系 | 2015 |
| 埃及 | 全面战略伙伴关系 | 2016 |
| 沙特阿拉伯 | 全面战略伙伴关系 | 2016 |
| 伊朗 | 全面战略伙伴关系 | 2016 |
| 捷克 | 战略伙伴关系 | 2016 |
| 以色列 | 创新全面伙伴关系 | 2017 |
| 匈牙利 | 全面战略伙伴关系 | 2017 |
| 塔吉克斯坦 | 全面战略伙伴关系 | 2017 |
| 马达加斯加 | 全面合作伙伴关系 | 2017 |
| 埃塞俄比亚 | 全面战略合作伙伴关系 | 2017 |

资料来源：根据中华人民共和国外交部网站整理。

## （二）设施联通水平稳步提升

设施互联互通是降低贸易成本、增强国际联系的基本条件，也是“一带一路”建设的优先和重点领域。国际货币基金组织的数据显示，“一带一路”沿线 64 个国家中只有 7 个发达国家，“一带一路”沿线国家的基础设施状况总体低于全球平均水平，建设需求非常大。近年来，无论是铁路运输、高铁建设、能源管道建设还是电力建设，很多项目都已经顺利地实施和启动，互联互通水平稳步提升。

1. 能源通道建设

自 2013 年 10 月至 2016 年 6 月 30 日，中国国有企业在海外签署和建设的电站、输电和输油输气等重大能源项目多达 40 项，共涉及 19 个"一带一路"沿线国家。[①] 中俄和中哈原油管道、中俄和中国—中亚天然气管道等一系列已运营或在建的管道将中国和欧亚地区国家紧密相连。中核、中广核等中央企业已经开始开拓巴基斯坦、南非、埃及、土耳其和英国等海外市场，这些国家多属于"一带一路"的区域范围。《世界能源发展报告（2016）》[②] 研究表明，"一带一路"能源合作内容已经从传统能源勘探开发合作和水电、核电、风电、太阳能等能源合作，延伸到能源资源就地加工转化以及技术装备与工程服务领域的合作。

2. 综合交通网络体系建设

中国同欧亚地区国家之间不仅有密集、繁忙的空中航线，陆路交通也依托地理接壤的优势蓬勃发展。中俄间已开通 17 对陆路口岸、3 条跨境铁路、10 条跨境公路、7 条河运通道。中国同中亚国家间有 10 对陆路口岸，正在建设中哈（连云港）物流合作基地，中欧班列品牌初步建立，常态化运输机制逐步形成。自 2011 年中欧班列首次开行以来，中欧班列发展势头迅猛，尤其是近两年，货物品类逐步拓展，辐射范围快速扩大，依托西伯利亚大陆桥和新亚欧大陆桥，已初步形成西中东三条中欧班列运输通道，开行质量大幅提高。截至 2016 年 6 月底，中欧班列累计开行 1881 列，其中回程 502 列，国内始发城市 16 个，境外到达城市 12 个，运行线达 39 条，实现进出口贸易总额约 170 亿美元。[③] 截至 2018 年 4 月，中欧班列累计开行数量突破 7891 列，中欧班列已成为深化我国与沿线国家经贸合作的重要载体和推进"一带一路"建设的重要抓手。

海运方面，上海、天津、宁波—舟山、广州、深圳、湛江、汕头、青岛、烟台、大连、福州、厦门、泉州、海口、三亚等沿海城市港口建设已加快信息化、

---

① 中国人民大学"一带一路"建设进展课题组. 坚持规划引领　有序务实推进"一带一路"建设进展报告［J］. 中国发展观察，2016（19）：23-27.

② 黄晓勇. 世界能源发展报告（2016）［M］. 北京：社会科学文献出版社，2016.

③《中欧班列建设发展规划（2016~2020 年）》。

智能化进程，货运容纳能力和效率、港口运营管理能力提升迅速，能够主动应对日益提升的客户需求，港口的国际竞争力明显提升。

航空方面，在多种交通运输方式中，民航业具有快速高效、国际化、先联快通的鲜明特征，是发展双边关系的重要纽带，是提升综合实力和国际竞争力的重要因素，也是我国率先“走出去”的先行军。截至 2017 年 1 月，我国已与 120 个国家和地区签署了双边政府间航空运输协定，其中，“一带一路”沿线国家占 62 个，与东盟签订了首个区域性的航空运输协定。而在 26 个已经开通“一带一路”沿线国家航班的省份中，上海、北京、广东、四川、福建开通的航班数最多，国航、南航、东航等国内航空公司也不断加大对“一带一路”沿线市场的运力投放，2016 年新开辟沿线国家航线多达 240 条。[①] 这些交通基础设施日益把中国同欧亚地区国家纳入一个立体交通网络。

3. 信息基础设施建设

网络互通、信息互通是“一带一路”沿线国家加强沟通、扩大共识、深化合作的强韧纽带。自倡议提出以来，“一带一路”沿线国家高度重视信息通信基础设施建设，在网络互联互通、信息化发展等方面取得了积极进展。2015 年中非共建信息高速公路项目——东非信息高速公路建设已经启动，中巴跨境光缆项目也正式开工。亚欧 3 号海缆（SMW5）、亚非欧 1 号海缆（AAE-1）等国际海缆项目也即将全线贯通，将成为亚非欧高容量的信息通道。2016 年 11 月《关于加快推进“一带一路”空间信息走廊建设与应用的指导意见》[②] 正式出台，提出“经过 10 年左右的努力，基本建成以东南亚、南亚、西亚、中亚、北非为重点，辐射大洋洲、中东欧、非洲等区域，设施齐全、服务高效的‘一带一路’空间信息走廊”。这一目标的提出，将加快推进我国与“一带一路”沿线国家的空间信息走廊建设，使我国空间信息产业在走廊区域的市场化、国际化达到世界先进水平，为走向世界奠定坚实基础，惠及“一带一路”沿线国家经济社会发展。2017 年，由中国联通于 2012 年发起并主导建设的 AAE-1 海缆系统大部分正式投入商用，可连接亚非欧方向的 14 个“一带一路”沿线国家，其他海缆系统也正在建

① 中欧班列建设发展规划（2016~2020 年）[EB/OL]. 中国“一带一路”官网，https：//www.yidaiyilu.gov.cn/xwzx/gnxw/32334.htm.2017-10-31.

② 关于加快推进“一带一路”空间信息走廊建设与应用的指导意见 [EB/OL]. http：//xbkfs.ndrc.gov.cn/gzdt/201611/t20161123_827546.html，2016-10-22.

设中，跨境海缆通道将陆续打通。

## （三）贸易畅通多方推进迅速

投资贸易合作是“一带一路”建设的重点内容。贸易畅通主要解决投资贸易便利化问题，消除投资和贸易壁垒，构建区域内和各国良好的营商环境，积极同沿线国家和地区共同商建自由贸易区，激发释放合作潜力，做大做好合作“蛋糕”。

1. 贸易便利化程度提高，贸易转型升级加速

中国与“一带一路”沿线国家双边贸易额不断增加，对外开放的力度、广度和深度不断拓展，合作共赢、多赢的新局面正在形成。2017 年，中国同“一带一路”参与国双边贸易总额已经达到 14403.2 亿美元，占中国贸易总额的 36.2%。我国对“一带一路”沿线国家出口 43045 亿元，增长 12.1%；进口 30700 亿元，增长 26.8%。对“一带一路”沿线国家完成营业额 855 亿美元，增长 12.6%，占对外承包工程业务完成营业额比重为 50.7%。对外劳务合作派出各类劳务人员 52 万人，增长 5.7%。[①]

贸易便利化程度日益提高，近五年，我国加速推进通关一体化建设，开展了国际贸易“单一窗口”试点；构建沿线大通关合作机制，建设国际物流大通道；主动积极地参与关税减让谈判。我国已与欧盟、韩国、新加坡和中国香港地区正式签署“经认证的经营者”（AEO）的互认安排，为我国信用较高的企业在互认国家和地区争取便利的通关环境。

近五年，中国与“一带一路”沿线国家贸易额占中国与全球贸易额的比重上升明显（见图 1-2）。2017 年，亚洲、大洋洲地区是中国在“一带一路”中的第一贸易合作区域，占中国与“一带一路”沿线国家进出口总额的 56.8%；其次为西亚地区，占 16.2%；接下来依次为东欧、南亚、非洲及拉美、中亚地区，占比分别为 11.2%、8.8%、4.5%、2.5%（见图 1-3）。

① 中国国家统计局. 2017 年国民经济和社会发展统计公报［Z］. 2018-02-28.

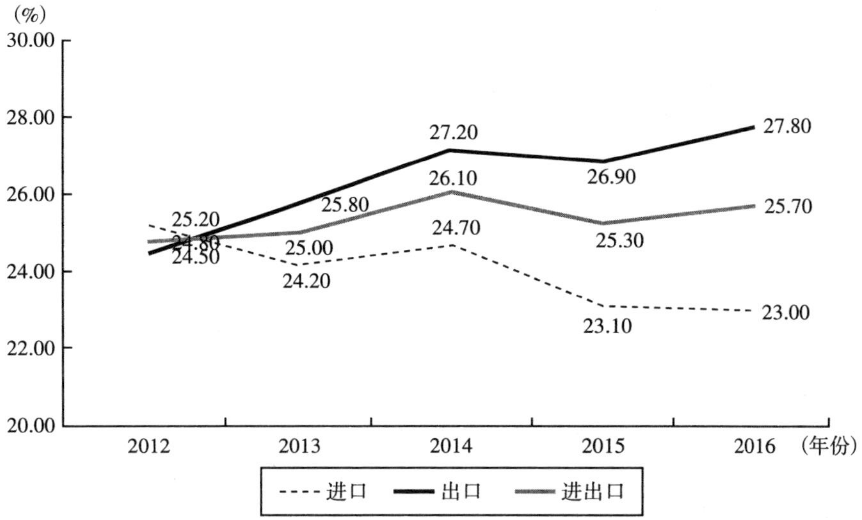


**图 1-2 2012~2016 年中国与“一带一路”沿线国家贸易额占中国与全球贸易额比重**

资料来源：Wind 数据库。

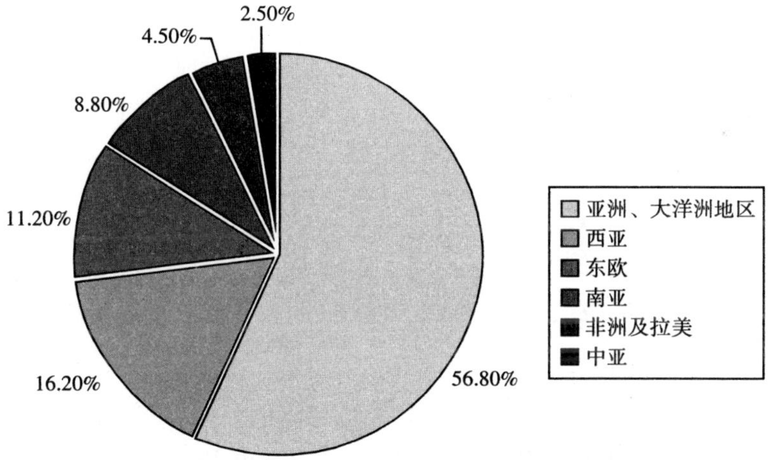


**图 1-3 2015 年中国与“一带一路”沿线国家贸易占比情况**

资料来源：《“一带一路”贸易大数据报告》(2018)。

此外，我国与“一带一路”沿线国家贸易领域与结构持续拓宽优化，开展了服务贸易创新的试点，服务贸易合作快速增长。商务部数据显示，2017 年，我国与“一带一路”沿线国家新签服务外包合同金额 1443 亿美元，同比增长 14.5%。同时，跨境电子商务等创新贸易方式迅猛发展，中国电子商务规模持续扩大，辐射作用日益增强，全年全社会电子商务交易总额规模达到 29.16 万亿元，交易额同比增长 11.7%。其中，跨境电商增长迅猛，海关验放跨境电商进出口商品总额 902.4 亿元，同比增长超 80%。[①] 2017 年中国电商市场份额在全球占比高达 40%，中国电商企业正在积极“走出去”。随着跨境电商平台不断发展完善，中国与“一带一路”沿线国家的商品流通将更为方便，同时带动沿线国家电子商贸、交易平台、支付结算等技术发展与应用，推动“一带一路”沿线形成新的商业格局和产业链，将更多“一带一路”沿线国家链接到世界产业链大网络之中。[②]

2. 投资便利化进程加快，投资壁垒正在逐步消除

双边投资保护协定谈判进程加快。截至 2015 年 7 月，我国已与 106 个国家签订双边投资协定，其中半数以上已经生效；与 99 个国家签订了避免双重征税协定，并建立了经贸联委会机制（如中非）和投资促进机构联系机制（如中国—中东欧国家），为双方企业开展相互投资和合作提供法律和制度保障。在此背景下，我国对“一带一路”沿线国家投资快速增长。据商务部数据，2017 年我国企业共对“一带一路”沿线的 59 个国家非金融类直接投资 143.6 亿美元，同比下降 1.2%，占同期总额的 12%，较上年提升了 3.5 个百分点，主要投向新加坡、马来西亚、老挝、印度尼西亚、巴基斯坦、越南、俄罗斯、阿联酋和柬埔寨等国家。对外承包工程方面，我国企业在“一带一路”沿线的 61 个国家新签对外承包工程项目合同 7217 份，新签合同额 1443.2 亿美元，占同期我国对外承包工程新签合同额的 54.4%，同比增长 14.5%；完成营业额 855.3 亿美元，占同期营业总额的 50.7%，同比增长 12.6%。

避免双重征税协定磋商力度加强。截至 2017 年 4 月底，我国与 54 个“一带一路”沿线国家和地区建立了双边税收合作机制，逐渐形成覆盖对外投资目的地和主要投资来源地的税收协定网络，投资壁垒正在逐渐消除。[③]

3. 自由贸易区（FAT）战略加快实施

2015 年国务院发布《关于加快实施自由贸易区战略的若干意见》[④]，明确提出构建以周边为基础、辐射“一带一路”、面向全球的高标准自由贸易区网络。加

① 唐生，杨坚争等. 2017~2018 中国电子商务发展报告［M］. 北京：中国商务出版社，2017.

② 跨境电商成为“一带一路”倡议发展新动力［EB/OL］. 新浪科技，http://tech.sina.com.cn/roll/2018-05-27/doc-ihcaqueu6922534.shtml，2018-05-27.

③ 21 世纪经济报道［EB/OL］. http://www.cctax.net/news/show.php?itemid=1378，2017-05-17.

④ 关于加快实施自由贸易区战略的若干意见［EB/OL］. 新华网，http://news.xinhuanet.com/politics/2015-12/17/c_1117491493.htm，2015-12-17.

快实施自由贸易区战略已经成为我国加快构建开放型经济新体制，扩大全方位对外开放的新机遇、新平台。截至 2017 年底，中国已与 24 个国家和地区签署了 16 个自贸协定，自贸伙伴遍及亚洲、大洋洲、美洲和欧洲。2017 年，中国与自贸伙伴的贸易投资额占中国对外货物贸易、服务贸易、双向投资的比重分别达到 25%、51%、67%。其中，正在谈判的自贸区有 13 个，正在研究的自贸区有 10 个，初步形成了周边的自由贸易平台和全球自由贸易网络（见表 1–2）。

**表 1–2 我国已经签署协议、正在谈判和正在研究的自贸区**

| 已签订协议的自贸区 | 正在谈判的自贸区 | 正在研究的自贸区 |
|---|---|---|
| 中国—马尔代夫　中国—格鲁吉亚 | 《区域全面经济伙伴关系协定》（RCEP） | 中国—哥伦比亚 |
| | 中国—海合会 | 中国—斐济 |
| 中国—澳大利亚　中国—韩国 | 中日韩 | 中国—尼泊尔 |
| | 中国—斯里兰卡 | 中国—巴新 |
| 中国—瑞士　中国—冰岛 | 中国—以色列 | 中国—加拿大 |
| | 中国—挪威 | 中国—孟加拉国 |
| 中国—哥斯达黎加　中国—秘鲁 | 中国—巴基斯坦自贸协定第二阶段谈判 | 中国—蒙古国 |
| 中国—新加坡　中国—新西兰 | 中国—新加坡自贸协定升级谈判 | 中国—巴勒斯坦 |
| 中国—智利　中国—巴基斯坦 | 中国—新西兰自贸协定升级谈判 | 中国—秘鲁自贸协定升级联合研究 |
| | 中国—毛里求斯 | 中国—瑞士自贸协定升级联合研究 |
| 中国—东盟　内地与港澳更紧密经贸关系安排 | 中国—摩尔多瓦 | |
| | 中国—巴拿马 | |
| 中国—东盟（“10+1”）升级　中国—智利升级 | 中国—韩国自贸协定第二阶段谈判 | |

资料来源：根据中国自由贸易区服务网内容整理。

4. 多种合作平台已完成搭建

实施“一带一路”，深化我国与周边国家和地区的经贸合作，沿边国家级口岸、边境经济合作区、跨境经济合作区以及境外经贸合作区是重要的平台。商务部数据显示，截至 2017 年，我国企业共在 44 个国家建设初具规模的境外经贸合作区 99 个，累计投资 307 亿美元，入区企业 4364 家，上缴东道国税费 24.2 亿美元，为当地创造就业岗位25.8万个。其中，2017年新增投资57.9亿美元，创造产值186.9亿美元。其中，通过商务部确认考核的境外经贸合作区达20个，包括巴基斯坦海尔—鲁巴经济区、埃及苏伊士经贸合作区、埃塞俄比亚东方工业园、中国·印度尼西亚聚龙农业产业合作区等（见表1-3）。

表1-3　确认通过考核的境外经贸合作区名录

| 合作区名录 | |
|---|---|
| 柬埔寨西哈努克港经济特区 | 中俄（滨海边疆区）农业产业合作区 |
| 泰国泰中罗勇工业园 | 俄罗斯龙跃林业经贸合作区 |
| 越南龙江工业园 | 匈牙利中欧商贸物流园 |
| 巴基斯坦海尔—鲁巴经济区 | 吉尔吉斯斯坦亚洲之星农业产业合作区 |
| 赞比亚中国经济贸易合作区 | 老挝万象赛色塔综合开发区 |
| 埃及苏伊士经贸合作区 | 乌兹别克斯坦“鹏盛”工业园 |
| 尼日利亚莱基自由贸易区 | 中匈宝思德经贸合作区 |
| 俄罗斯乌苏里斯克经贸合作区 | 中国·印尼经贸合作区 |
| 俄罗斯中俄托木斯克木材工贸合作区 | 中国·印度尼西亚综合产业园区青山园区 |
| 埃塞俄比亚东方工业园 | 中国·印度尼西亚聚龙农业产业合作区 |

资料来源：商务部。

## （四）资金融通网络基本形成

资金融通是“一带一路”建设的重要支撑。近年来，我国深化金融合作，积极推进亚洲货币稳定体系、投融资体系和信用体系建设，主动扩大与沿线国家双边本币交换、结算的范围和规模；加快丝路基金组建运营，与沿线国家共同推进亚洲基础设施投资银行与金砖国家新开发银行的筹建。同时，推进人民币的区域化与国际化，逐步加强与“一带一路”沿线各国的金融监管合作，努力建立高效监管协调机制。

1. 国际与国内金融合作加强

2014年12月，我国发起旨在“一带一路”发展进程中寻找投资机会并提供相应的投融资服务的丝路基金。2015年7月金砖国家新开发银行成立，主要专注于第三世界国家经济发展，侧重于基础设施投资，并计划构筑金融安全网。2015年12月，亚洲基础设施投资银行（以下简称“亚投行”）设立，主要是为促进亚洲区域建设的互联互通和一体化进程，并加强中国及其他亚洲国家和地区的合作。

目前，丝路基金已经宣布的投资项目分别是支持中国三峡集团在巴基斯坦等南亚国家投资建设水电站等清洁能源项目、支持中国化工集团并购意大利倍耐力轮胎公司项目、参与俄罗斯亚马尔液化天然气一体化项目三个项目的投融资，并与欧洲复兴开发银行签署合作谅解备忘录，与塞尔维亚签署关于新能源项目合作的谅解备忘录。金砖国家新开发银行主要是支持中国、印度、巴西和南非的绿色能源项目。亚投行的投资项目涉及孟加拉国、印度尼西亚、巴基斯坦和塔吉克斯坦等“一带一路”沿线国家的能源、交通和城市发展等领域。

国家开发银行、中国出口信用保险公司、中国进出口银行等国内政策性金融机构纷纷助力“一带一路”建设，中资银行在“一带一路”建设中从制定相关战略规划，完善机构和服务网络布局，推动重大项目信贷支持，开展业务创新、制度创新和管理创新等方面不断加强金融支持力度。截至 2016 年末，共有 9 家中资银行在 26 个“一带一路”沿线国家设立了 62 家一级机构，其中包括 18 家子行、35 家分行、9 家代表处。同时，“一带一路”沿线国家中，已有 20 个国家的 54 家商业银行在华设立了 6 家子行、1 家财务公司、20 家分行以及 40 家代表处。①

2. 双边本币互换、结算范围和规模扩大

人民币跨境贸易和投资使用拓展迅速，双边本币互换和结算范围扩大。截至 2018 年 5 月 24 日，中国人民银行已与 37 个国家和地区的中央银行或货币当局签署了双边本币互换协议，协议总金额达到 3.37 万亿元人民币。其中，中国人民银行与 15 个境外货币当局的双边本币互换协议已经到期，尚未续签，剔除上述未续签金额，则中国人民银行与境外货币当局签署的双边本币互换协议总金额为 20820 亿元人民币。②

人民币已经成为全球外汇交易中比较重要的货币之一。除人民币兑美元之外，在中国银行间外汇市场已经陆续实现了人民币兑澳大利亚元、英镑、欧元、

---

① 中资银行在 26 个“一带一路”沿线国家设立 62 家一级机构［EB/OL］. http：//www.sohu.com/a/139742204_114731，2017-05-11.

② 中国与巴基斯坦续签双边本币互换协议 规模 200 亿元［EB/OL］. https：//sh.qihoo.com/945d936d6a-ba4ecd4?cota=1&sign=360_e39369d1&refer_scene=so_3，2018-05-24.

新加坡元等8种货币的直接交易。考虑到区域金融试点以及沿边开放的情况，中国在区域市场或者银行柜台实现了人民币与周边国家的货币直接交易。

3. 金融监管合作加深

中国人民银行积极在东亚及太平洋中央银行行长会议组织机制下加强区域经济金融监测，不断完善危机管理和处置框架。截至2018年6月，原中国银监会、保监会已与36个"一带一路"国家的金融监管当局签署了双边监管合作谅解备忘录或合作换文；中国证监会已同61个国家和地区的证券期货监管机构签署了67份双边监管合作谅解备忘录，并于2007年5月签署国际证监会组织《磋商、合作及信息交换多边谅解备忘录》(MMoU)，开始在双多边监管合作框架下，开展与境外监管机构的跨境监管执法合作；中国人民银行已与52个境外反洗钱机构正式签署金融情报交流合作谅解备忘录。此外，中国保监会加强与国际保险监管管理协会的联系，积极推动建立了在"一带一路"沿线国家的保险监管合作。亚洲保险监督论坛决定秘书处常设中国，以加强亚洲地区保险监管的交流合作。

## （五）民心相通程度日益加深

民心相通是"一带一路"建设的社会根基。我国积极传承和弘扬丝绸之路友好合作精神，广泛开展文化交流、学术往来、人才交流合作、媒体合作、青年和妇女交往、志愿者服务等，为深化双多边合作奠定坚实的民意基础。

1. 文化和旅游合作全面推进

"一带一路"是推动沿线各国文化和旅游合作的新构想，中国与沿线国家不仅互办"国家年""语言年""旅游年""青年友好交流年"等大型国家级主题年活动，还定期互办文化日、文化周活动。截至2017年底，已设立35个海外中国文化中心，遍布146个国家和地区的525所孔子学院，中国同欧亚地区国家建立近226对友好城市和友好省州。

国家旅游局将2015年确定为"丝绸之路旅游年"。2016年6月底，已有包括海南、新疆、宁夏等24个省份与"一带一路"沿线国家建立了明确的旅游合作项目；面向中国普通旅行开放免签的国家和地区有21个，施行落地签的有37个，极大便利了不同国家的民间交往。中国旅游研究院数据显示，2017年中国与"一带一路"国家双向旅游交流达6000万人次左右，与2012年相比，"一带一路"出境人数和入境人数分别增长2.6倍和2.3倍，"一带一路"旅游成为世界旅游的新增长点。

2. 人才交流规模进一步扩大

人才是“一带一路”建设的主力军，互派留学生在其中将扮演重要的人才储备和互联互通作用。据教育部统计，2017 年共有来自 204 个国家和地区的各类留学人员在全国 31 个省、自治区、直辖市的 935 所高等院校学习，比 2016 年增加 18.62%。“一带一路”相关国家留学生达 31.72 万人，占总人数的 64.85%，增幅达 11.58%，高于各国平均增速。近年来，中国政府奖学金吸引力不断提升，奖学金向周边国家和“一带一路”相关国家倾斜，成为国家战略人才和人脉储备的重要渠道。2016 年获得奖学金人数前 10 位的国家依次为：巴基斯坦、蒙古国、俄罗斯、越南、泰国、美国、老挝、韩国、哈萨克斯坦和尼泊尔，“一带一路”相关国家奖学金生占比 61%，比 2012 年提高了 8.4 个百分点。此外，中国同相关国家已多次互办包括中俄青年友好交流年、中德青少年交流年在内的青年交流年活动，推出了以非洲人才计划、“亚非杰出青年科学家来华工作计划”为代表的青年人才培养计划，为相关发展中国家培养青年人才；还举办了例如“一带一路”创新创业国际高峰论坛这样的以创新创业为主题的论坛、会议，整合各国优势资源，积极开拓和推进中国与沿线国家在青年教育、就业等方面的合作。

3. 卫生医疗和科技合作程度加深

“一带一路”沿线国家与我国卫生医疗合作进一步加深。截至 2017 年 5 月，我国为沿线国家提供医疗和公共卫生援助，累计为相关国家 5200 余名白内障患者实施免费复明手术；与沿线国家开展跨境医疗服务合作，云南、新疆、内蒙古等地方每年为周边国家近 3 万名患者提供优质医疗服务。同时，“一带一路”倡议为中医药走出国门、造福人类提供了良好契机。据悉，我国将与“一带一路”沿线国家合作建设 30 个中医药海外中心。中国与“一带一路”相关国家间的科技合作日益紧密。截至 2016 年 6 月底，中国与“一带一路”沿线国家签署的关于科技方面的合作谅解备忘录多达 56 项，涵盖航天、能源、生态等多个领域，覆盖亚欧拉非等地区。此外，在“十三五”规划背景下，建立“一带一路”智慧园区、联合实验室、国际技术转移中心、产业合作中心、新产品孵化中心等一系列科技中心共计 38 个，深化了双多边科技合作。

## 参考文献

[1] 姚鹏，孙久文. 贸易开放与区域收入空间效应——来自中国的证据 [J]. 财贸经济，2015，36（1）：132-142.

[2] 栾贵勤. 中国区域经济发展大事典 [M]. 吉林：吉林人民出版社，2011.

[3] 孙久文，姚鹏. 基于空间异质性视角下的中国区域经济差异研究 [J]. 上海经济研究，2014（5）：83-92.

[4] 中国人民大学区域与城市经济研究所课题组. “十三五”我国区域发展重点和区域协调发展机制研究 [R]. 2014.

[5] 孙久文等. 2014 中国区域经济发展报告：中国区域经济发展趋势与城镇化进程中的问题 [M]. 北京：中国人民大学出版社，2014.

[6] 陈栋生. 走向协调发展之路——改革开放 30 年的中国区域经济格局巨变 [J]. 珠江经济，2008（11）：4-7.

[7] 张可云. 中国区域经济格局演变趋势分析 [J]. 理论研究，1998（2）：9-12.

[8] 胡鞍钢，马伟，鄢一龙. “丝绸之路经济带”：战略内涵、定位和实现路径 [J]. 新疆师范大学学报（哲学社会科学版），2014，35（2）：1-11.

[9] 白永秀，王颂吉. 丝绸之路经济带的纵深背景与地缘战略 [J]. 改革，2014（3）：64-73.

[10] 王习农，陈涛. “丝绸之路经济带”内涵拓展与共建 [J]. 国际商务（对外经济贸易大学学报），2014（5）：23-30.

# 第二章 “一带一路”背景下中国与欧亚经济联盟自贸区：贸易效率与经济效应分析*

## 一、研究背景与文献综述

### （一）研究背景

欧亚经济联盟是在俄白哈关税同盟基础上组建的超国家经济联盟，其发展及演变过程如图 2-1 所示。2015 年 5 月 8 日，中俄双方签署了《丝绸之路经济带建设和欧亚经济联盟对接合作联合声明》，共同宣布启动《中国和欧亚经济联盟经贸合作伙伴协定》谈判，最终目标是建立中国—欧亚经济联盟自贸区。2016 年 6 月 17 日，俄罗斯总统普京接受新华社社长蔡名照独家专访时提出，欧亚经济联盟与“丝绸之路经济带”对接可以在第一阶段建立自贸区；同年 6 月 19 日，普京在圣彼得堡国际经济论坛全体会议上提出大欧亚伙伴关系，可看作欧亚经济联盟的升级版，欧亚经济联盟、印度、中国、独联体各国和其他国家将共同参与，大欧亚伙伴关系与“一带一路”存有契合点，增加了中俄在欧亚大陆地区进行合作

---

* ［基金项目］国家社科基金重点项目“中国新疆与中亚国家的能源与贸易互联互通建设战略研究”（13AZD083）、国家社科基金重大项目“中国新疆周边国家经济安全机制比较和整合研究”（14ZDA088）的阶段性成果、新疆财经大学科研创新项目（cdyjk2016001）。

作者：高志刚，通讯作者，新疆财经大学副校长、博士、教授、博士生导师（乌鲁木齐，830012），E-mail：13999154636@163.com；王彦芳，东南大学经济学院在读博士研究生（南京，211189），386589460@qq.com；刘伟，新疆财经大学中亚经贸研究院在读博士研究生（乌鲁木齐，830012），yushixu-anning0930@163.com。

的可能性，拓展了中俄合作的空间。2016 年 6 月 25 日，中俄双方签署《中华人民共和国和俄罗斯联邦联合声明》，双方强调，“丝绸之路经济带”建设与欧亚经济联盟建设对接合作的共识具有重要意义。

**图 2-1　欧亚经济联盟成立过程时间轴**

中国此前就中哈、中吉自由贸易区和上合组织自由贸易区等进行过可行性研究，但均因俄罗斯意愿不强而难以落地，而俄罗斯在 2014 年遭遇金融危机后开始考虑产业结构的调整，美欧的制裁使其在制定战略时更多地关注东方，与中国进行更深层机制性的合作是其迫切期待的，但俄罗斯卢布贬值等不确定因素令中国企业望而却步，于是俄罗斯开始推动中国所感兴趣的中国—欧亚经济联盟 FTA 的建设，说明欧亚经济联盟已经有意愿和中国建设自贸区。此外，2015 年 5 月 2 日，欧亚经济联盟与越南签署自贸协定，而欧亚经济联盟与东盟建设自贸区已进入实践阶段，人民币汇率波动以及工资成本上涨使部分劳动密集型企业向东南亚转移，尤其是劳动力成本低廉的越南，未来欧亚经济联盟从中国进口的部分劳动密集型产品有被东南亚国家替代的风险。同时欧亚经济联盟拟研究与以色列、埃及和印度建立自贸区。因此，中国应尽快启动与欧亚经济联盟自贸区的研究和谈判，就目前来说，中国与欧亚经济联盟自贸区的可行性研究迫在眉睫。

## （二）文献综述

目前，有关中国与欧亚经济联盟构建自贸区的研究凤毛麟角，已有的文献中涉及欧亚经济联盟的研究主要从四个方面展开：

第一，欧亚经济联盟的背景与发展前景。李新（2011）和欧阳向英（2012）认为欧亚经济联盟是俄罗斯为恢复大国地位、发挥对盟国影响的区域性经济—政治—外交协同组织，目的是使联盟在世界政经格局中成为一极。俄罗斯为巩固欧亚经济联盟必将以能源和军事安全作为筹码，中国与俄罗斯、中亚的关系将受到欧亚经济联盟的影响和制约。王树春、万青松（2012）认为欧亚经济联盟面临着内部成员国经济发展水平参差不齐、出口产品同质性强且互补性弱的问题，2020年后欧亚经济联盟可能成为与中、美、欧四分天下的新力量中心。杨辉、毕洪业（2014）和王维然、王京梁（2015）认为欧亚经济联盟尚不能满足货币一体化和深度一体化的条件，而目前欧亚经济联盟一体化给成员国带来的经济利益不足以抵消其付出的成本，同时后苏联空间复杂的地缘政治现实使其前景难言乐观。顾炜（2015）认为欧亚经济联盟通过扩充成员、建立自由贸易区和开展机制对接合作的方式与不同国家和地区机制拓展经贸合作，将会影响地区和国际形势的发展。其发展前景取决于自身的实力和进展，也取决于与他国间的互动合作。李自国（2016）分析了欧亚经济联盟的绩效、问题及前景，认为联盟内部存在诸多特权、障碍和漏洞，其经济吸引力有限，发展前景不容乐观。

第二，欧亚经济联盟对中俄、俄欧及世界的影响。王郦久（2012）认为欧亚经济联盟会对中俄关系及中国与欧亚地区其他国家关系产生一定影响，同时对上合组织产生冲击。王海滨（2015）认为欧亚经济联盟在全世界范围内具有重要的经济与政治影响，将加剧俄罗斯与西方的地缘经济与政治斗争，就目前而言其影响程度有限。徐洪峰（2016）认为，欧亚经济联盟与欧盟建立诸如自贸区等较为紧密的合作是大势所趋，未来将会对俄欧关系发展产生积极影响。邓羽佳、秦放鸣（2015）运用引力模型对中国与欧亚区域 39 个国家 1999~2013 年的面板数据进行了分析，结果表明欧亚经济联盟区域一体化进程将使中国对其出口贸易产生0.42%的贸易转移效应，欧亚国家多属贸易潜力巨大型。

第三，欧亚经济联盟与上合组织的关系。王树春、万青松（2012）认为欧亚经济联盟与上合组织是既竞争又合作的关系，但合作关系大于竞争关系，随着中俄两国实力差距的扩大，会对双方的合作带来挑战。郭晓琼（2013）重点从经济角度分析了欧亚经济联盟对上合组织的影响，认为两者存在既相互竞争又相互依存的关系。

第四，欧亚经济联盟与“丝绸之路经济带”对接。谢尔盖·卡拉加诺夫等（2015）认为“丝绸之路经济带”与欧亚经济联盟对接与合作将改善联盟成员国的基础设施状况，促进交通物流领域和经济的发展，维护该地区以及各国内部的安全与稳定。李永全（2015）和秦放鸣、冀晓刚（2015）认为“丝绸之路经济带”与欧亚经济联盟的利益并不矛盾，可以实现协同发展，后者重点分析了二者的异同、对接合作的内动力、重点优先领域、保障措施及应规避的问题等。刘清才、支继超（2016）认为“丝绸之路经济带”将推动欧亚经济联盟区域一体化的进程，同时重点分析了“丝绸之路经济带”与欧亚经济联盟对接合作的基本架构和实施路径。

综上可知，目前已有的研究中涉及欧亚经济联盟的大多以定性分析为主，运用定量分析的寥寥无几，有关中国与欧亚经济联盟自贸区建设的研究更是鲜有。中国与欧亚经济联盟自贸区建设谈判成功与否将直接影响到“丝绸之路经济带”推进的程度及远景，故本章将通过探讨中国与欧亚经济联盟建设自贸区的有利条件，自贸区建成后的区域一体化程度、贸易效率及经济效应模拟来对其进行可行性研究，且以大量的实证分析贯穿全文，其中重点分析中国与欧亚经济联盟的贸易潜力及自贸区的经济效应模拟，以期为中国与欧亚经济联盟自贸区的谈判建言献策，从而推进“丝绸之路经济带”与欧亚经济联盟对接合作。

## 二、中国与欧亚经济联盟建设自贸区的有利条件

中国与欧亚经济联盟建设自贸区能强化中国与欧亚经济联盟各国的互利合作关系，促进各国转变经济增长方式和优化经济结构，实现双边经贸合作的长期共赢。同时有利于培育中国面向全球的竞争新优势，构建与各国合作发展的新平台，拓展经济增长的新空间，推动“丝绸之路经济带”与欧亚经济联盟的对接合作。本章将从战略对接、地缘区位、贸易互补三个方面阐述中国与欧亚经济联盟建设自贸区的有利条件。

### （一）战略对接条件

第一，“丝绸之路经济带”和欧亚经济联盟均是新时期中俄两国的最高领导人亲自提出的欧亚大战略，是两国经济外交和周边外交的重要组成部分，均有国家政治安全的战略考量［俄罗斯是为了抗衡美欧制裁，抵御北约在西面的动作；中国是为了抗衡美国亚太再平衡战略，削弱美国主导的跨太平洋伙伴关系协定（TPP）对中国的战略围剿］，推进方式均是双边与多边并存，都有发展基础设施互联互通的内容和诉求。第二，欧亚经济联盟成员国中，俄罗斯、哈萨克斯坦和

吉尔吉斯斯坦是上合组织成员国，白俄罗斯和亚美尼亚是上合组织对话伙伴国，与中国都有非常好的国家关系和务实合作项目。第三，俄罗斯确定了向东发展的战略，2014 年俄罗斯金融危机及经济长期陷入低迷使得俄罗斯开始考虑产业结构的调整，与中国进行更深层机制性的合作是俄罗斯所迫切期待的。第四，俄罗斯提出的大欧亚伙伴关系涉及的国家在地理位置上大多与中国接壤或相邻，与“一带一路”存有契合点，同时大欧亚伙伴关系旨在拓展欧亚经济联盟经济空间，激活欧亚经济联盟经济潜力，为中俄深层次的合作提供了可能。

### （二）地缘区位条件

第一，欧亚经济联盟成员国中俄罗斯、哈萨克斯坦、吉尔吉斯斯坦均与中国接壤，地缘优势突出。第二，中国与欧亚经济联盟均处于欧亚大陆的核心地带，欧亚经济联盟是“丝绸之路经济带”建设中的重要战略支点。第三，欧亚经济联盟体现了俄罗斯的南向发展，方向大体是自北向南，“丝绸之路经济带”则体现了中国的西向进取，发展的方向是由东向西，两者的交汇点就在中亚和俄罗斯，当独特的地缘区位条件充分转化为地缘政治与地缘经济优势时，其合作前景不可估量。

### （三）贸易互补条件

本章用显示性比较优势指数（RCA）反映中国与欧亚经济联盟成员国产品或产业的国际市场竞争力，用贸易互补指数反映中国与欧亚经济联盟成员国贸易的互补性程度。所需数据来源于联合国商品数据库（UNCOMTRADE）2014 年的数据，选取联合国国际贸易标准分类（SITC）的分类方法，其中 SITC0 代表食品和活动物，SITC1 代表饮料及烟草，SITC2 代表非食用原料（燃料除外），SITC3 代表矿物燃料、润滑油和相关原料，SITC4 代表动物油、植物油、脂肪和蜡，SITC5 代表化学品及有关产品，SITC6 代表按原料分类的制成品，SITC7 代表机械及运输设备，SITC8 代表杂项制品，SITC9 代表未分类的货品及交易。

1. 显示性比较优势指数

显示性比较优势指数由 Balassa（1989）提出，是目前学术界衡量某国（地区）的产品或产业的国际市场竞争力最为权威的指标。

$$RCA = (X_a^k / X_a) / (X_w^k / X_w) \tag{2-1}$$

其中，$X_a^k$ 是 a 国特定商品分类中所属的第 k 类商品的出口额，$X_a$ 是 a 国的出口总额，$X_w^k$ 是全世界第 k 类商品的出口额，$X_w$ 是全世界所有商品的出口总额。若 RCA > 2.5，表明该国该类商品出口具有极强的国际竞争力；若 2.5 ≥ RCA > 1.25，表明该国该类商品出口具有较强的国际竞争力；若 1.25 ≥ RCA>0.8，表明该国该类商品具有中度的国际竞争力；若 RCA ≤ 0.8，则表明该国该类商品的国际竞争力弱。2014 年中国与欧亚经济联盟成员国的 RCA 指数如表 2-1 所示。

**表 2-1　2014 年中国与欧亚经济联盟成员国的 RCA 指数**

| | SITC0 | SITC1 | SITC2 | SITC3 | SITC4 | SITC5 | SITC6 | SITC7 | SITC8 | SITC9 |
|---|---|---|---|---|---|---|---|---|---|---|
| 俄罗斯 | 0.49 | 0.32 | 0.86 | 4.76 | 0.82 | 0.44 | 0.84 | 0.12 | 0.10 | 0.60 |
| 哈萨克斯坦 | 0.44 | 0.24 | 1.33 | 5.23 | 0.13 | 0.34 | 0.72 | 0.07 | 0.02 | 0.07 |
| 白俄罗斯 | 2.23 | 0.83 | 0.57 | 2.30 | 0.78 | 1.29 | 1.05 | 0.40 | 0.51 | 0.59 |
| 吉尔吉斯斯坦 | 1.97 | 1.59 | 1.10 | 0.64 | 0.02 | 0.13 | 0.73 | 0.29 | 0.71 | 8.82 |
| 亚美尼亚 | 1.15 | 25.31 | 5.49 | 0.42 | 0.00 | 0.13 | 2.38 | 0.05 | 0.60 | 1.17 |
| 中国 | 0.41 | 0.15 | 0.17 | 0.10 | 0.06 | 0.53 | 1.37 | 1.34 | 2.54 | 0.02 |

资料来源：联合国商品数据库 2014 年的数据。

由表 2-1 的结果可知：①中国产品整体表现出极强竞争力的有 SITC8（杂项制品），处于 RCA > 2.5 范围，有较强竞争力的是 SITC6（按原料分类的制成品）和 SITC7（机械及运输设备）两类产品。其他产品中国不具备明显竞争力，尤其是 SITC3（矿物燃料、润滑油和相关原料）、SITC4（动物油、植物油、脂肪和蜡）和 SITC9（未分类的货品及交易）类目的产品竞争力极弱，RAC 指数均不大于 0.1，说明中国在制造业的产品竞争力优势明显，这也与中国作为世界制造业第一大国的地位契合，而正因制造业的快速发展，总体规模大幅提升，中国对能源资源类产品进口贸易的依赖越发增强，故其能源资源类的 RCA 指数较低。②欧亚经济联盟主要成员国俄罗斯和哈萨克斯坦的产品贸易中 RCA > 2.5 的仅有 SITC3（矿物燃料、润滑油和相关原料），而亚美尼亚产品中 RCA > 2.5 的仅有 SITC1（饮料及烟草）、SITC2［非食用原料（燃料除外）］，吉尔吉斯斯坦产品中 RCA > 2.5 的仅有 SITC9（未分类的货品及交易），白俄罗斯没有 RCA>2.5 的产品，欧亚经济联盟成员国整体在能源资源类目的产品竞争力突出。总之，中国与欧亚经济联盟具有竞争优势的产品不存在重叠，各类产品竞争优势的差距也较大，而欧亚经济联盟成员国间产品同质性明显，竞争优势的产品存在重叠。

2. 贸易互补性指数（$TCI_{ab}$）

贸易互补性指数（$TCI_{ab}$）是在比较优势的基础上，计算一国出口贸易与另外一国进口贸易的联系紧密程度，反映了双边贸易的互补性，同时亦可衡量国家间贸易联系紧密程度，当国家间存在较强的贸易互补性时，会减轻构建自贸区的阻力，有利于自贸区的形成和发展。其计算公式如下：

单个产品贸易互补性指数：

$$TCI_{ab} = RCA_{xi}^{k} \cdot RCA_{mj}^{k} \tag{2-2}$$

总贸易互补性指数：

$$TCI = \sum_{i=1}^{k} (RCA_{xi}^{k} \cdot RCA_{mj}^{k}) \cdot (X_{w}^{k} / X_{w}) \tag{2-3}$$

其中，$X_w^k$ 代表 k 类商品的世界总出口额，$X_w$ 代表世界出口总额，$RCA_{xi}^k$ 代表 i 国 k 类商品的出口显示性比较优势，$RCA_{mj}^k$ 代表 j 国 k 类商品的进口显示性比较优势。贸易互补性指数大，表明 a 国（地区）与 b 国（地区）出口商品与进口商品间存在优势互补，两国（地区）间的贸易互补性强。2014 年中国与欧亚经济联盟贸易互补性指数如表 2-2 所示。

**表 2-2 2014 年中国与欧亚经济联盟贸易互补性指数**

| | SITC0 | SITC1 | SITC2 | SITC3 | SITC4 | SITC5 | SITC6 | SITC7 | SITC8 | SITC9 | 综合 |
|---|---|---|---|---|---|---|---|---|---|---|---|
| 中—俄 | 0.73 | 0.28 | 0.14 | 0.01 | 0.05 | 0.63 | 1.38 | 1.74 | 2.34 | 0.00 | 1.17 |
| 中—哈 | 0.58 | 0.23 | 0.09 | 0.04 | 0.04 | 0.54 | 1.94 | 1.65 | 2.12 | 0.00 | 1.16 |
| 中—白 | 0.66 | 0.19 | 0.12 | 0.20 | 0.04 | 0.55 | 1.58 | 0.80 | 1.10 | 0.02 | 0.74 |
| 中—吉 | 0.71 | 0.44 | 0.10 | 0.15 | 0.12 | 0.51 | 1.91 | 0.98 | 1.66 | 0.00 | 0.90 |
| 中—亚 | 0.97 | 0.63 | 0.09 | 0.14 | 0.10 | 0.53 | 2.24 | 0.65 | 1.51 | 0.02 | 0.83 |
| 俄—中 | 0.19 | 0.10 | 3.17 | 5.31 | 0.76 | 0.40 | 0.59 | 0.13 | 0.06 | 0.51 | 1.10 |
| 哈—中 | 0.17 | 0.07 | 4.92 | 5.83 | 0.12 | 0.30 | 0.51 | 0.08 | 0.01 | 0.06 | 1.17 |
| 白—中 | 0.87 | 0.24 | 2.12 | 2.56 | 0.72 | 1.16 | 0.74 | 0.43 | 0.31 | 0.50 | 0.94 |
| 吉—中 | 0.76 | 0.47 | 4.05 | 0.72 | 0.02 | 0.12 | 0.52 | 0.32 | 0.43 | 7.45 | 0.92 |
| 亚—中 | 0.45 | 7.49 | 20.31 | 0.46 | 0.00 | 0.11 | 1.67 | 0.06 | 0.37 | 0.99 | 1.25 |

注：中—俄，代表中国对俄罗斯出口贸易；俄—中，代表俄罗斯对中国出口贸易，其他以此类推。
资料来源：联合国商品数据库 2014 年的数据。

从表 2-2 中可以看出：①从单个商品的贸易互补性指数来看，中国出口贸易与欧亚经济联盟成员国进口贸易在 SITC6（按原料分类的制成品）、SITC8（杂项制品）上的贸易互补性指数较高，均大于 1，且中哈、中俄的 SITC7（机械及运输设备）、SITC8（杂项制品）的贸易互补性指数均大于其他成员国，其中 SITC8 均大于 2，表明欧亚经济联盟成员国需要中国质优价廉的生活用品和生产资料。中国进口贸易与欧亚经济联盟成员国出口贸易在 SITC2［非食用原料（燃料除外）］、SITC3（矿物燃料、润滑油和相关原料）上的贸易互补性指数较高，除了吉中、亚中 SITC3 贸易互补性指数为 0.72、0.46 以外，其他均大于 2，表明中国需要欧亚经济联盟成员国大量的能源资源。②从总贸易互补性指数看，中国与俄罗斯、哈萨克斯坦的双边贸易互补性最强，均大于 1，中国与之在资源禀赋和产业结构方面互补性较强；亚美尼亚出口与中国进口贸易互补性较强。总而言之，欧亚经济联盟成员国间产品互补性较弱，其拥有自然资源但需要资金和基础建设，中国拥有基建的资金和科技，但需要自然资源，故中国与欧亚经济联盟有很强的互补性和契合性。

综上可知，中国与欧亚经济联盟建设自贸区的优势明显，自贸区建成后将会强化中俄两国的战略对接，有利于发挥中国与成员国间经贸合作的地缘优势、出口产品的比较优势，节约社会劳动，实现优势互补，同时有利于引进和吸收各自先进科技成果，增强各方自力更生能力。自贸区作为一种区域一体化的组织形态，其可行与否除了要考虑双边是否具备初步建立的优势条件，也要考虑建成后能否促进欧亚经济联盟的区域一体化，故本章第三部分将探究欧亚经济联盟一体化程度及中国参与后其区域一体化程度的趋势变化。

## 三、中国与欧亚经济联盟成员国向心势分析

本章采用欧亚经济联盟成员国区域内贸易向心势来衡量其区域内一体化的实际程度，以欧亚经济联盟成员国间的相互出口程度的变化来反映欧亚经济联盟成员国的向心势，即成员国间是否形成了日益紧密的经贸往来。向心势计算公式如下：

$$C_i = X_i / X_{wi} \tag{2-4}$$

其中，$C_i$ 为区域内向心势，$X_i$ 为 i 国在区域内的出口额，$X_{wi}$ 为 i 国对世界的出口总额。区域内向心势愈大，其一体化程度愈高，表明经贸往来愈密切。

本章分别计算了 2000~2014 年欧亚经济联盟成员国向心势及中国与欧亚经济联盟成员国作为一个区域集团的向心势（见表 2-3），从而分析中国与欧亚经济联盟构建自贸区后其向心势即其一体化程度的变化趋势。

**表 2-3 欧亚经济联盟向心势**

| 年份 | 俄罗斯 | 哈萨克斯坦 | 白俄罗斯 | 吉尔吉斯斯坦 | 亚美尼亚 | 俄罗斯* | 哈萨克斯坦* | 白俄罗斯* | 吉尔吉斯斯坦* | 亚美尼亚* |
|---|---|---|---|---|---|---|---|---|---|---|
| 2000 | 0.08 | 0.21 | 0.51 | 0.20 | 0.15 | 0.13 | 0.28 | 0.53 | 0.29 | 0.15 |
| 2001 | 0.08 | 0.22 | 0.54 | 0.22 | 0.18 | 0.14 | 0.29 | 0.56 | 0.26 | 0.18 |
| 2002 | 0.08 | 0.17 | 0.50 | 0.26 | 0.12 | 0.14 | 0.27 | 0.53 | 0.34 | 0.13 |
| 2003 | 0.08 | 0.17 | 0.50 | 0.27 | 0.14 | 0.15 | 0.29 | 0.52 | 0.31 | 0.15 |
| 2004 | 0.09 | 0.15 | 0.48 | 0.32 | 0.11 | 0.15 | 0.25 | 0.50 | 0.37 | 0.14 |
| 2005 | 0.07 | 0.12 | 0.37 | 0.37 | 0.13 | 0.13 | 0.20 | 0.40 | 0.41 | 0.14 |
| 2006 | 0.08 | 0.11 | 0.36 | 0.40 | 0.12 | 0.13 | 0.20 | 0.38 | 0.45 | 0.12 |
| 2007 | 0.09 | 0.11 | 0.38 | 0.39 | 0.19 | 0.13 | 0.23 | 0.40 | 0.44 | 0.19 |
| 2008 | 0.08 | 0.10 | 0.34 | 0.31 | 0.21 | 0.13 | 0.20 | 0.36 | 0.34 | 0.21 |
| 2009 | 0.09 | 0.09 | 0.33 | 0.26 | 0.17 | 0.15 | 0.23 | 0.34 | 0.28 | 0.19 |
| 2010 | 0.08 | 0.06 | 0.42 | 0.30 | 0.17 | 0.13 | 0.24 | 0.44 | 0.32 | 0.20 |
| 2011 | 0.08 | 0.09 | 0.37 | 0.29 | 0.18 | 0.15 | 0.28 | 0.38 | 0.32 | 0.19 |
| 2012 | 0.07 | 0.08 | 0.37 | 0.38 | 0.20 | 0.14 | 0.26 | 0.38 | 0.41 | 0.22 |
| 2013 | 0.07 | 0.08 | 0.48 | 0.31 | 0.24 | 0.14 | 0.25 | 0.49 | 0.33 | 0.28 |
| 2014 | 0.07 | 0.09 | 0.45 | 0.26 | 0.22 | 0.14 | 0.21 | 0.46 | 0.28 | 0.33 |

注：* 表示中国与欧亚经济联盟建设自贸区后贸易一体化的向心势。
资料来源：根据联合国商品数据库计算所得。

由表 2-3 可知，2000~2014 年，俄罗斯的贸易向心势整体呈不变的趋势，向心势不足 10%。哈萨克斯坦呈下降趋势，且在 2008 年后亦不足 10%。而白俄罗斯在 2000~2009 年呈下降趋势，在 2010 年俄白哈关税同盟启动后基本呈上升趋势，但仍低于 2000~2003 年水平，且白俄罗斯是欧亚经济联盟成员国中向心势最大的国家，平均为 42.6%，说明白俄罗斯对同盟成员国出口量占据其总出口贸易量近半壁江山。吉尔吉斯斯坦向心势整体上不变。而亚美尼亚有轻微的上升趋势。整体来说，尽管欧亚经济联盟成员国内签订了大量双边的或者多边的区域贸易协定，但并没有明显促进成员国间的贸易联系，也没有形成紧密的经贸依赖关系。根据联合国商品数据库（UNCOMTRADE）可知，2011~2014 年，欧亚经济联盟域内贸易的增速分别为–2.9%、–8.3%、–6.8%，明显下降，其中除了哈萨克斯坦在 2012 年对成员国贸易量轻微上升，白俄罗斯在 2012 年和 2013 年对成员国贸易量有较为显著上升外，其他均呈下降趋势；而在 2011~2014 年，欧亚经济联盟的域外贸易的增速分别为 3.5%、–1.1%、–7.0%，亦呈明显下降趋势。而衡量区域经济一体化经济效益最重要的指标就是贸易创造效应和贸易转移效应，但欧亚经济联盟的贸易创造和贸易转移效应微乎其微。同时根据数据可知，2011 年欧亚经济联盟域内贸易商品结构中矿产品占比为 36.3%，2014 年占比为 32.7%，结构并没有发生实质性变化，说明欧亚经济联盟并没有给成员国带来实质性的经济效益。究其原因是成员国普遍存在经济结构不合理、工业化水平低、外贸出口产品结构单一、国内市场需求狭小、基础设施建设落后、与国际市场隔离等诸多问题，而成员国间产品同质化严重，存在竞争，因此仅靠成员国自身是难以真正实现区域经济一体化的。

但中国参与欧亚经济联盟区域贸易一体化后，欧亚经济联盟成员国的贸易向心势均得到明显提升，其中提升幅度最大的为区域内贸易量最大的俄罗斯和哈萨克斯坦，涨幅均在一倍以上。这说明欧亚经济联盟成员国主要出口市场是中国，成员国普遍对中国的市场具有很强的依赖性，这亦为中国与欧亚经济联盟构建自贸区提供了契机。同时，即使俄罗斯的经济规模远大于成员国其他国家，但其经济基础并不雄厚且不牢固，尤其 2014 年在西方制裁和国际原油价格下跌的双重打击下，其经济危机加剧，而其经济结构畸形的非均衡状态使其经济难以在短期内恢复，会进一步加剧欧亚经济联盟一体化的难度，同时也使俄罗斯经济对中国的依赖越来越强。故借助"丝绸之路经济带"战略的推进实施，若能加强中国与欧亚经济联盟成员国合作，形成优势互补，提高贸易合作层次，届时扩大的市场和统一经济体将有助于欧亚经济联盟区域经济一体化。

综上可知，中国与欧亚经济联盟建立自贸区会加快欧亚经济联盟区域一体化进程，主要原因是联盟内部经济问题及成员国经济对中国的依赖。但未来中国与之经贸潜力如何？是否在现有基础上已达到饱和？鉴于此，本章第四部分将探究中国与欧亚经济联盟成员国的贸易效率（潜力）。

# 四、中国与欧亚经济联盟成员国贸易效率（潜力）

## （一）模型设定及数据来源

Meeusen 和 Broeck（1977）以及 Aigner、Lovell 和 Schmidt（1977）将面板数据与 Farrell（1957）的随机前沿方法结合，用于研究生产过程中的技术效率。该方法将传统随机扰动项分解为相互独立的两个部分：随机误差项 v，表示生产过程中面临的外界随机冲击；非负的技术无效率项 u，表示所有不可观测的非效率因素。但该方法不能解决技术效率随时间变化情况，Battese 和 Coelli（1992）通过估计每个样本单位随时间变化的技术效率，成功解决了该问题，提出时变衰减模型①。随机前沿模型的表达式为：

$$Y_{it}=f(x_{it}, \alpha)\exp(-u_{it})\exp(v_{it}) \tag{2-5}$$

$$Y_{it}^{*}=f(x_{it}, \beta)\exp(v_{it}) \tag{2-6}$$

$$TE_{it}=\frac{Y_{it}}{Y_{it}^{*}}=\exp(-u_{it}) \tag{2-7}$$

$$u_{it}=\{\exp[-\eta(t-T)]\}u_i \tag{2-8}$$

其中，$Y_{it}$ 和 $Y^{*}_{it}$ 表示 t 时期 i 样本的实际产出水平和最优产出水平，$x_{it}$ 为投入向量，α 是待估参数，$v_{it}$ 表示服从正态分布的随机冲击，$u_{it}$ 表示生产函数中的非效率因素，$TE_{it}$ 表示可随时间变化的技术效率。式（2-8）表示非效率因素的时变函数，当 $\eta=0$、$\eta<0$、$\eta>0$ 时分别代表非效率项随时间保持不变、增加或降低。

在此基础上，用贸易额替代产出水平，通过借鉴传统引力模型将投入变量视为影响贸易的相关变量，从而分析出影响双边贸易的因素，随机前沿引力模型的一般形式为：

① 转引自：谭秀杰，周茂荣. 21 世纪“海上丝绸之路”贸易潜力及其影响因素——基于随机前沿引力模型的实证研究［J］. 国际贸易问题，2015（2）：3-12.

$$\ln T_{ijt}=\ln f(X_{ijt},\ \alpha)+v_{ijt}-u_{ijt},\ u_{ijt}\geq 0 \tag{2-9}$$

本章在式（2-9）的基础上构建随机前沿引力模型，从出口、进口和总贸易三个方面分别估计了中国与欧亚经济联盟成员国的贸易影响因素和贸易效率，如式（2-10）至式（2-12）所示。

$$\ln TTP_{ijt}=\alpha_0+\alpha_1\ln GDP_i+\alpha_2\ln GDP_j+\alpha_3\ln P_i+\alpha_4\ln P_j+\alpha_5\ln D_{ij}+\alpha_6 TAF+\alpha_7 WTO +\alpha_8 SCO+\alpha_9 CAREC+\alpha_{10} CONTIG+v_{ij}-u_{ij} \tag{2-10}$$

$$\ln EXP_{ijt}=\alpha_0+\alpha_1\ln GDP_i+\alpha_2\ln GDP_j+\alpha_3\ln P_i+\alpha_4\ln P_j+\alpha_5\ln D_{ij}+\alpha_6 TAF+\alpha_7 WTO +\alpha_8 SCO+\alpha_9 CAREC+\alpha_{10} CONTIG+v_{ij}-u_{ij} \tag{2-11}$$

$$\ln IM_{ijt}=\alpha_0+\alpha_1\ln GDP_i+\alpha_2\ln GDP_j+\alpha_3\ln P_i+\alpha_4\ln P_j+\alpha_5\ln D_{ij}+\alpha_6 TAF+\alpha_7 WTO +\alpha_8 SCO+\alpha_9 CAREC+\alpha_{10} CONTIG+v_{ij}-u_{ij} \tag{2-12}$$

其中，$EXP_{ijt}$、$IM_{ijt}$、$TTP_{ijt}$ 分别表示中国对沿线国家 i 国的出口、进口和总贸易额；$GDP_i$、$GDP_j$ 分别为沿线国家和中国的国内生产总值；$P_i$、$P_j$ 表示沿线国家和中国的人口数；$D_{ij}$ 表示两国之间的距离；TAF 代表平均进口关税水平，用关税及其他进口税（占税收收入的百分比）表示；WTO 表示是否加入世界贸易组织，取 1 表示是，取 0 表示否；SCO 表示两国是否同为上合组织成员国，取 1 表示是，取 0 表示否；CAREC 表示两国是否同为中亚区域经济合作成员国，取 1 表示是，取 0 表示否；CONTIG 表示是否有共同边界，取 1 表示两国接壤，否则取 0。随机误差项 $v_{ij}$ 表示生产过程中面临的外界随机冲击；非负的技术无效率项 $u_{ij}$ 表示所有不可观测的非效率因素。

本章根据中国国家发展改革委、外交部、商务部联合发布的《推动共建丝绸之路经济带和 21 世纪海上丝绸之路的愿景与行动》，以胡鞍钢、马伟（2014），白永秀、王颂吉（2014），王习农、陈涛（2014）中所描述范围的共有区域，即中亚经济带、环中亚经济带、亚欧经济带的代表性国家作为"丝绸之路经济带"的空间范围。最终选取"丝绸之路经济带"沿线重要节点的 23 个国家作为研究对象，分别为：中国、中亚经济带（哈萨克斯坦、塔吉克斯坦、吉尔吉斯斯坦、土库曼斯坦、乌兹别克斯坦）、环中亚经济带（俄罗斯、土耳其、伊朗、沙特阿拉伯、印度、巴基斯坦、阿塞拜疆、阿富汗、格鲁吉亚、亚美尼亚、伊拉克）、亚欧经济带（德国、法国、英国、意大利、乌克兰、白俄罗斯）。

此外，为了选取更长的时间跨度，同时鉴于数据的可得性，选取沿线 23 个国家 2000~2014 年的数据作为样本。其中，贸易数据来源于联合国商品数据库，并转换成以 2000 年美元不变价计价；GDP 和 P 数据来自世界银行 WDI 数据库，其中 GDP 以 2000 年美元不变价计价；D、CONTIG 数据来自 CEPII；TAF 数据来自世界银行 WDI 数据库、国际货币基金组织 IMF E-library Data 和独联体国家数据库 CIS Statcommitte Database；WTO 数据来自世界贸易组织官网；SCO 数据来自上海合作组织官网；CAREC 数据来自亚洲开发银行 RCI。

## （二）模型检验及结果分析

1. 模型检验

在估计前需通过最大似然比（LR）检验模型的适用性，以选择适宜的随机前沿引力模型函数，检验结果如表 2-4 所示。前提假设：一是贸易非效率项存在；二是贸易非效率变化存在。由表 2-4 可知，出口、进口和总贸易模型 LR 值均大于临界值，且拒绝原假设，说明两个模型存在随时间变化的非效率项，故选择时变随机前沿模型进行估计更为准确。

**表 2-4 模型适用性检验结果**

| | 原假设 | 无约束条件下对数似然值 | 有约束条件下对数似然值 | LR 统计量 | 1%临界值 | 结论 |
|---|---|---|---|---|---|---|
| 出口模型 | 不存在非效率项 | -637.804 | -390.638 | 52.59 | 6.63 | 拒绝 |
| | 非效率不变化 | -412.006 | -390.638 | 7.9 | 6.63 | 拒绝 |
| 进口模型 | 不存在非效率项 | -852.914 | -653.766 | 50.88 | 6.63 | 拒绝 |
| | 非效率不变化 | -655.452 | -653.766 | 15.806 | 6.63 | 拒绝 |
| 总贸易模型 | 不存在非效率项 | -625.221 | -386.601 | 72.232 | 6.63 | 拒绝 |
| | 非效率不变化 | -391.875 | -386.601 | 63.854 | 6.63 | 拒绝 |

根据已设定的模型，运用 Stata 软件对 2000~2014 年中国与“丝绸之路经济带”沿线国家的总贸易、进口和出口贸易进行随机前沿引力模型估计，结果如表 2-5 所示，表中分别列出时不变模型（TI）和时变模型（TVD）的最终估计结果。结果表明，三种模型中，$\mu$ 值显著且大于 0，$\gamma$ 接近于 1，说明非效率项存在，且服从截尾正态分布，相比最小二乘法，选择随机前沿引力方法估计适宜。$\eta$ 值显著并大于 0，充分说明时变模型（TVD）相比时不变模型（TI）更为严谨。

2. 估计结果

利用2000~2014年数据，对出口、进口和总贸易模型进行回归，由于篇幅所限，不再列出最小二乘法回归结果，只列出时不变模型和时变模型最终回归结果，如表2-5所示。

**表2-5 随机前沿引力出口、进口和总贸易模型估计结果**

| 模型类型 | 出口模型 | | 进口模型 | | 总贸易模型 | |
|---|---|---|---|---|---|---|
| 估计方法 | TI | TVD | TI | TVD | TI | TVD |
| $lnGDP_i$ | 1.077*** (9.775) | 0.496*** (7.993) | 1.398*** (14.447) | 1.548*** (11.006) | 1.139*** (11.845) | 0.744*** (7.690) |
| $lnP_i$ | -0.090 (-0.577) | 0.176** (2.277) | -0.135 (-0.997) | -0.585*** (-2.853) | -0.077 (-0.551) | -0.024 (-0.308) |
| $lnGDP_j$ | -0.096 (-0.143) | 0.714 (0.986) | 1.792* (1.665) | 0.698 (0.591) | 0.474 (0.732) | 0.569 (0.793) |
| $lnP_j$ | 38.665*** (3.170) | 14.877 (1.092) | 0.105 (0.005) | 4.735 (0.208) | 27.685** (2.352) | 19.917 (1.458) |
| $lnD_{ij}$ | -1.529*** (-2.979) | -0.633** (-2.100) | -3.905*** (-6.037) | -3.614*** (-5.181) | -2.126*** (-4.403) | -1.440*** (-3.297) |
| lnTAF | -0.007 (-0.096) | -0.149** (-2.057) | 0.252** (2.511) | 0.247** (2.081) | 0.120* (1.650) | 0.032 (0.438) |
| CONTIG | 0.292 (0.648) | 0.105 (0.352) | -0.720* (-1.764) | -2.615*** (-3.434) | -0.078 (-0.183) | -0.850*** (-3.298) |
| SCO | | 0.779*** (4.971) | | -0.370*** (-2.616) | | 0.634*** (3.596) |
| CAREC | | 0.313 (1.062) | | 0.346 (1.166) | | 0.146* (2.666) |
| WTO | | -0.024 (-0.280) | | 0.363 (0.627) | | 0.818** (2.146) |
| C | -264.922*** (-3.402) | -109.647 (-1.257) | -1.656 (-0.013) | -19.490 (-0.132) | -189.840** (-2.526) | -138.354 (-1.584) |
| $\sigma^2$ | -0.299 (-1.409) | 0.088 (0.126) | 1.426 (1.455) | 0.339 (1.460) | -0.406** (-2.058) | 0.190 (0.336) |
| $\gamma$ | 0.922*** (2.952) | 1.540* (1.812) | 1.893* (1.677) | 0.542 (1.401) | 0.872*** (2.981) | 1.690** (2.495) |
| $\mu$ | 2.668* (1.866) | -0.080 (-0.077) | -1.206 (-0.335) | 2.028*** (3.285) | 2.548* (1.719) | 0.286 (0.365) |
| $\eta$ | | 0.057*** (8.122) | | 0.033*** (4.707) | | 0.039*** (5.761) |
| N | 540.000 | 540.000 | 540.000 | 540.000 | 540.000 | 540.000 |
| ll | -412.006 | -390.638 | -655.452 | -653.766 | -391.875 | -386.601 |

由表 2–5 可知，在 TVD 中，第一，“丝绸之路经济带”沿线国家 GDP 总量对三种贸易模型均有正向带动作用，表明中国对沿线国家的出口具有明显的需求拉动型特征，沿线国家经济发展水平越高，越能促进双边贸易发展。2014 年国际货币基金组织公布了世界各国 GDP 排名，欧亚经济联盟主要成员国俄罗斯、哈萨克斯坦、白俄罗斯排名分别为第 10、第 47 和第 64，均位于前 70 名，而中国的经济总量位居世界第二，一旦中国与欧亚经济联盟自贸区建成，将会组成一个囊括 15.4 亿人口和 65 万亿美元经济总量的自由市场，对促进“丝绸之路经济带”区域一体化具有示范和带动作用。

第二，沿线国家人口总量对出口贸易具有显著正向作用，说明沿线国家的市场容量越大，越有助于中国与其出口贸易的前景，这也与理论预期相符。沿线国家人口总量对进口贸易的系数符号却发生了逆转，究其原因是沿线国家劳动力能力的差距以及在国际分工中的地位。以 2014 年为例，俄罗斯及欧盟成员国法国、德国、意大利、英国（2014 年未脱欧）的人口总量均不及印度和土耳其，土库曼斯坦、土耳其的人口总量不及巴基斯坦，欧亚经济联盟成员国亚美尼亚人口总量不及吉尔吉斯斯坦，但中国从上述三对对比关系中前者的进口量均远大于后者，相比后者，前者的劳动力优势能更有效地转化为贸易优势。

第三，距离对三种贸易模型均有显著负影响，且影响程度在所有贸易影响因素中居首位，说明运输成本是阻碍双边贸易的重要因素之一。欧亚经济联盟中主要成员国俄罗斯、哈萨克斯坦均与中国接壤，且经济总量占据欧亚经济联盟经济总量的 90%以上，若中国与欧亚经济联盟建立自贸区，将会进一步发挥经贸合作的地缘优势。

第四，共同边界并没有给出口和进口贸易带来惠利，反而影响显著为负。共同边界变量的估计结果与鲁晓东、赵奇伟（2010）和高志刚、张燕（2015）的结果类似。究其原因，与中国接壤的国家部分基础设施落后、交通极为不便，口岸贸易发展相对滞后，而且政治投资风险也较高，譬如塔吉克斯坦、吉尔吉斯斯坦、阿富汗（政权更迭、内部政治斗争激烈、经济发展困难），中国与其并没有充分享受共同边界所带来的贸易便利。若中国与欧亚经济联盟建立自贸区，对于深化口岸协作、改善外贸发展环境大有裨益。

第五，进口关税水平对出口贸易抑制作用显著，通过比较 2010 年俄白哈关税同盟启动前后数据可知，哈萨克斯坦于 2005~2009 年从中国进口的贸易额增长率均高于其从俄罗斯、白俄罗斯进口的贸易额增长率，而2010年关税同盟的启动迅速扭转了这种态势，哈萨克斯坦从俄罗斯和白俄罗斯的进口贸易额年增长率呈强劲反弹态势，且均首次超过了哈中进口贸易额增长率，关税同盟对中哈出口贸易冲击较明显。此外，观察数据可知，与中国贸易量较大的国家的关税水平较低，反之亦然。说明关税水平对出口贸易有显著负影响，影响双边贸易与联系程度，故自贸区框架内的关税优惠政策将会惠及双边贸易往来。

第六，SCO和CAREC变量与总贸易显著正相关，说明上海合作组织和中亚区域经济合作机制对推进中国与沿线国家的贸易往来有积极的影响。欧亚经济联盟中俄罗斯、哈萨克斯坦、吉尔吉斯斯坦均是SCO的成员国，白俄罗斯是观察员国，亚美尼亚是对话伙伴，而成员国中仅有哈萨克斯坦和吉尔吉斯斯坦是CAREC机制的成员国。上海合作组织是由中国倡导并组织建立的国际组织，会议级别是首脑级，CAREC是由亚洲开发银行倡导建立的合作机制，会议级别只是部长级，运行机制、执行力和影响力都远不及上合组织，故"丝绸之路经济带"与欧亚经济联盟对接以上海合作组织作为商讨合作的机制平台再合适不过。

第七，世界贸易组织对总贸易有显著正影响，欧亚经济联盟中除了白俄罗斯以外其他均是世界贸易组织成员，而白俄罗斯也在积极申请加入。在世界贸易组织最惠国待遇基础上，较高的市场开放和自由化程度为建设FTA提供了先决条件。

3. 贸易效率分析

贸易效率是实际贸易水平与贸易潜力的比值，其值在0~1的区间范围内，说明实际贸易量小于贸易潜力。数值越大代表效率越高，而潜力越小，反之，数值越小代表效率越低，而潜力越大。根据随机前沿引力模型可直接得出各欧亚经济联盟成员国在相应年份的进口、出口与总贸易的效率估计值。

图2-2和图2-3展现了2000~2014年欧亚经济联盟成员国进口、出口及总贸易的效率变化趋势，可以看出：①进口平均效率大于出口平均效率，但进口效率的增长态势趋于平缓（2000~2014年增幅为30.1%），而出口效率呈强劲增长态势（2000~2014年增长了1.3倍）。观察数据可知，中国与俄罗斯、白俄罗斯、吉尔吉斯斯坦在2009年后、与哈萨克斯坦在2005年后、与亚美尼亚在2003年后贸易开始呈顺差状态，故整体来说，相比进口贸易，中国与欧亚经济联盟的出口潜力较大，随着中国经济的飞速发展，出口贸易发展势头将强于进口贸易。②进口

贸易效率排序：俄罗斯、吉尔吉斯斯坦、哈萨克斯坦、白俄罗斯、亚美尼亚。出口贸易效率排序除了俄罗斯与吉尔吉斯斯坦位次颠倒，其他无变化。总贸易效率排序位次与进口贸易相同，表明中国与欧亚经济联盟成员国俄罗斯和吉尔吉斯斯

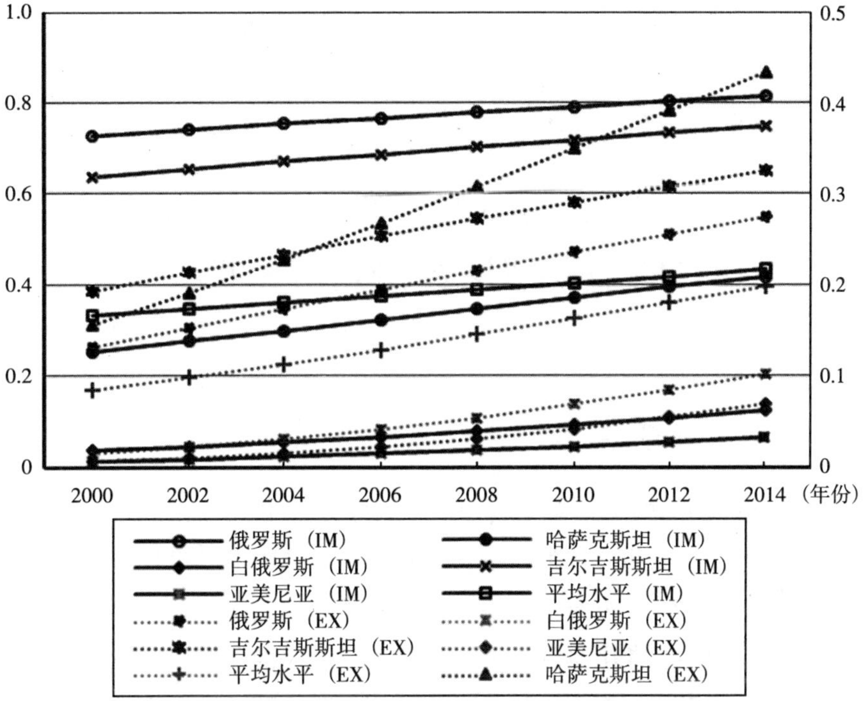


**图 2-2 欧亚经济联盟成员国进口与出口效率变化趋势**

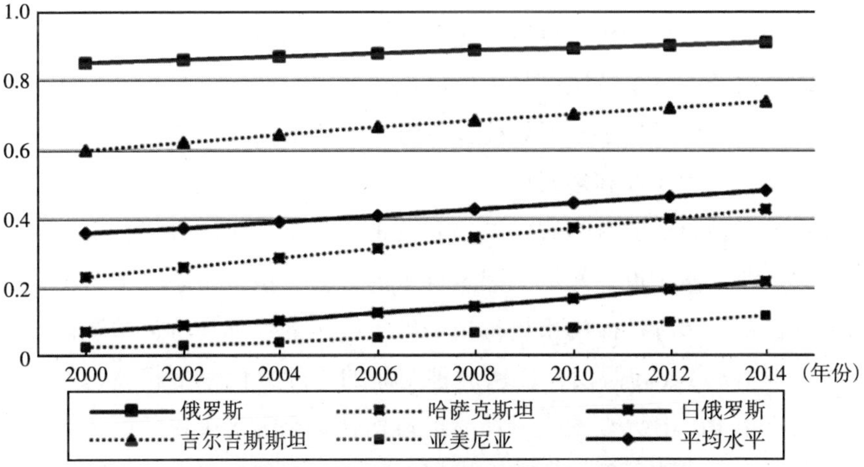


**图 2-3 欧亚经济联盟成员国总贸易效率变化趋势**

坦的贸易效率最高，其次是哈萨克斯坦和白俄罗斯，而与亚美尼亚贸易效率最低、贸易潜力最大。③中国与欧亚经济联盟成员国总贸易、进口贸易与出口贸易的效率均小于1，而平均效率均小于0.5，说明中国与欧亚经济联盟成员国仍有较大的增长空间，可通过提升合作层次、创新贸易模式（自贸区）来拓展双方贸易潜力，故本章第五部分探讨中国与欧亚经济联盟建立自贸区的经济效应模拟。

## 五、基于局部均衡理论的中国与欧亚经济联盟自贸区经济效应模拟

### （一）局部均衡理论

局部均衡模型最初是由马歇尔（1920）创立的，将单个市场看成是总体经济的一个很小部分，其他部分作为常量，观察一个或几个商品市场或几个经济变量之间的联系，通常侧重分析给定政策下市场所受到的直接影响，而不考虑不同市场之间的相互作用，经常用于分析关税及非关税壁垒的贸易效应及福利效应。一般均衡则是指在所有商品的价格和供求关系相互联系和相互影响下，各种商品的价格与供求的关系或均衡状态，侧重于总体分析。相比而言，局部均衡模型是在相当细分的程度上进行分析，可以避免只考虑总体而造成的偏差，此外局部均衡模型只考虑开放条件下某特定产品市场的出清状态，所需变量、数据和求解的方程相对较少，一方面避免了一般均衡模型分析所需要的庞杂的数据处理，另一方面增加了模型的可操作性和透明性。

局部均衡模型分析中具体假设主要有两个方面：在供给方面，出口供给弹性趋于无穷大，此处假定世界是近似完全竞争的，在自由贸易条件下各类商品存在统一的世界价格，每种产品的市场价格是外生给定的，称作价格接受假设；在需求方面，采取Armington假设，任何两种商品的边际替代率不相关，保证自由贸易协定不会产生BIG BANG解——所有进口均转移到最优关税的国家或地区的情形。基于此，本章采取局部均衡模型模拟中国与欧亚经济联盟成员国零关税及减

税的贸易效应、福利效应和关税效应，同时从 SITC Rev.4 十大类产品层面进行分析。

## （二）经济效应测度及数据来源

自由贸易区条件下，i 国对 j 国实施零关税或者削减关税，i 国消费者从 j 国进口产品的成本降低，在支出不变的情况下，i 国消费者从 j 国进口规模将扩大，由此获得的贸易增量即为贸易创造效应（Trade Creation Effect，TCE）。从 j 国进口成本的降低，将促使 i 国把之前从其他国家的进口转移至 j 国，此时的贸易增量即为贸易转移效应（Trade Diversion Effect，TDE）。贸易创造效应与转移效应之和即为贸易总效应（Trade Total Effect，TTE）。由于关税税率的降低，i 国消费者可以从 j 国购买到更加廉价的产品，使得 i 国消费者剩余有所提高。i 国进口规模扩大带来的净福利提高即为福利效应。由于 i 国对外零关税或削减关税带来的税收损失即为税收效应。

采用世界银行 WITS 数据库研发的 SMART 软件对中国—欧亚经济联盟自贸区经济效应进行模拟分析。根据上述假设及 2014 年相关贸易数据，按照 SITC 产品分类，分别对零关税及互减关税（按瑞士公式 Swiss Formula 50%减让）两种情形进行模拟（单位均为万美元）。

考虑到当前欧亚经济联盟成员国间虽然存在共同的价值认同和利益驱动，但政治与经济差异较大，对外贸易发展不平衡性凸显，且亚美尼亚、吉尔吉斯斯坦 2015 年才正式加入欧亚经济联盟，故不再将欧亚经济联盟作为一个整体进行模拟，而是逐个模拟，以探究中国与欧亚经济联盟建设自贸区的经济效应变化。

## （三）模拟结果及分析

1. 中国对欧亚经济联盟成员国零关税及减税情形模拟

从中国对欧亚经济联盟各个成员国零关税的模拟结果可以看出（见表 2-6），贸易总效应方面，各成员国对中国的出口贸易均有明显的增加，其中以俄罗斯贸易总效应最大，为 31.6 亿美元，其次是哈萨克斯坦，为 8.4 亿美元。相比之下，吉尔吉斯斯坦、白俄罗斯的贸易效应较小，亚美尼亚最小，主要是由于中国对吉、白、亚三国进口规模一直较小，进口需求有限。贸易效应结构方面，各国贸易创造效应占比均在 50%以上，贸易转移效应占比在 28.6%以下，表明零关税将

**表 2–6　中国对欧亚经济联盟零关税及减税的贸易效应模拟结果**

单位：万美元

| 零关税 | 亚美尼亚 | | | 白俄罗斯 | | | 哈萨克斯坦 | | | 吉尔吉斯斯坦 | | | 俄罗斯 | | |
|---|---|---|---|---|---|---|---|---|---|---|---|---|---|---|---|
| CODE | TTE | TCE | TDE | TTE | TCE | TDE | TTE | TCE | TDE | TTE | TCE | TDE | TTE | TCE | TDE |
| SITC0 | 3.28 | 1.17 | 2.12 | 73.89 | 27.63 | 46.26 | 3181.3 | 2168.09 | 1013.21 | 1098.7 | 954.42 | 144.26 | 15437.8 | 9576.91 | 5860.67 |
| SITC1 | 26.1 | 15.31 | 10.8 | 0.75 | 0.29 | 0.46 | 4.6 | 1.71 | 2.89 | 0.49 | 0.16 | 0.32 | 952.13 | 750.41 | 201.73 |
| SITC2 | 0 | 0 | 0 | 229.83 | 93.53 | 136.3 | 2399.13 | 1691.26 | 707.87 | 436.42 | 301.2 | 135.23 | 18380.8 | 15015.5 | 3365.22 |
| SITC3 | 0 | 0 | 0 | 0 | 0 | 0 | 37921.3 | 34223.6 | 3697.7 | 70.6 | 63.76 | 6.84 | 230486 | 207094 | 23391.8 |
| SITC4 | 0 | 0 | 0 | 0 | 0 | 0 | 2.54 | 1.79 | 0.75 | 0 | 0 | 0 | 730.51 | 644.99 | 85.52 |
| SITC5 | 0.08 | 0.04 | 0.04 | 3245.0 | 1502.1 | 1742.9 | 37037.1 | 33630.7 | 3406.37 | 0.89 | 0.4 | 0.49 | 29449.2 | 15423.9 | 14025.3 |
| SITC6 | 1.42 | 0.87 | 0.56 | 116.9 | 45.11 | 71.77 | 3749.45 | 2151.35 | 1598.1 | 149.89 | 60.24 | 89.66 | 13363.5 | 8264.58 | 5098.97 |
| SITC7 | 0.14 | 0.06 | 0.08 | 1487.31 | 1045.3 | 442.02 | 1.34 | 0.73 | 0.61 | 4.47 | 4.42 | 0.06 | 5686.83 | 4725.68 | 961.14 |
| SITC8 | 145 | 76.73 | 68.61 | 275.23 | 242.94 | 32.29 | 1.56 | 1.04 | 0.52 | 1 | 0.3 | 0.7 | 1439.49 | 649.48 | 790.01 |
| SITC9 | 0 | 0 | 0 | 0 | 0 | 0 | 0 | 0 | 0 | 0 | 0 | 0 | 85.06 | 65.18 | 19.88 |
| 合计 | 176 | 94.18 | 82.21 | 5428.92 | 2956.93 | 2472 | 84298.3 | 73870.3 | 10428.0 | 1762.44 | 1384.9 | 377.56 | 316011 | 262211 | 53800.2 |
| 减税 | TTE | TCE | TDE | TTE | TCE | TDE | TTE | TCE | TDE | TTE | TCE | TDE | TTE | TCE | TDE |
| SITC0 | 0.85 | 0.32 | 0.54 | 17.43 | 6.82 | 10.61 | 1219.82 | 832.39 | 387.43 | 327.9 | 285.98 | 41.92 | 2654.88 | 1707.62 | 947.26 |
| SITC1 | 5.29 | 3.06 | 2.23 | 0.12 | 0.05 | 0.08 | 1.31 | 0.49 | 0.82 | 0.08 | 0.03 | 0.05 | 162.88 | 127.06 | 35.82 |
| SITC2 | 0 | 0 | 0 | 43.14 | 17.03 | 26.11 | 278.2 | 194.36 | 83.84 | 60.44 | 43.15 | 17.29 | 1551.95 | 1132.58 | 419.37 |
| SITC3 | 0 | 0 | 0 | 0 | 0 | 0 | 3264.76 | 2950.09 | 314.67 | 6.07 | 5.49 | 0.58 | 19848.7 | 17839 | 2009.7 |
| SITC4 | 0 | 0 | 0 | 0 | 0 | 0 | 0.39 | 0.27 | 0.11 | 0 | 0 | 0 | 112 | 98.97 | 13.03 |
| SITC5 | 0.01 | 0 | 0 | 345.28 | 145.59 | 199.69 | 3669.68 | 3331.75 | 337.93 | 0.09 | 0.04 | 0.05 | 5961.41 | 3236.91 | 2724.51 |
| SITC6 | 0.08 | 0.05 | 0.03 | 17.68 | 6.62 | 11.06 | 158.02 | 82.07 | 75.95 | 15.75 | 6.25 | 9.5 | 1064.24 | 682.18 | 382.06 |
| SITC7 | 0.02 | 0.01 | 0.01 | 172.97 | 116.24 | 56.73 | 0.13 | 0.07 | 0.07 | 0.78 | 0.77 | 0.01 | 937 | 823.37 | 113.64 |
| SITC8 | 37.7 | 19.93 | 17.78 | 37.95 | 33.29 | 4.66 | 0.34 | 0.25 | 0.09 | 0.28 | 0.08 | 0.2 | 155.04 | 71.74 | 83.3 |
| SITC9 | 0 | 0 | 0 | 0 | 0 | 0 | 0 | 0 | 0 | 0 | 0 | 0 | 0 | 0 | 0 |
| 合计 | 44 | 23.37 | 20.59 | 634.57 | 325.64 | 308.94 | 8592.65 | 7391.74 | 1200.91 | 411.39 | 341.79 | 69.6 | 32448.1 | 25719.4 | 6728.69 |

使中国对欧亚经济联盟成员国进口规模扩大50%以上，尤其是哈萨克斯坦，中国对哈萨克斯坦零关税将创造87.63%的中哈进口增量。较高的贸易创造效应及较低的贸易转移效应一方面为欧亚经济联盟各成员国产品输出提供了广阔的市场，另一方面也不会损害中国其他主要进口贸易伙伴国的利益，这无疑将成为推动欧亚经济联盟与中国建设自贸区的动力之一。产品结构方面，中国对亚美尼亚、白俄罗斯贸易总效应80%以上集中在工业制成品领域，但贸易规模依旧较小，对俄罗斯、哈萨克斯坦、吉尔吉斯斯坦三国的总效应中50%以上来源于初级产品领域，其中对俄、哈的矿物燃料、润滑油和相关原料（SITC3）的进口增量占该国贸易总效应的比重分别为73%、45%，对吉尔吉斯斯坦食品及活动物（SITC0）的进口增量占比为62.33%。

从中国对欧亚经济联盟成员国的减税模拟结果来看，各国对中国出口贸易增长与零关税时情形大体一致，但远不及零关税时明显，即随着中国减税力度的降低，成员国对中国出口贸易规模增幅有所回落。此时，俄罗斯、哈萨克斯坦、白俄罗斯对中国出口贸易增量仅为零关税时的1/10，亚美尼亚、吉尔吉斯斯坦对中国出口贸易增量为零关税时的25%以下，表明关税减让力度越小，成员国对中国出口增幅越有限。贸易效应结构方面，贸易创造效应占总效应比重超过50%，其中对哈萨克斯坦、吉尔吉斯斯坦、俄罗斯的贸易创造效应占比在80%以上。各国对中国出口产品结构并无实质性变化，相比于零关税情景，产品种类趋于减少，且仍旧集中在个别领域，如哈萨克斯坦对中国80%以上贸易增量来自矿物燃料、润滑油及有关原料（SITC3）和化学品及有关产品（SITC5）的出口，俄罗斯对中国出口贸易增量61%以上集中在矿物燃料、润滑油和相关原料（SITC3）领域。

2. 欧亚经济联盟成员国对中国零关税及减税情形模拟

从欧亚经济联盟成员国对中国及其他成员国零关税及减税时的模拟结果来看①（见表2-7），各国与联盟内贸易伙伴国之间均呈现贸易创造效应为0、贸易转移效应为负的明显特征，与中国的贸易创造效应及转移效应明显为正，且相对较大。表明无论是零关税抑或削减关税，欧亚经济联盟框架下，联盟内部之间的贸易创造效应却是微乎其微的，而且联盟内贸易尤其是工业品进口贸易，将部分

① 初级品为SITC0~SITC4类产品，工业品为SITC5~SITC9类产品。此处限于篇幅不再进一步细分，下同。

**表 2-7　欧亚经济联盟成员国对中国零关税及减税的贸易效应模拟结果**

单位：万美元

| 亚美尼亚与中俄白哈吉 | | 白俄罗斯 | | | 中国 | | | 哈萨克斯坦 | | | 吉尔吉斯斯坦 | | | 俄罗斯 | | |
|---|---|---|---|---|---|---|---|---|---|---|---|---|---|---|---|---|
| | | TTE | TCE | TDE | TTE | TCE | TDE | TTE | TCE | TDE | TTE | TCE | TDE | TTE | TCE | TDE |
| 零关税 | 初级品 | -0.2 | 0 | -0.2 | 139.2 | 85.2 | 54 | 0 | 0 | 0 | 0 | 0 | 0 | -9 | 0 | -9 |
| | 工业品 | -23 | 0 | -23 | 4103.5 | 2786.5 | 1317 | 0 | 0 | 0 | -0.6 | 0 | -0.6 | -94.2 | 0 | -94.2 |
| 减税 | 初级品 | 0 | 0 | 0 | 23 | 14.2 | 8.9 | 0 | 0 | 0 | 0 | 0 | 0 | -1.5 | 0 | -1.5 |
| | 工业品 | -3.8 | 0 | -3.8 | 680.2 | 462.7 | 217.5 | 0 | 0 | 0 | -0.1 | 0 | -0.1 | -15.3 | 0 | -15.3 |
| 白俄罗斯与中俄哈吉亚 | | 亚美尼亚 | | | 中国 | | | 哈萨克斯坦 | | | 吉尔吉斯斯坦 | | | 俄罗斯 | | |
| | | TTE | TCE | TDE | TTE | TCE | TDE | TTE | TCE | TDE | TTE | TCE | TDE | TTE | TCE | TDE |
| 零关税 | 初级品 | 0 | 0 | 0 | 221.3 | 108.5 | 112.9 | 0 | 0 | 0 | 0 | 0 | 0 | -34.5 | 0 | -34.5 |
| | 工业品 | -0.3 | 0 | -0.3 | 10412 | 5312.9 | 5098.9 | -2.2 | 0 | -2.2 | -0.8 | 0 | -0.8 | -1827 | 0 | -1827 |
| 减税 | 初级品 | 0 | 0 | 0 | 28.4 | 14 | 14.4 | 0 | 0 | 0 | 0 | 0 | 0 | -4.6 | 0 | -4.6 |
| | 工业品 | -0.1 | 0 | -0.1 | 1815.2 | 940.7 | 874.5 | -0.3 | 0 | -0.3 | 0 | 0 | 0 | -323.6 | 0 | -323.6 |
| 哈萨克斯坦与中俄吉白亚 | | 亚美尼亚 | | | 中国 | | | 白俄罗斯 | | | 吉尔吉斯斯坦 | | | 俄罗斯 | | |
| | | TTE | TCE | TDE | TTE | TCE | TDE | TTE | TCE | TDE | TTE | TCE | TDE | TTE | TCE | TDE |
| 零关税 | 初级品 | -0.4 | 0 | -0.4 | 2472 | 1526 | 946.6 | -27.1 | 0 | -27.1 | -37.8 | 0 | -37.8 | -461 | 0 | -461 |
| | 工业品 | -3.4 | 0 | -3.4 | 80074 | 52235 | 27839 | -813.1 | 0 | -813.1 | -254 | 0 | -254.4 | -11541 | 0 | -11541 |
| 减税 | 初级品 | 0 | 0 | 0 | 324.4 | 201.4 | 123.1 | -3.4 | 0 | -3.4 | -6.1 | 0 | -6.1 | -52.4 | 0 | -52.4 |
| | 工业品 | -0.6 | 0 | -0.6 | 14169 | 9433 | 4736 | -156.6 | 0 | -156.6 | -52.2 | 0 | -52.2 | -2042 | 0 | -2042 |

续表

| 吉尔吉斯斯坦与中俄白哈亚 | | 亚美尼亚 | | | 中国 | | | 白俄罗斯 | | | 哈萨克斯坦 | | | 俄罗斯 | | |
|---|---|---|---|---|---|---|---|---|---|---|---|---|---|---|---|---|
| | | TTE | TCE | TDE | TTE | TCE | TDE | TTE | TCE | TDE | TTE | TCE | TDE | TTE | TCE | TDE |
| 零关税 | 初级品 | 0 | 0 | 0 | 3347 | 3200 | 146.9 | –0.1 | 0 | –0.1 | –5.1 | 0 | –5.1 | –25.6 | 0 | –25.6 |
| | 工业品 | –0.1 | 0 | –0.1 | 13087 | 11665 | 1422 | –143.1 | 0 | –143.1 | –20.8 | 0 | –20.8 | –248.1 | 0 | –248.1 |
| 减税 | 初级品 | 0 | 0 | 0 | 557.2 | 533.3 | 23.9 | 0 | 0 | 0 | –0.8 | 0 | –0.8 | –4.1 | 0 | –4.1 |
| | 工业品 | 0 | 0 | 0 | 2164 | 1932 | 232.5 | –23.6 | 0 | –23.6 | –3.6 | 0 | –3.6 | –38.9 | 0 | –38.9 |
| 俄罗斯与中白哈吉亚 | | 亚美尼亚 | | | 中国 | | | 白俄罗斯 | | | 哈萨克斯坦 | | | 吉尔吉斯斯坦 | | |
| | | TTE | TCE | TDE | TTE | TCE | TDE | TTE | TCE | TDE | TTE | TCE | TDE | TTE | TCE | TDE |
| 零关税 | 初级品 | –35.8 | 0 | –35.8 | 22531.8 | 15721.4 | 6810.4 | –378.1 | 0 | –378.1 | –68 | 0 | –68 | –15.3 | 0 | –15.3 |
| | 工业品 | –81 | 0 | –81 | 570000.0 | 398000.0 | 172732.1 | –12252 | 0 | –12252 | –1907 | 0 | –1907 | –133 | 0 | –133 |
| 减税 | 初级品 | –5.5 | 0 | –5.5 | 3095 | 2143.2 | 951.8 | –53.6 | 0 | –53.6 | –7.4 | 0 | –7.4 | –2.4 | 0 | –2.4 |
| | 工业品 | –16.8 | 0 | –16.8 | 102000.0 | 74031 | 28365.2 | –2263 | 0 | –2263 | –280 | 0 | –279.5 | –27.3 | 0 | –27.3 |

转移至联盟外的中国，导致负的贸易转移效应，但这种转移远小于各国对中国的贸易转移效应，即由于联盟成员国对中国实施零关税或减税，其对中国的进口将随着贸易成本的降低而增加，原来从其他贸易伙伴国的进口将部分转移到中国，其中联盟内贸易转移占比在50%以下。联盟内贸易转移效应最高或者最为明显的为哈萨克斯坦，对中国的贸易转移效应40%以上来自联盟内部，其次为白俄罗斯和吉尔吉斯斯坦，亚美尼亚及俄罗斯的联盟内贸易转移效应占其对中国贸易转移效应的比重不到10%。

值得注意的是，贸易转移效应中工业品占比在69.35%以上。就目前而言，欧亚经济联盟各成员国产业结构中，制造业发展滞后，亚美尼亚、哈萨克斯坦、吉尔吉斯斯坦、俄罗斯制造业产值占GDP比重均低于15.6%，白俄罗斯制造业产值比重稍高，为26.34%，轻工业在欧亚经济联盟各成员国均较为落后，联盟内部轻工业品供给无法满足需求，因此各成员国仍从中国等联盟外国家进口，联盟国家降低进口关税，将使得中国的轻工业品更加具有价格优势，进而获得更多的市场份额。

在自贸区条件下，零关税或关税减让将使得中国与欧亚经济联盟各成员国出口贸易环境得以优化，进而扩大贸易规模，从表2-7中也可以清楚地看出，联盟成员国对中国及其他成员国零关税或者减税，中国的贸易效应增幅较大，显著高于其他成员国。在中国的贸易总效应中，贸易创造效应占比超过50%，表明由于贸易成本的降低，联盟成员国从中国的进口将明显增加，其中50%以上来自贸易创造效应，且贸易增量中90%以上为工业品，这也进一步证实了欧亚经济联盟各成员国对于中国工业品的巨大需求。

3. 中国与欧亚经济联盟成员国在零关税及减税情形下的福利和税收效应

从中国与欧亚经济联盟成员国的福利分配情况来看（见表2-8），无论零关税还是减让关税，俄罗斯获得的福利效应均居于首位，其次是中国，然后是哈萨克斯坦、吉尔吉斯斯坦、白俄罗斯和亚美尼亚四国，其福利效应不到俄罗斯福利效应的14%。由图2-4和图2-5[①]可以更加清晰地看到，FTA下无论是零关税还是减税，俄罗斯获得的福利效应均最高，分别为62%和71%，中国分别为29%

① 由于零关税和减税情况下税收效应与福利效应结果大体相似，限于篇幅，这里只列出零关税和减让关税条件下的福利分配图。

**表 2–8 各国零关税及减税时福利分配及税收损失**

单位：万美元

| 零关税 | 中国 | 亚美尼亚 | 白俄罗斯 | 哈萨克斯坦 | 吉尔吉斯斯坦 | 俄罗斯 | 中国 | 亚美尼亚 | 白俄罗斯 | 哈萨克斯坦 | 吉尔吉斯斯坦 | 俄罗斯 |
|---|---|---|---|---|---|---|---|---|---|---|---|---|
| | 福利效应 | | | | | | 税收效应 | | | | | |
| SITC0 | 1578.8 | 5.3 | 4.4 | 29.8 | 159.8 | 745.6 | −8988.3 | −314.9 | −381 | −1127.7 | −583.2 | −18998.6 |
| SITC1 | 75.4 | 0 | 0.2 | 0.2 | 0.4 | 6.2 | −557 | 0 | −0.1 | −3.6 | −122.9 | −80.6 |
| SITC2 | 565.5 | 0.7 | 0.5 | 1.5 | 0.4 | 75.2 | −43488.8 | −11.5 | −148.3 | −273.3 | −47.1 | −3704.9 |
| SITC3 | 7638.4 | 0 | 0 | 2.2 | 0 | 8.2 | −32452 | 0 | −0.7 | −494.1 | −231.1 | −731.5 |
| SITC4 | 54.9 | 0 | 0 | 0 | 0.1 | 7.1 | −1496.6 | −5.9 | −7.8 | −69.4 | −16.1 | −551.8 |
| SITC5 | 2988.2 | 0 | 28.4 | 107.5 | 4.5 | 956.6 | −8652.2 | 0 | −1119.7 | −3068.8 | −403.1 | −37175.9 |
| SITC6 | 338 | 57.4 | 138.6 | 898.2 | 224.5 | 8406.4 | −6883.8 | −753.2 | −2594.1 | −17517.9 | −1693.6 | −97908.4 |
| SITC7 | 478.8 | 53.3 | 91.2 | 719.8 | 119.7 | 9987.8 | −21422 | −715.5 | −2733.2 | −16088.1 | −1719.3 | −163348 |
| SITC8 | 62.9 | 71.2 | 71.9 | 1013.8 | 263.3 | 9245.3 | −2252.7 | −921.5 | −1203.2 | −9441.2 | −2040.2 | −80631.2 |
| SITC9 | 1.8 | 0 | 0 | 0 | 0 | 72.1 | −10.9 | 0 | 0 | 0 | 0 | −86.8 |
| 合计 | 13782.7 | 187.9 | 335.1 | 2773 | 772.7 | 29510.4 | −126204 | −2722.5 | −8188.1 | −48084 | −6856.5 | −403218 |

续表

| 减税 | 中国 | 亚美尼亚 | 白俄罗斯 | 哈萨克斯坦 | 吉尔吉斯斯坦 | 俄罗斯 | 中国 | 亚美尼亚 | 白俄罗斯 | 哈萨克斯坦 | 吉尔吉斯斯坦 | 俄罗斯 |
|---|---|---|---|---|---|---|---|---|---|---|---|---|
| | 福利效应 | | | | | | 税收效应 | | | | | |
| SITC0 | 575.1 | 1.1 | 0.8 | 7.2 | 48.4 | 153.6 | -1295.6 | -47.6 | -56.2 | -151.9 | -107.1 | -2611 |
| SITC1 | 13.7 | 0 | 0 | 0 | 0.1 | 0.7 | -63.3 | 0 | 0 | -0.2 | -24.2 | -7.9 |
| SITC2 | 68.7 | 0.1 | 0.1 | 0.2 | 0.1 | 14.6 | -5065.1 | -1.8 | -23.7 | -26.8 | -5.7 | -458.3 |
| SITC3 | 766.3 | 0 | 0 | 0.2 | 0 | 1 | -2767.2 | 0 | -0.1 | -40.5 | -19.8 | -39.5 |
| SITC4 | 8.5 | 0 | 0 | 0 | 0 | 1.6 | -206.7 | -0.9 | -0.5 | -12.6 | -1.5 | -103.2 |
| SITC5 | 853.5 | 0 | 5.5 | 21.4 | 0.8 | 190.1 | -1311.3 | 0 | -110.3 | -333.3 | -38.9 | -3697.7 |
| SITC6 | 35 | 14.4 | 33.4 | 248.6 | 65.6 | 2292.5 | -709.3 | -114.4 | -403.3 | -2821.3 | -251.4 | -15894.2 |
| SITC7 | 96.3 | 11.9 | 23.7 | 189 | 26.8 | 3013.9 | -2478.1 | -108.1 | -409.3 | -2213.9 | -255.5 | -24262.2 |
| SITC8 | 10.5 | 16 | 18.6 | 369.5 | 82.2 | 3208.6 | -252 | -136.7 | -207 | -1757.8 | -320.3 | -15343.1 |
| SITC9 | 0.3 | 0 | 0 | 0 | 0 | 33.7 | -1 | 0 | 0 | 0 | 0 | -18.6 |
| 合计 | 2427.9 | 43.5 | 82.1 | 836.1 | 224 | 8910.2 | -14149.6 | -409.6 | -1210.3 | -7358.4 | -1024.4 | -62435.7 |

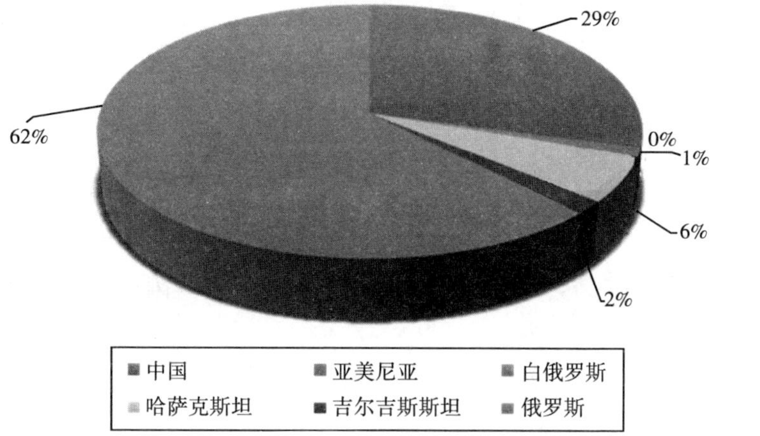


**图 2–4 零关税条件下各国福利分配**

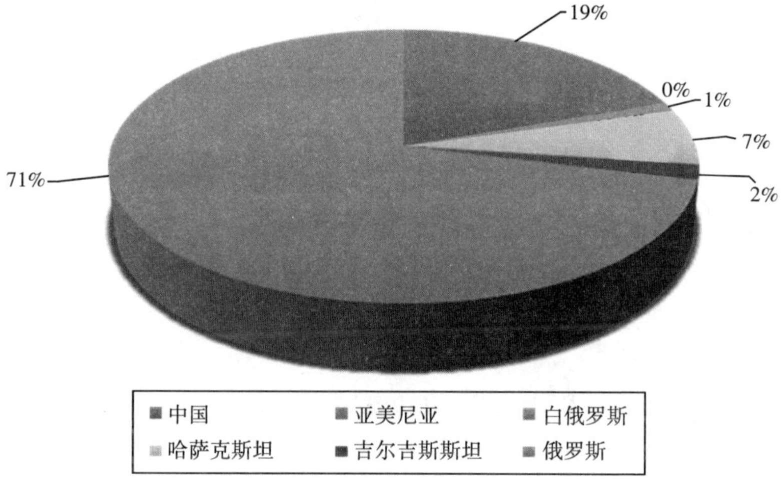


**图 2–5 减税条件下各国福利分配**

和 19%，不足俄罗斯的一半，哈萨克斯坦仅占 6%和 7%，而吉尔吉斯斯坦、亚美尼亚和白俄罗斯总和仅 3%。俄罗斯获得较高福利的同时，其相关民族工业将不可避免地受到冲击，但这会在一定程度上刺激其改变经济增长方式，充分发挥后发优势，进而推动其工业化发展。

此外，中国福利效应增加的 59%以上来自初级品进口的增加，联盟成员国如俄罗斯、哈萨克斯坦、白俄罗斯、亚美尼亚等国福利效应的增加则有 95%以上集中在工业品领域，吉尔吉斯斯坦的福利效应中 20%以上则来自初级品。这与各国贸易效应模拟结果大体一致。福利效应的增加相应地伴随着税收损失的增加，因此中国—欧亚经济联盟自贸区条件下，俄罗斯的税收损失最大，其次是中国，然后是哈萨克斯坦、白俄罗斯、吉尔吉斯斯坦、亚美尼亚（见表 2-8）。吉尔吉斯斯坦的关税损失排名与福利效应排名有所不同，即与白俄罗斯相比具有较高的福利效应，却有较低的税收损失，这说明中吉出口贸易成本较中白贸易成本低。相比于其他成员国，吉尔吉斯斯坦作为中国产品通往中亚地区的枢纽，更多地依赖于转口贸易，中吉贸易的往来对两国而言，战略意义远远大于其经济意义。

根据上述模拟结果，中国与欧亚经济联盟各成员国建立自贸区，无论是以零关税的形式还是以相互削减关税的形式，都将显著拓展双边的贸易规模，为各国的产品出口提供更为广阔的市场空间。与此同时，贸易成本的降低将明显改善各国尤其是俄罗斯的福利状况，当然各国将不可避免地损失一部分关税收入。因此，建立中国—欧亚经济联盟自贸区是双方互利共赢的一大举措。考虑到关税减让力度的加大，虽然在一定程度上促使贸易结构多样化，但丝毫没有改变双方贸易产品结构过于单一的局面。中国对联盟各成员国的进口贸易较多集中在初级品领域，出口则较多集中在工业品领域，这一方面将加重联盟成员国再次成为“原材料”附庸的顾虑，另一方面也将对其民族工业产生一定的冲击。故可考虑首先以削减关税的形式促成中国—欧亚经济联盟自贸区，随着双方政治、经济、文化的不断沟通和融合，逐步增加双边投资合作及服务的优惠便利，最终实现双边零关税，在真正意义上建立中国—欧亚经济联盟自贸区。

## 六、主要结论及对策建议

### （一）主要结论

第一，中国与欧亚经济联盟建设自贸区的有利条件主要体现在战略对接、地缘区位和贸易互补的优势。

第二，通过采用欧亚经济联盟成员国区域内贸易向心势来衡量其区域内一体化的实际程度发现：中国参与欧亚经济联盟区域贸易一体化，欧亚经济联盟成员国的贸易向心势均得到提升，其中提升幅度最大的为区域内贸易量最大的俄罗斯和哈萨克斯坦。说明中国与欧亚经济联盟成员国如果能加强合作形成优势互补，提高贸易合作层次，则会促进欧亚经济联盟区域经济一体化。

第三，通过构建随机前沿引力模型分析中国与欧亚经济联盟成员国贸易效率发现：进口贸易效率大于出口贸易效率，中国与欧亚经济联盟的出口潜力较大，随着中国经济的飞速发展，出口贸易发展势头将强于进口贸易。中国与俄罗斯和吉尔吉斯斯坦的贸易效率最高，其次是哈萨克斯坦和白俄罗斯，而与亚美尼亚贸易效率最低、贸易潜力最大。欧亚经济联盟成员国与中国的贸易效率均小于 1，且平均效率均小于 0.5，说明中国对欧亚经济联盟整体的贸易规模仍有较大的增长空间，可通过提升合作层次、创新贸易模式（自贸区）来拓展双方贸易潜力。

第四，通过局部均衡模型模拟中国与欧亚经济联盟自贸区在零关税和减税情形下的经济效应发现：自由贸易下各国获得的贸易创造效应凸显，欧亚经济联盟成员国内贸易特别是工业制成品大量转向从中国进口，且这种转移效应随着贸易自由化的加深而越发明显，中国从联盟内部获得更多的原料供应；各方福利效应均有明显提高，其中俄罗斯获得的福利效应最大，其次是中国。

### （二）对策建议

1. 优化出口部门的产业升级和出口结构，促进贸易平衡

在中国现有出口贸易的产品结构下，俄罗斯、吉尔吉斯斯坦与中国的贸易提升空间相比欧亚经济联盟其他成员国较小。故中国应优化出口部门的产业升级和出口结构，尤其鼓励和支持具有自主品牌和国际竞争力的创新性企业，提高出口产品的竞争力，改善现有贸易产品结构，同时提高劳动力生产效率，使生产率提高的竞争优势及时替代和弥补人口红利弱化（劳动密集型产业向东南亚转移）的负面影响。此外，降低对外依存度，开发国内市场的需求潜能，促进贸易平衡，规避过度顺差可能带来的风险。

2. 加强双方政治互信和政策沟通

政治互信是推动“丝绸之路经济带”建设与欧亚经济联盟对接合作的政治前提，在“丝绸之路经济带”与欧亚经济联盟对接合作中，双方应以上海合作组织

为商讨合作的机制平台，坚持共同发展和互利共赢，加强政治互信。同时双方应加强政策沟通，积极妥善地协商和解决双方在对接合作中的瓶颈和难点。要把发展中俄经贸关系放在巩固与发展国家关系乃至影响两国经济与安全利益的高度去考量。

3. 积极推动“丝绸之路经济带”建设进程，多渠道帮助俄罗斯恢复经济

2014 年俄罗斯金融危机及欧盟经济制裁使俄罗斯陷入经济低迷状态，短期内其经济难以快速复苏。中国应以此为契机，加强与俄罗斯多元化的经贸合作，在能源全方位合作的同时更加注重加强与俄罗斯在农业、科技、制造业等其他非资源领域的合作，有效促进俄罗斯非能源产业的发展，助推俄罗斯产业结构升级。同时，借助俄罗斯在中亚地区巨大的经济与政治影响力，积极推动“丝绸之路经济带”建设进程。中国在保证自身利益的前提下，对俄罗斯的援助要具备灵活性和策略性，手段要多样化，才能在大国博弈中做到游刃有余。

4. 加快落实欧亚经济联盟与“丝绸之路经济带”建设对接合作

双方应加快落实“丝绸之路经济带”建设和欧亚经济联盟对接合作的谈判进程，可将上海合作组织作为“丝绸之路经济带”和欧亚经济联盟对接合作的重要平台，拓宽务实合作空间，确定好对接合作模式、优先领域、制度安排、保障措施及应规避的问题等。可考虑以哈萨克斯坦作为突破口，加快“光明之路”新经济政策与“丝绸之路经济带”建设的对接合作，进而推动与整个联盟的对接。

5. 通过提升经贸合作层次、创新贸易模式（自贸区）来开发双方贸易潜力

以创新理念打造中国与欧亚经济联盟新型区域合作模式，开发双方经贸合作潜力。应深化口岸协作，改善外贸发展环境，充分利用共同边界带来的贸易便利，积极推进双方贸易投资便利化，降低贸易成本，提高贸易效率，提高经贸合作层次，最终建立自贸区。同时充分考虑联盟成员国的战略诉求，协调双边贸易政策以减少优惠贸易安排带来的贸易损失，减少自贸区建设的阻碍，实现互利共赢，建设高水平、可持续、具有吸引力的自贸区，中长期可形成涵盖“丝绸之路经济带”沿线国家的自由贸易区网络，推进“丝绸之路经济带”建设步伐。

6. 尽快启动中国与欧亚经济联盟自贸区的研究和谈判

以国务院 2015 年 12 月 6 日印发的《关于加快实施自由贸易区战略的若干意见》为执行标准，尽快启动中国与欧亚经济联盟签署自贸区协定的可行性研究。抓住当前时机，以互利共赢为目标，协商确定双边自由贸易区的实施范围、保障

机制及相关政策等基本框架，以贸易、投资、产业与金融合作为抓手，加速实现双边贸易便利化。同时要谨慎妥善处理好中俄关系，把发展中俄经贸关系放在巩固与发展国家关系乃至影响两国经济与安全利益的高度去考量，推进中国与欧亚经济联盟自贸区的谈判进程。

**参考文献**

［1］李新. 普京欧亚联盟设想：背景、目标及其可能性［J］. 现代国际关系，2011（11）：4–10.

［2］欧阳向英. 欧亚联盟——后苏联空间俄罗斯发展前景［J］. 俄罗斯东欧中亚研究，2012（4）：76–80.

［3］王树春，万青松. 上海合作组织与欧亚经济共同体的关系探析［J］. 世界经济与政治，2012（3）：20–38，156–157.

［4］杨辉，毕洪业. 普京对后苏联空间的整合及前景——以欧亚经济联盟的成立为例［J］. 世界经济与政治论坛，2014（4）：33–43.

［5］王维然，王京梁. 试析欧亚经济联盟的发展前景［J］. 现代国际关系，2015（8）：51–56.

［6］顾炜. 欧亚经济联盟的新动向及前景［J］. 国际问题研究，2015（6）：36–49.

［7］李自国. 欧亚经济联盟：绩效、问题、前景［J］. 欧亚经济，2016（2）：2–17，127.

［8］王郦久. 俄“欧亚联盟”战略及其对中俄关系的影响［J］. 现代国际关系，2012（4）：33–37.

［9］王海滨. 欧亚经济联盟及其世界影响［J］. 现代国际关系，2015（8）：42–50.

［10］徐洪峰. 欧亚经济联盟对俄欧关系影响分析［J］. 欧亚经济，2016（3）：74–84，128.

［11］邓羽佳，秦放鸣. 欧亚区域经济一体化背景下中国出口贸易效应及潜力研究［J］. 世界经济研究，2015（12）：55–65，125.

［12］郭晓琼. 竞争与合作：对欧亚联盟与上海合作组织关系的思考［J］. 俄罗斯东欧中亚研究，2013（3）：44–54，96.

[13]［俄］谢尔盖·卡拉加诺夫，季莫费·博尔达切夫，奥列格·巴拉巴诺夫，阿列克谢·别兹波罗多夫，亚历山大·加布耶夫，康斯坦丁·库佐夫科夫，亚历山大·卢金，德米特里·苏斯洛夫，阿纳斯塔西娅·利哈乔娃，伊戈尔·马卡罗夫，叶卡捷琳娜·马卡罗娃，安德烈·斯克利巴，伊万·季莫费耶夫，华盾. 构建中央欧亚：“丝绸之路经济带”与欧亚国家协同发展优先事项［J］. 俄罗斯研究，2015（3）：20-36.

[14] 李永全. 和而不同：丝绸之路经济带与欧亚经济联盟［J］. 俄罗斯东欧中亚研究，2015（4）：1-6，95.

[15] 秦放鸣，冀晓刚. 丝绸之路经济带建设与欧亚经济联盟对接合作研究［J］. 俄罗斯东欧中亚研究，2015（4）：34-40.

[16] 刘清才，支继超. 中国丝绸之路经济带与欧亚经济联盟的对接合作——基本架构和实施路径［J］. 东北亚论坛，2016（4）：49-59，127.

[17] 鲁晓东，赵奇伟. 中国的出口潜力及其影响因素——基于随机前沿引力模型的估计［J］. 数量经济技术经济研究，2010（10）：21-35.

[18] 高志刚，张燕. 中巴经济走廊建设中双边贸易潜力及效率研究——基于随机前沿引力模型分析［J］. 财经科学，2015（11）：101-110.

[19] 谭秀杰，周茂荣. 21 世纪“海上丝绸之路”贸易潜力及其影响因素——基于随机前沿引力模型的实证研究［J］. 国际贸易问题，2015（2）：3-12.

# 第三章　构建我国区域发展和全面对外开放的新格局*

2013 年 9 月 7 日，习近平总书记在哈萨克斯坦纳扎尔巴耶夫大学演讲时，首次提出了共建“丝绸之路经济带”，这为中国对外开放勾勒了新的蓝图，并且为新一轮的向西开放、西部大开发提供了历史机遇。党的十八届三中全会《中共中央关于全面深化改革若干重大问题的决定》中明确表示“推进丝绸之路经济带、海上丝绸之路建设，形成全方位开放新格局”。中央工作会议也提出了推进“丝绸之路经济带”建设。这使“丝绸之路经济带”建设上升到了国家战略层面。

“丝绸之路经济带”建设提出一年来，国内学术界对此进行了广泛的讨论，形成了一批有分量的学术成果；同时也与“丝绸之路经济带”相关国家的学者加强沟通，赢得了各国学者广泛的共鸣。

## 一、“丝绸之路经济带”的区域经济意义

早在 100 多年前，英国地缘政治专家麦金利就曾预言：包括中亚在内的欧亚大陆的腹地将是全球战略竞争的决胜点。对中国而言，“丝绸之路经济带”作为国家层面的战略构思，由国家最高领导人向世界宣布，从而具有了新的内涵。

---

* 原文题目：《丝绸之路经济带：构建我国全面对外开放的新格局》。作者：中国人民大学区域与城市经济研究所孙久文、姚鹏。

### （一）古代丝绸之路的演变与“丝绸之路经济带”的时代内涵

“丝绸之路”是一条绵延数千公里、持续两千年的贸易和文化之路。从公元前 2 世纪到公元 16 世纪，东起长安，西至君士坦丁堡，并连接中亚、西亚、南亚的贸易通道，被称为“丝绸之路”。“丝绸之路”这一概念最早在德国地理学家李希霍芬的名著《中国》中被提出。古代“丝绸之路”可以分为两条，一条是西北的“丝绸之路”，另一条是南方的“丝绸之路”。其中西北的“丝绸之路”又可以分为北线、中线、南线。

西北“丝绸之路”指的是自长安出发，从新疆出境经过中亚到达欧洲的线路。进入新疆境内后大致可以分为三条：

北线：沿哈密、乌鲁木齐、弓月城、碎叶、怛罗斯至撒马尔罕；

中线：经玉门关、高昌、吐鲁番、库尔勒、阿克苏、喀什，与北线在撒马尔罕会合；

南线：沿阳关、若羌、且末、和田、蓝氏城，与中线会合于赫拉特，最后三条线交会于马什哈德。

尽管丝绸之路道路曲折，但仍然是连接欧亚大陆最便捷的通道，方便了东西方的经贸合作与文化交流，但是囿于技术、自然条件、政治因素的影响，这条大通道逐渐被效率更高的海运所取代。

如果把古代丝绸之路与“丝绸之路经济带”进行比较，那么就是“丝绸之路经济带”赋予了古代丝绸之路新的时代内涵。

第一，“丝绸之路经济带”沿线各国联系方式和合作内容更加丰富，航空、公路、铁路，交通四通八达，形成了一种网状区域联系。“丝绸之路经济带”沿线国家的合作内容更加丰富，习近平总书记所讲的“五通”涵盖了交通、经济、金融、文化等方面合作。

第二，“丝绸之路经济带”不是只涵盖中亚地区，而是通过“丝绸之路经济带”把亚太经济圈和欧洲经济圈联系起来，涵盖欧亚大陆。通过共建“丝绸之路经济带”，中国与中亚、西亚、南亚的经贸合作得到加强，并且能够带动欧亚大陆区域经济合作，实现区域内国家产业合理布局、互相补充、共同繁荣。

第三，用创新的区域合作模式来共建“丝绸之路经济带”。这也就是说，“丝绸之路经济带”不追求建立区域一体化组织，不追求统一或刻意的制度安排，而是一种灵活的区域合作尝试。

第四，“丝绸之路经济带”虽然是中国首先提出的，但并不是一国主导的经济体制，各国都可以加入到共建中，把“丝绸之路经济带”建设成多元、开放、区域内各国共同推进的经济合作形式。

## （二）“丝绸之路经济带”的空间结构

### 1.“丝绸之路经济带”构建的空间理论基础

“丝绸之路经济带”是把“丝绸之路”与“经济带”结合起来，理论基础是区域空间结构理论。空间结构理论是一定区域范围内的社会经济各组成部分及其组合类型的空间相互作用与空间位置关系，以及反映这种关系的空间集聚规模和集聚程度的理论。

区域空间结构由点、线、面三种基本要素组成，点是最基本的要素，如城镇、企业等；线有起点和终点，并且有方向，如交通干线、能源通道等；面是指各类经济区。具有代表性的区域空间结构理论有克里斯塔勒的中心地理论、增长极理论和“点—轴”理论（见图 3-1），“点—轴”渐进式扩散的结果将形成“点—轴”聚集区的空间结构。

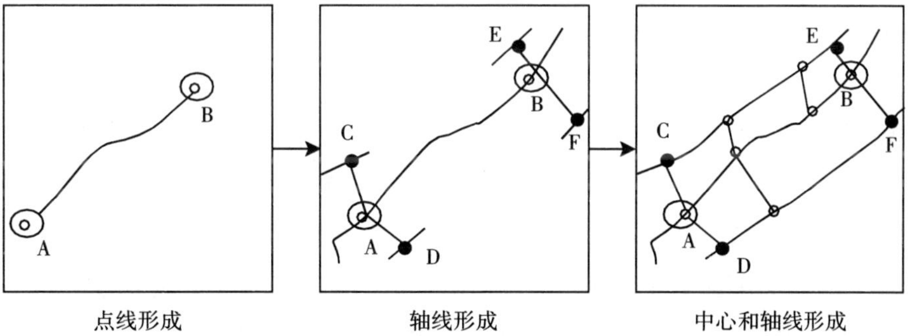


**图 3-1　“点—轴”模型形成过程**

一般认为，在区域发展过程中，由于受工业和服务业的产业特征的影响，大部分资源和经济要素习惯性地在“点”上集聚，并由线状基础设施联系在一起而形成“轴”。这里的“点”是指各级居民点和中心城市，“轴”是指由交通、通信干线或者能源通道等连接起来的“基础设施束”，“轴”对附近区域有很强的经济吸引力和凝聚力。

"丝绸之路经济带"在一定程度上符合"点—轴"模式，在"丝绸之路经济带"国内段，由西安、兰州、乌鲁木齐等中心城市组成的"点"，由铁路、公路、能源管道组成的"轴"，由中原经济区、关中—天水经济区、河西走廊经济带、天山北坡城市带形成的"面"，构成了区域空间结构。通过轴线把"丝绸之路经济带"的各个经济区连接起来，方便各要素的流通，随着中心城市和经济区的不断发展，节点范围不断扩大，人口、生产要素沿交通干线、能源线，经济集聚沿轴线扩展。因此，"丝绸之路经济带"可以借鉴"点—轴"开发模式，努力促使交通干线发展成为具有强大聚集力和扩散效应的发展轴，最终形成"丝绸之路经济带"。

2."丝绸之路经济带"构建的空间构成

（1）经济区。把"丝绸之路"和"经济带"联系起来，体现了一种新型的区域经济的空间模式。经济带是经济地理学范畴。"丝绸之路经济带"本质上是经济区域，是生产、贸易、流通一体化的带状经济区。

"丝绸之路经济带"是在古代丝绸之路的基础上形成的一个新的经济发展区域。"丝绸之路经济带"总体上可划分为国内经济区和国际经济区：国内经济区以陕甘青为主体，其他省份是外围，新疆是核心区，因为其处于国内经济区和国际经济区的交界之处，区位条件决定了其地位和作用。"丝绸之路经济带"东边牵着亚太经济圈，西边系着欧洲经济圈，被认为是"世界上最长、最具有发展潜力的经济大走廊"，理解"丝绸之路经济带"首先要对"经济带"进行全面的理解，其体现的是经济带上各城市集中协调发展的思路。"丝绸之路经济带"沿线的中亚和中国西部处于经济的"洼地"，整个区域的经济发展存在"两边高、中间低"的"驼峰现象"，处于经济"洼地"的人民渴望发展经济和追求美好生活。亚太经济圈和欧洲经济圈联系日益密切，迫切需要一条联系两个区域的通道。

近年来，中国区域经济发展有如下的基本趋势：区域经济及工业空间分布出现从集聚到扩散的新变化；区域经济转型带来服务业的集中；东部地区获得了政策资源和劳动力资源的支撑，而中西部得益于制造业的空间转移；区域经济新的空间均衡正在形成。

（2）发展轴与城市群。经济带发展需要一定的交通干线，并以其为发展轴，以轴上发达的一个或几个城市为核心，发挥经济集聚和辐射功能，联结带动周围不同等级规模城市的经济发展，由此形成点状密集、面状辐射、线状延伸的城市群。

（3）增长极。“丝绸之路经济带”是我国西部大开发、向西开放的“升级版”。中西部地区应该抓住这一机遇，促进中西部地区资源要素的自由流动和充分利用，通过资本、技术等的聚集，形成新的增长动力，提高中西部地区的产业层次，深化中西部的对外开放，形成新的增长极。例如，兰州、乌鲁木齐、西安等城市形成中心城市的增长极；甘肃天水、天山北坡、西咸新区等形成边境开发区的增长极。

3.“丝绸之路经济带”构建的空间演变趋势

近年来，影响中国工业发展空间格局变化的主要是产业的转移，确切地讲，是制造业的空间转移。工业由东部地区向东北和中西部转移，受到了国家相关政策的支持，国家工信部曾专门出台《产业转移指导目录》。我们需要看到，中国的工业化进程还远未结束，中国经济的空间分布受到工业分布的影响，呈现出与工业特别是制造业走向相一致的方向性变化。也就是说，中国的整体经济布局正在由过去各种经济要素和工业活动高度在东部地区集聚的趋势，逐步转变为由东部沿海地区向中西部和东北地区转移扩散的趋势。承接产业转移的地区多种多样，但主要集中在中西部主要城市群和非城市群的广域城市。这种趋势使“丝绸之路经济带”建设发展轴线成为可能。

目前，中国区域经济的多支点格局逐渐明显，形成了增长极的扩散。多个支点支撑中国区域经济发展，中国区域经济从聚集到扩散，在区域空间上逐步均衡。相对均衡的区域空间结构需要多个战略支点的支撑。改革开放以来形成的战略支点主要有长三角地区、珠三角地区和环渤海地区；中部崛起促成了新的战略支点的形成，包括长江中游地区和中原经济区；西部大开发也促成了若干新的战略支点，主要有成渝经济区和关中—天水经济区。随着中国区域经济的进一步均衡和城镇化进程的加快而形成大面积的城市地区，更多的战略支点可能会出现。包括北部湾经济区、天山北坡地区、东北中部地区、海峡西岸地区等，都可以形成新的战略支点。

为什么会涌现出一系列的支点地区？主要是改革开放以来，经过西部开发、东北振兴、中部崛起和东部率先发展，全国统一大市场形成，经济“全国化”，各地区普遍发展，使国家的经济不仅需要北京和上海等少数的增长极，而且需要更能支撑本地发展的增长极。多支点的出现，使新发展的区域有机会进入国家发展的核心区域，获得更好的发展条件和环境，拥有更多的发展资源，同时也在国家的经济发展中起到更重要的作用。城市群实力的增强使得城市群所在地区发展成为区域经济的支点。

### （三）"丝绸之路经济带"与经济带构建和西部大开发战略

2013~2014年中国区域经济发展的重大变化就是经济带构建的思路比较明确。目前，已经形成或重点打造的国家级经济带主要包括：环渤海经济带、长江经济带、"丝绸之路经济带"和珠江—西江经济带。

1."丝绸之路经济带"在经济带构建中的地位

（1）环渤海经济带。环渤海经济带处于东部地区，贯通南北、连接陆海，总人口2.5亿，GDP以及投资、消费、进出口等主要指标都约占全国的1/4，作用独特、区位优越、基础雄厚，正处于转型发展的关键阶段，是中国经济最有潜力的新增长极之一。

构建环渤海经济带，明确提出区域经济一体化的三个重点：基础设施互联互通、统一市场体系建设和社会保障制度的区域间对接。大力推动改革创新，着力调整优化结构，扩大对内对外开放，加快区域合作步伐，构建区域合作发展的协调机制，在区域经济一体化进程中取得更大进展。

（2）长江经济带。长江流域面积占了全国的18%，人口占了全国的36%，GDP占了全国的37%，"长江经济带是继中国沿海经济带之后最有活力的经济带"。长江经济带的战略定位：一是依托长三角城市群、长江中游城市群、成渝城市群；二是做大上海、武汉、重庆三大航运中心；三是推进长江中上游腹地开发；四是促进"两头"开发开放，即上海及中巴（巴基斯坦）、中印缅经济走廊。依托这四个定位，最终拓展我国经济发展空间，形成转型升级新的支撑带。而上海自贸区的设立，使长江经济带的发展优势进一步巩固。

（3）"丝绸之路经济带"。"丝绸之路经济带"是在古代丝绸之路概念基础上形成的一个新的经济发展区域。东边牵着亚太经济圈，西边系着发达的欧洲经济圈，被认为是"世界上最长、最具有发展潜力的经济大走廊"。"丝绸之路经济带"总人口30亿，市场规模和潜力独一无二，各国在贸易和投资领域合作潜力巨大。在"丝绸之路经济带"呼之欲出以及新一轮西部大开发加速推进之际，"升级版"的西部大开发规划正在加紧研究和编制。未来西部大开发将结合中央高层提出的新“丝绸之路”概念，提出加快宁夏内陆开放型经济试验区建设、加快关中—天水经济区升级建设、加快支援新疆建设、做好西部沿边金融特区建设等方面的战略。尤其是西部内陆省份将迎来“升级版”向西开发开放的机遇。

在前述“丝绸之路经济带”概念提出后，新疆、陕西、甘肃等省份纷纷开始研究“丝绸之路经济带”建设课题。其中，新疆发改委成立了“丝绸之路经济带”与促进新疆对外开放课题组，将对新疆在“丝绸之路经济带”建设中的战略定位、战略重点、战略方向等展开深入研究。陕西则提出发挥西安作为国际港务区、综合保税区的作用，为促进欧亚地区合作和新“丝绸之路”沿线城市交流创造条件，并提出建立省市联动协调机制、加强与国家战略对接，把陕西打造成新“丝绸之路经济带”的新起点和“桥头堡”。甘肃对“丝绸之路经济带”的战略构想进行了多地调研。

（4）珠江—西江经济带。珠江—西江流域以一个经济整体的面貌出现，珠三角是这条经济带的“龙头”。珠江—西江经济带的范围包括广东省的广州、佛山、肇庆、云浮 4 市和广西的南宁、柳州、梧州、贵港、百色、来宾、崇左 7 市，区域面积 16.5 万平方千米，2013 年末常住人口 5228 万人。同时，根据流域特点，强化广州和南宁作为经济带双核的作用，依托现有综合优势，发挥连接港澳、面向东盟、服务周边的作用，成为引领经济带开放发展和辐射带动西南中南腹地的战略高地，将广西桂林、玉林、贺州、河池等市以及西江上游贵州的黔东南、黔南、黔西南、安顺，云南文山、曲靖的沿江部分地区作为规划延伸区。华南区域协调发展迎来难得契机，南方对外开放发展再添战略新支点。

2. 西部依然是我国区域经济协调发展的“短板”

区域发展不平衡一直是我国的基本国情。从改革开放初期到 21 世纪初期，我国区域发展战略经历了从非均衡发展战略到实施区域协调发展总体战略的转变过程。改革开放初期实施的非均衡发展战略，大大加快了我国经济发展，缩小了我国与发达国家的差距，创造了“中国奇迹”，但是非均衡发展战略客观上扩大了东部和西部的差距，加之金融危机，造成我国外需明显紧缩，在这个背景下，国家陆续提出了“西部大开发”“振兴东北老工业基地”“中部崛起”，以及目前提出的“丝绸之路经济带”建设的口号。

进入 21 世纪第二个十年，西部地区已经站在新的历史起点上，进入了新的发展阶段。近年来西部和东部的相对差距有所减小（图 3-2 中的变异系数①），随着"西部大开发"战略、"中部崛起"战略的实施，自 2004 年开始，变异系数呈现出下降的趋势，但是绝对差距还是呈扩大趋势（图 3-2 中的标准差②）。根根据泰尔指数③ 进行计算（见图 3-3），1999~2012 年，东部内部差异呈下

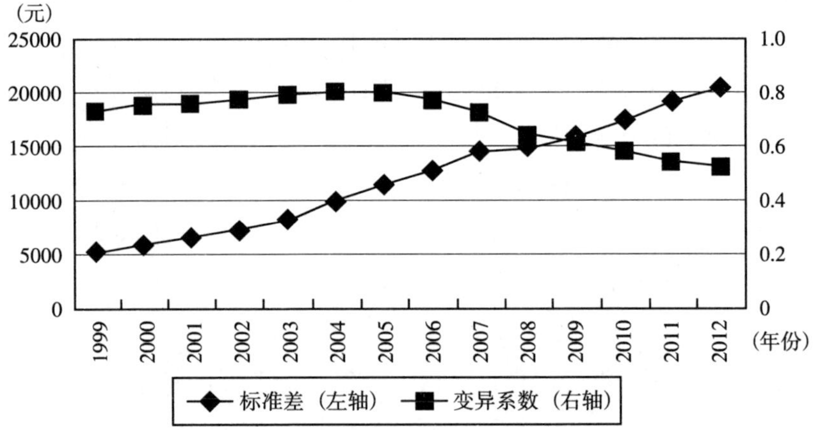


**图 3-2　1999~2012 年人均 GDP 的标准差与变异系数**

资料来源：根据历年《中国统计年鉴》计算。

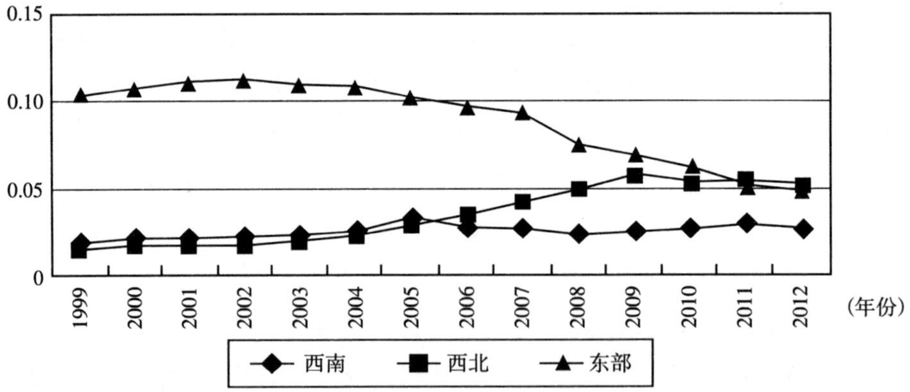


**图 3-3　1999~2012 年西南、西北、东部区域内部差异趋势**

资料来源：根据历年《中国统计年鉴》计算。

---

① 变异系数是采用统计学中的标准差和均值比来表示的。

② 标准差是一种广泛的差异衡量指标，反映样本值与其算数平均值的偏离程度。其值越大，表示差异越大。

③ 泰尔指数可以把整体差异分解成组内和组间差异，此指数通常用于将区域总体差异分解成各个不同部分的差异。

降趋势，环渤海、长三角、珠三角辐射作用较强，“扩散效应”“极化效应”明显；西北呈上升趋势，这主要是由于在西部大开发战略的实施中，获益地区主要集中在某些增长极上，如关中—天水经济区、天山北坡城市带等；西南虽然有小幅度的下降，但是内部差异依然较大。西部大开发依然任重道远。

3. 通过“丝绸之路经济带”建设，形成新的增长点

为适应经济全球化的新形势，党的十八届三中全会强调实行对内对外开放相结合，“丝绸之路经济带”正是扩大对内对外开放的新举措。“丝绸之路经济带”是我国西部大开发、向西开放的“升级版”。中西部地区应该抓住这一机遇，促进中西部地区资源要素的自由流动和充分利用，通过资本、技术等的聚集，形成新的增长动力，提高中西部地区的产业层次，深化中西部的对外开放，形成新的增长点。

## 二、“丝绸之路经济带”与构筑中国开放新格局

### （一）我国对外开放呈“东强西弱，海强边弱”格局

回顾我国对外开放与西部大开发的不平凡历程，我们得到的经验是把扩大对内对外开放作为加快发展的活力之源。

改革开放以来，我国首先实现东部沿海开放，继而实施沿江、沿边开放，逐渐形成了海陆统筹的全面对外开放格局，我国成为世界上吸引外商投资最多的发展中国家。中西部地区外贸规模和引进外资的增速虽然很快，但占全国的比重并不是特别大；而东部地区外贸比重仍然占到 85%，吸引外资占到 80%。这是因为东部地区基数大，虽然增速慢一点，但所占比重并未下降。从总体上看，固定资产投资增速是由东部向西部逐渐增大，而对外贸易增速是由南部向北部逐渐提升。所以，从这个角度讲，并不足以支撑对外开放重心向内陆转移的观点。

随着对外开放的不断深入，西部地区开放水平不断提高，开放程度不断扩大。1999 年，西部地区进出口额占全国进出口总额的 3.3%；2012 年，西部地区

进出口额占全国的6.1%，达到2364亿美元。但是我们也必须看到另一面，由于种种原因，西部地区的对外开放程度还是弱于东部地区，进出口额只占全国的6.1%，而东部地区进出口额占全国的84.6%，呈现出“东强西弱，海强边弱”的状况。

我国“东强西弱，海强边弱”的对外开放格局的形成原因是多方面的。西部自然区位较差，交通设施不完善，技术较为落后，周边国家经济不发达以及政治不稳定，这些因素导致了我国以“向东开放”为主。随着我国经济快速发展，能源需求量不断增加，特别是“丝绸之路经济带”沿线国家的迫切需求，共建“丝绸之路经济带”成为历史的必然选择。

沿边开放的效果不如沿海开放，首先还是因为区位的影响。毕竟，陆地边界对面只有一个国家的某一个地区，而海洋的港口是面向全世界。所以，陆上开放与海上开放相比，条件上有差距。并且，中国沿边很多地区又是经济发展比较滞后的区域。所以，在新的历史发展时期，还是需要通过沿边开放、加大外向型经济比重，以激活整个沿边地区的经济。这就要求：一方面要保持边境的稳定，另一方面也需要出台一些更加开放的政策。比如，现在黑龙江绥芬河正在试验人民币与卢布的自由兑换。这些突破会作为新的发展方式，对当地经济起到激活作用。

中国改革开放以来，经济合作的重点是发达国家，我国从发达国家引进技术、资金，成立合资企业，生产出来的产品也是以出口西方国家为主，1999年到2012年，中国前五大贸易伙伴始终是欧盟、美国、日本、东盟、中国香港地区。随着全球金融危机的爆发，中国与发达国家的贸易难有大幅度的提升，这主要是因为，发达国家经济增长乏力，并且中国与这些国家和地区的贸易规模已经很大，上升空间较小。2012年，中国与欧盟的贸易额为5460亿美元，同比下降3.7个百分点；中日贸易额为3294亿美元，同比下降3.9个百分点。但是近年来，中国与俄罗斯、印度、沙特阿拉伯、伊朗、哈萨克斯坦的贸易额不断增加，并且潜力巨大。2012年，中俄贸易额881亿美元，同比增长11个百分点，中俄计划到2015年贸易额达到1000亿美元，到2020年达到2000亿美元。2012年，中国与沙特阿拉伯的贸易额达到734亿美元，同比增长14%。目前，中国已成为哈萨克斯坦、土库曼斯坦第一大贸易伙伴，乌兹别克斯坦、吉尔吉斯斯坦第二大贸易伙伴，并且是乌兹别克斯坦第一大投资来源国，土库曼斯坦最大的天然气贸易伙伴。“丝绸之路经济带”建设将推动中国与欧亚国家的经贸合作，扩大我国的贸易空间，形成全方位的对外开放格局。

## （二）我国构建“丝绸之路经济带”的国际经济基础

构建“丝绸之路经济带”就是要加强同与我国陆路接壤的中亚，向西延伸到西亚、中东、欧洲的国家和地区的交流与合作。我国向西开放的空间十分广阔，具备良好的条件。首先，“丝绸之路经济带”是连接欧洲经济圈和亚太经济圈的大通道，“丝绸之路经济带”沿线的地区具有较大发展潜力。其次，欧洲为摆脱金融危机和主权债务危机的阴影，亟须与保持经济强劲发展的中国开展合作与交流。再次，我国与中亚国家发展阶段、资源禀赋不同，经济、技术、能源的互补性很强。最后，近年来的次区域合作蓬勃发展，中国—东盟自贸区、中欧领导人峰会、上海合作组织峰会等合作不断开展，取得了较好的效果。共建“丝绸之路经济带”符合各方的利益，中国与沿线国家或地区可以在互惠、互利的基础上保持经贸合作与各方面的交流，不仅有利于中国形成全方位的对外开放格局，也有利于向西开放、西部大开发的深化，同时有利于沿线国家的振兴与发展，形成良好的国际环境。

同时，以美国为主导的区域合作将对中国的对外开放造成巨大的压力。2008年金融危机以来，美国、日本和欧盟主要国家 GDP 占世界 GDP 比重开始快速下滑，如图 3–4 所示。

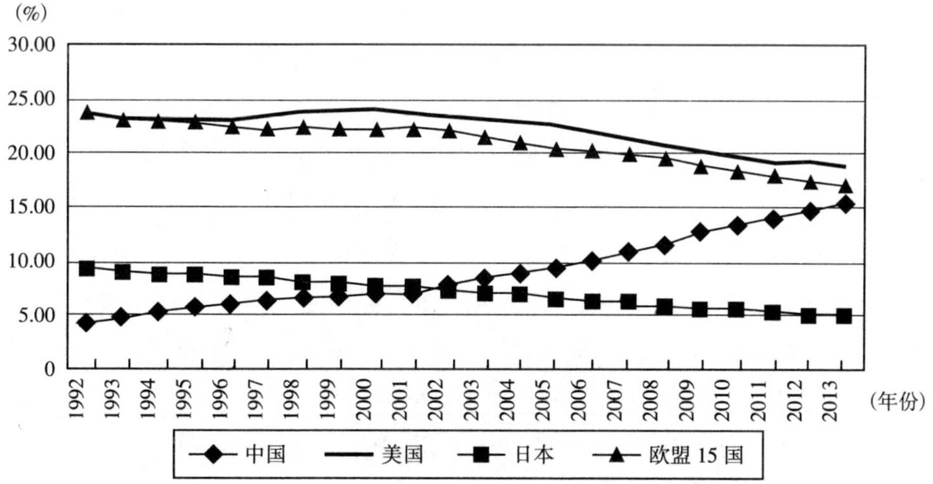


**图 3–4　中国、美国、日本、欧盟 15 国 GDP 占世界 GDP 的比重**

中国自2001年加入世界贸易组织以来，已成为世界第二大经济体、货物贸易的第一大国、吸引外国直接投资的第二大国、服务贸易和对外投资的第三大国，2013年GDP占世界比重上升至15.48%，对周边国家乃至世界的影响力日益增强。从图3-5中可以看出中国大陆、美国、日本、欧盟15国GDP占世界比重的情况：中国大陆呈不断上升的态势，日本下降幅度较大，美国与欧盟虽然总量还较多，但是也呈现出不断下降的趋势。为了扭转这一局面，美国主导了“跨大西洋贸易与投资伙伴协议”与“跨太平洋伙伴关系协定”，这些协定明显地对中国进行排挤，我国作为世界第二大经济体和开放型经济大国，既具有与广大发展中国家相类似的贸易条件，又可以为我国的贸易伙伴，如日、欧、东南亚国家等带来新的发展机遇。因此，我国具备通过新的区域合作模式应对美国TTIP和TTP战略所引发的外部挑战的条件。

## （三）“丝绸之路经济带”构建的国际合作条件

目前，“丝绸之路经济带”沿线各国的经济发展，已经对构建这样一条经济带提出了合作的需求。

1.“丝绸之路经济带”沿线各国经济发展水平不断提高，联系日益密切

第二大陆桥开通初期，我国西北地区和中亚地区经济发展水平较低，我国与中亚国家的贸易往来也较少。当时苏联刚刚解体，中亚各国经历着严重的经济危机，除乌兹别克斯坦以外，中亚四国1995年的国内生产总值均较1990年下降超过50%，乌兹别克斯坦也下降了18%。经过十几年的建设，中国与中亚的条件均得到了改善，随着中国西部大开发、新疆跨越式发展等战略的实施，中国西北地区基础设施建设和经济发展水平都得到了本质上的改善，中国与中亚的经贸往来也逐渐频繁，这为“丝绸之路经济带”的建设提供了条件。近几年来，中国与中亚的经贸往来、上海合作组织框架下的区域合作不断深入，中国与中亚五国的贸易额也从中华人民共和国成立初期的4.6亿美元增加到2012年的460亿美元，贸易额不断增加。2013年，中哈贸易额达286亿美元，中乌贸易额首次突破40亿美元，增幅分别为11.3%和58.3%。目前，中国已成为哈萨克斯坦、土库曼斯坦第一大贸易伙伴，乌兹别克斯坦、吉尔吉斯斯坦第二大贸易伙伴。未来，中国将在经贸、技术、能源等领域继续与中亚国家合作，合作内容更加丰富。

中国与欧盟的贸易往来也越来越密切，2012年中国成为欧盟的第二大贸易

伙伴国和第一大进口来源国，中国与欧盟的贸易额在 2012 年虽然有一定程度的下降（下降 3.7%），但是与欧盟的贸易基数加大。欧洲与亚太经济圈的经济联系日益密切。特别需要指出的是，“丝绸之路经济带”所涵盖的经济体在经济结构上也具有很强的互补性。从产业结构来看，“丝绸之路经济带”沿线既有塔吉克斯坦、吉尔吉斯斯坦、巴基斯坦、阿富汗等农业占比超过 20%的工业化早期的经济体，也有以德国、中国为代表的制造业经济体。从资源禀赋来看，既有人多地少、资源较为稀缺的经济体，也有石油、天然气、矿产资源等自然资源禀赋充裕的经济体，如表 3–1 所示。

**表 3–1　“丝绸之路经济带”沿线国家三大产业占 GDP 比重概况**

单位：%

| | 工业比重 | 服务业比重 | 农业比重 |
|---|---|---|---|
| 阿富汗 | 21.84 | 53.55 | 24.61 |
| 白俄罗斯 | 44.36 | 45.9 | 9.74 |
| 中国 | 45.31 | 44.6 | 10.09 |
| 埃及 | 39.22 | 46.31 | 14.47 |
| 哈萨克斯坦 | 39.5 | 55.84 | 4.67 |
| 吉尔吉斯斯坦 | 25.96 | 53.85 | 20.19 |
| 巴基斯坦 | 22.02 | 53.56 | 24.43 |
| 俄罗斯 | 36 | 60.13 | 3.87 |
| 塔吉克斯坦 | 25.91 | 47.61 | 26.48 |
| 土耳其 | 27.04 | 63.88 | 9.08 |
| 土库曼斯坦 | 48.44 | 37.01 | 14.55 |
| 乌克兰 | 29.82 | 60.93 | 9.25 |
| 乌兹别克斯坦 | 32.39 | 48.69 | 18.92 |

近几年来，中亚与欧盟贸易往来也越来越密切。根据哈萨克斯坦统计数据，哈萨克斯坦与欧盟最近几年的贸易额不断增加（见图 3–5）。2010 年，哈萨克斯坦与欧盟的贸易额占哈萨克斯坦总贸易额的 42.7%，而在 2012 年占 52.4%。欧盟与乌兹别克斯坦、吉尔吉斯斯坦、土库曼斯坦、塔吉克斯坦等国签署了一系列贸易协定，并且，欧盟已成为乌兹别克斯坦的第二大贸易伙伴，欧盟与中亚国家的贸易往来不断加强。中亚和欧盟联系日益密切，有利于“丝绸之路经济带”的建设。

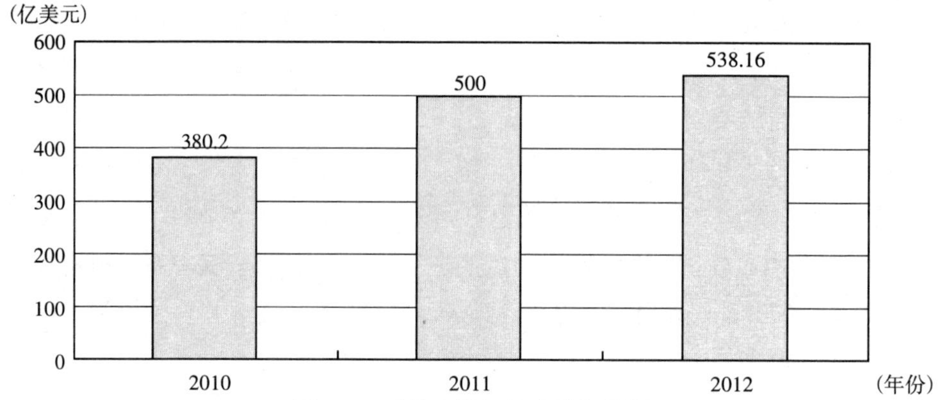


**图 3–5 哈萨克斯坦与欧盟贸易额**

2. 交通网络已初显轮廓

第二大陆桥支撑"丝绸之路经济带"建设，经过 20 多年的建设，第二大陆桥运力有了很大的改善，国际过境运输量逐年增加，阿拉山口口岸过货量从当年的 72 万吨上升到 2009 年的 1551 万吨。第二亚欧大陆桥的开通为"丝绸之路经济带"的建设提供了条件。近几年，中国与中亚各国的交通不断改善，交通网络已初显轮廓。沿陇海—兰新铁路进入中亚的铁路干线已经成为新欧亚大陆桥的重要组成部分，中国与中亚多条铁路相互连接，上合组织提议的"从连云港到圣彼得堡的公路"将要建设，中国与中亚的直航也不断增加，亚欧光缆和中俄光缆已经建成，中哈石油管道于 2007 年开通，中国与中亚的天然气管道于 2010 年正式通气。除此之外，"丝绸之路经济带"沿线也建成了多条跨国的石油天然气管道（见表 3–2）。新疆乌鲁木齐到甘肃兰州的高铁已经开始试车，未来两地间的来往时间缩短到 7 个小时。第二条、第三条进疆的铁路在未来也将建设，一个大西北交通通道全面贯通的时代不久就会来临。

**表 3–2 重要跨国石油天然气管道**

| 名称 | 长度（千米） | 类型 |
|---|---|---|
| 里海沿岸石油管道（哈萨克斯坦—俄罗斯） | 1580 | 石油 |
| 巴库—第比利斯—杰伊汉管道（阿塞拜疆—格鲁吉亚—土耳其） | 1768 | 石油 |
| 中国—哈萨克斯坦原油管道 | 3088 | 石油 |
| 俄罗斯—土耳其天然气管道 | 1213 | 天然气 |
| 阿拉伯天然气管道 | 1200 | 天然气 |
| 中亚—中国天然气管道 | 1833 | 天然气 |

以铁路为主、以公路、航空、管道、通信等为辅的交通网络已初现轮廓，为“丝绸之路经济带”的建设提供了便利的基础设施。

## 三、构建“丝绸之路经济带”的战略前瞻

构建“丝绸之路经济带”，关键是落实习近平主席的指示，做好“五通”。一是政策沟通：各国本着求同存异的原则，在政策和法律上为经贸合作铺平道路。二是设施联通：打通从太平洋到波罗的海的交通大通道，并在此基础上完善交通基础设施建设，形成连接中亚、西亚和南亚的交通运输网络，为各国经贸合作和交流提供便利。三是贸易畅通：消除贸易壁垒，降低贸易和投资成本，实现互利共赢。四是资金融通：在经常项和资本项下实现本币兑换和结算，这样可以大幅度降低流通成本，增强抵御金融风险的能力，提高本地区的国际竞争力。五是民心相通：加强人民相互往来，增进人民友谊。“五通”是构建“丝绸之路经济带”要遵循的基本原则。

### （一）构建“丝绸之路经济带”的伟大意义

第一，“丝绸之路经济带”建设能够形成沿海、内陆、沿边全方位对外开放格局，实现优势互补。在互惠、互利的基础上，加大与周边国家的经贸合作与交流，不仅能够提升我国沿边和内陆的开放水平，而且能够开拓新的市场，对冲单纯依赖沿海开放带来的风险，形成全方位对外开放新格局。

第二，“丝绸之路经济带”建设为我国经济转型打开了一扇“新窗户”。建设“丝绸之路经济带”，发挥我国与周边国家的比较优势，广泛开展经济、技术、能源等领域的合作，既有利于缓解我国资源环境约束，又能够扩大外需，优化开放市场和出口商品结构。既有利于消化国内过剩产能，也会促进我国产业结构转型升级，进一步提高我国产品在中亚、南亚、西亚的地位和占有率。

第三，“丝绸之路经济带”建设能够促进我国区域协调发展。西部与 14 个国家和地区接壤，“丝绸之路经济带”建设使西部成为我国对外开放的“桥头堡”，如新疆的霍尔果斯、喀什经济开发区，广西东兴、云南瑞丽重点沿边开发开放试

验区，宁夏内陆开放型经济试验区。“丝绸之路经济带”的概念提出之后，我国许多省份，尤其是西部省份纷纷行动起来，抢抓机遇加快自身发展。古代丝绸之路沿途的中国省份大部分资源丰富，石油、天然气、煤矿、风能等能源丰富。特别是“向西开放”战略使西部成为开放的前沿哨所。借助“丝绸之路经济带”建设必将改善西部的基础设施，加快西部优势资源的开发，有利于生产要素流动和聚集，改善西部地区发展环境，推动西部地区又好又快发展，促进我国区域协调发展。

第四，“丝绸之路经济带”为产业向西转移带来发展空间。“丝绸之路经济带”增强了西部地区承接产业转移的竞争优势。面对西部地区承接产业转移的诸多不利和限制因素，“丝绸之路经济带”的提出为西部地区增强自身优势、承接东部地区产业的转移提供了机遇。“丝绸之路经济带”沿线国家，尤其是处于转轨时期的中亚国家，轻纺织业较为落后，与我国经济互补性较强，发展边境贸易空间较大，并且这些国家对外联系不便，我国具有陆路联系的优势。因此，“丝绸之路经济带”的建设为西部承接产业转移提供了重要契机。西部通过承接东部产业转移，不仅可以带动当地就业以促进经济增长，而且能够改善西部的产业结构，改变长期以来以资源为主的产业结构；同时也有利于东部“腾笼换鸟”，实现产业转型升级。

第五，“丝绸之路经济带”是我国能源供给线新“抓手”。共建“丝绸之路经济带”的显著特点是中国与中亚甚至与更靠西的国家展开合作，这些国家大部分是产油大国、产气大国，它们有丰富的资源，对这些国家来说，它们要发挥资源的比较优势。对中国来说，2012 年，我国成为全球最大的能源消费国，对外依存度突破 60%，在中国的十大能源进口国中，俄罗斯、西亚、中东占八个，与这些国家加强能源合作，能保证我国的能源安全。此外，目前我国原油进口主要是经过马六甲海峡，存在较大的安全风险，而从俄罗斯、中亚通过管道运输，就会大大降低风险。

第六，“丝绸之路经济带”建设“带活”西部大开发。随着“丝绸之路经济带”的提出，我国将出现“丝绸之路经济带”引领新形势下的西部大开发。在“丝绸之路经济带”建设的道路上，我们必须不断拓宽开放领域、深化开放内容、创新合作方式。我国批准设立了新疆霍尔果斯、喀什经济开发区，宁夏内陆开放型经济试验区等沿边开放区，允许这些地区先行先试，对“丝绸之路经济带”沿线省份起到示范作用。

### (二) 构建“丝绸之路经济带”的政策建议

第一，建设通道，构建“丝绸之路经济带”交通网络。不断加强公路、铁路、机场、港口、能源等通道建设，为“丝绸之路经济带”构建创造便利的硬件条件。建设和完善连接长三角、珠三角、京津冀等发达经济区域的交通主通道，加快完善区域内交通运输体系；积极打通“中巴经济走廊”“中国—东盟经济走廊”，打通从太平洋到波罗的海的交通大通道。逐步形成连接中亚、南亚、西亚的交通网络，促进“丝绸之路经济带”沿线各国互联互通。

第二，吸引东部产业转移，打造以中亚等区域为市场的加工贸易基地。“丝绸之路经济带”要以互联互通为纽带，以产业发展为支撑，以对外开放政策为保障。西部省份可以发展的产业包括：一是优势资源的开发，西部省份资源开发程度较低，产品附加值低，目前应该引进先进技术，提高资源加工深度，延伸产业链条，这不仅可以为内地提供产品，而且可以通过“丝绸之路经济带”这个国际大通道远销国际市场，对西部经济发展具有重要的意义。二是创造好的政策环境，积极吸引东部产业落户西部。除了资源型企业外，鼓励东部加工贸易产业转移到西部，建立面向中亚、南亚等区域的加工贸易基地。因为西部距离这些市场较近，可以大大节省交通成本；此外，西部劳动力成本、土地成本较低。

第三，建设自由贸易区。与东部开放相比，西部开放程度较低，起步较晚，依然是我国对外开放的“短板”，推进“丝绸之路经济带”建设必须扩大“向西开放”的范围，以开放促发展。自由贸易园区是开放程度最高的制度安排和政策平台。党的十八届三中全会《中共中央关于全面深化改革若干重大问题的决定》指出，在推进现有试点基础上，还要选择若干个具备条件的自由贸易园区。为全面推进“丝绸之路经济带”建设，可以选择西安、乌鲁木齐、兰州等城市先行先试，依托城市现有的综合保税区、加工贸易区，通过相应的整合优化，建设成自由贸易园区。

第四，增加对经济带发展滞后国家的贷款，帮助其完善基础设施建设。“丝绸之路经济带”沿线大部分国家发展较为落后，产业结构单一，抵抗国际经济波动的能力较弱。尤其在当前美国退出量化宽松政策的国际背景下，全球流动性逐渐收紧。而拥有较多外汇储备、资金较为宽裕的国家则可以通过抵押贷款的方式帮助较为落后的国家获得经济发展所需的资金，并提高其抵抗金融风险的能力。同时可引入世界银行等国际组织，分担部分风险。要提升这些滞后国家的经济发展水平，基础设施的建设尤为重要。有条件的国家可以在资金、人力、技术等方面帮助这些较为落后的国家建设公路、铁路、网络、管道等基础设施。尤其值得一提的是，在这一陆上相连的广大区域，可以用高铁将经济带各国迅速串联起来。完善的基础设施不仅有利于这些国家自身经济的发展，同时也有利于"丝绸之路经济带"的建设。

第五，设置区域性、政策性银行，加强金融领域合作。"丝绸之路经济带"沿线国家可以协商建立区域性的政策性银行，承担区域内部担保融资、金融监管等职能，共同应对经济波动。当区域内成员发生金融危机时，提供资金和政策援助，避免其出现经济衰退的风险。继续推广双边贸易本币结算，并逐步扩展到一般贸易领域和非贸易领域，加快推进本币结算基础设施建设。鼓励市场主体在双边贸易和投资中使用本币，以降低区内贸易和投资的汇率风险和结算成本。条件成熟时，推动双边结算向三边甚至多边结算扩展，逐步建立"丝绸之路经济带"多边结算体系。

第六，建设"丝绸之路经济带"需与上海合作组织扩员相结合。上海合作组织是"丝绸之路经济带"建设的天然合作平台，其成员国、观察员国和对话伙伴国几乎覆盖了整个"丝绸之路经济带"。将印度、巴基斯坦吸收为上海合作组织成员国，是建设"丝绸之路经济带"的题中之义。印度、巴基斯坦加入上海合作组织后，"丝绸之路经济带"与其他区域经济一体化机制的对接将更具可操作性：东南向与东盟及未来的"区域全面经济伙伴关系"（RCEP）计划对接；西向与中东、非洲对接；西北向与欧洲对接；东向与东亚及未来的"中日韩自贸区"对接。这样，"丝绸之路经济带"位于欧亚大陆中心得天独厚的地理优势将进一步凸显，而作为"丝绸之路经济带"和上海合作组织经济合作的主导国，我国将大大提高自身在世界经济体系中的地位。

第七，促进经济带国家人员之间相互学习与交流。人员之间的互相学习与交流可以增进彼此间的了解和互信，青年学生之间和领导干部之间的互相交流更是如此。一方面，经济带沿线高等教育比较发达的国家可以拿出更多的名额与奖学金吸引"丝绸之路经济带"各国的青年学生去学习，有条件的高校尽量实行英文教学甚至开办国际部，使这些留学生能更加适应当地的学习环境。另一方面，经济带各国一流高校的政府管理学院和商学院可以以更加优惠的政策吸引更多来自经济带其他国家的各级领导干部和企业管理人员参加培训与学习，鼓励他们与当地的政府工作人员及企业管理人员多进行学习与交流，更多地了解当地经济和文化。

第八，构建有效的协调机制。可考虑本着求同存异原则，统筹协调各方利益，协商制定推进区域合作的规划和措施，分步骤分阶段推进各项务实合作，共同打造一个高效率的一体化经济区，最终实现各自经济利益的最大化。

### （三）构建“丝绸之路经济带”面临的挑战

“丝绸之路经济带”建设的中心地区是中亚，“丝绸之路经济带”沿线发展程度呈“中间低、两边高”的特点，中亚资源丰富，但是交通不便，自然环境较差，位于“丝绸之路经济带”的经济洼地。因此，建设的重点是中亚地区，应互联互通带动中亚产业集群的发展，但是也面临着很多的挑战。

第一，政治局势不稳定，合作不确定性较强。中亚地区受“三股势力”的影响，政治局势不稳定，给“丝绸之路经济带”建设带来了不稳定因素。并且，“丝绸之路经济带”的提出，引起了在这一地区有传统影响的俄罗斯的担忧。中吉乌铁路计划被俄哈吉塔铁路计划所取代就是一个例子。为了巩固俄罗斯在该地区的影响力，俄罗斯近年来提出了一个整合中亚地区的倡议，即“欧亚联盟”的设想。同时，“丝绸之路经济带”建设受到其他大国利益争夺的影响。目前，在中亚存在许多区域经济合作方案，如美国的“新丝绸之路计划”、欧盟的“新中亚战略”、俄罗斯主导的欧亚经济一体化等。对中国扩大向西开放，建设“丝绸之路经济带”，发展与中亚各国的经济合作，造成一定的冲击。

第二，体制与发展水平不同，合作难度较大。“丝绸之路经济带”北线所经过的地区历经东欧剧变和苏联解体，时至今日经济发展依旧乏力，俄乌之间甚至爆发冲突。中线和南线所覆盖的地区，巴以冲突、海湾战争、伊拉克战争等历史遗留问题并没有得到很好的解决，甚至伴随严重的后遗症。同时，“丝绸之路经济带”跨越亚、欧、非三大洲，经济发展程度、社会经济体制、宗教文化习俗相去甚远，这些差异的存在如果不能得到正视、尊重并寻求适当的合作方式，“丝绸之路经济带建设”的前景将会大打折扣。

第三，基础设施不完善，合作成本较高。哈萨克斯坦、吉尔吉斯斯坦、塔吉克斯坦等都是“丝绸之路经济带”沿线重要的经济体，但是这些国家经济发展水平较低，基础设施较为落后，投资环境相对较差，影响了贸易和投资产业的梯度转移，并且我国与这些国家的基础设施标准不统一，如铁路铁轨，不利于“丝绸之路经济带”要素和商品的流动。在交通设施建设上，吉尔吉斯斯坦希望建设连通其南部和北部的铁路，乌兹别克斯坦期待中国启动中—吉—乌铁路的建设，塔吉克斯坦继续寻求中国帮助其改善基础设施等。

第四，宗教和民族问题关系复杂，合作风险较大。“丝绸之路经济带”所覆盖的中亚、西亚、北非等地区是世界古代文明的发祥地之一，诞生过伊斯兰教、基督教等多种宗教。这些地区民族、种族关系复杂，不同宗教之间、同一宗教不同派别之间、不同种族和国家之间，常常为争夺土地、资源而爆发局部冲突，使得这些地区社会环境较为动荡，一定程度上阻碍了地区经济的发展，也阻碍了“丝绸之路经济带”各国的合作和共赢。复杂的宗教和民族环境，也使得这一地区成为恐怖主义、极端主义等社会“毒瘤”的大本营，严重威胁着本地区和世界其他地区和平发展的环境。

“丝绸之路经济带”建设从本质上可以看作是中国西部大开发、向西开放的“升级版”。“丝绸之路经济带”的建设，给西部创造了一个经济合作千载难逢的好机遇，并且以此来带动广大内陆地区对外经贸和文化交流，与向东开放、东部率先崛起等区域政策遥相呼应，构建了我国经济全面对外开放的新格局。本书将在后面各章讨论下列问题：国内沿线各区域如何发挥自己的比较优势？在“丝绸之路经济带”建设中扮演什么样的角色？“丝绸之路经济带”能否成为我国下一步经济发展的增长极？能否平衡我国区域经济格局？能否提高我国的能源安全？

**参考文献**

[1] 陆大道. 关于“点—轴”空间结构系统的形成机理分析 [J]. 地理科学，2002 (1)：1-6.

[2] 孙久文，叶裕民. 区域经济学教程 [M]. 北京：中国人民大学出版社，2010.

[3] 陈耀. “丝绸之路经济带”建设要围绕“向西开放”做文章 [J]. 区域经济评论，2014 (2)：85-87.

［4］胡鞍钢等. “丝绸之路经济带”：战略内涵、定位与实现路径［J］. 新疆师范大学学报，2014（4）：1–10.

［5］孙久文. 中国区域经济发展报告［M］. 北京：中国人民大学出版社，2013.

［6］杜鹰. 扩大向西开放，构筑全方位开放新格局［J］. 中国产业，2012（29）：3–4.

［7］杨恕等. 丝绸之路经济带：战略构想及其挑战［J］. 兰州大学学报（社会科学版），2014（1）：23–30.

# 第四章　国际区域经济合作新形势下我国提出“一带一路”倡议的意义*

2013年12月，党的十八届三中全会通过的《中共中央关于全面深化改革若干重大问题的决定》关于“构建开放型经济新体制”中明确提出：“加快同周边国家和区域基础设施互联互通建设，推进‘丝绸之路经济带’、海上丝绸之路建设，形成全方位开放新格局。”在未来一个时期，推进“丝绸之路经济带”建设将成为我国建设开放经济新体制的重要立足点和着眼点。

## 一、国际区域经济合作的新形势

### （一）地区性贸易协定成为区域合作的新手段

乌拉圭回合谈判结束以来，基于世界贸易组织成员自身经济条件的差异性和利益的多样性，在诸如技术标准、服务贸易开放、农业市场开放、投资和竞争政策、环境与知识产权保护、劳工待遇、不公平贸易及争端解决方式等问题上，发达国家与发展中国家、发达国家之间已经很难在世界贸易组织内部通过多边谈判来取得一致。近年来，多哈回合谈判已经陷入僵局，美国、英国、巴西、印度等国家开始逐渐放弃多哈回合谈判。与多哈回合下的多边贸易谈判机制不同，地区性贸易协定通过成员之间的相互协商谈判，能以更加优惠的贸易和投资条件，将

---

* 原文题目：《国际区域经济合作新形势与我国“一带一路”战略》。作者：国家发改委宏观院国土与地区发展研究所肖金成、中国人民大学改革与发展研究院申现杰。有改动。

成员的经济利益紧密地连接在一起，并增强成员之间在政治、外交和文化等方面的联系。因此，这种范围小、交易成本低的地区性协定在多哈回合谈判停滞不前的大背景下开始进入蓬勃发展阶段。自 1995 年世界贸易组织成立到 2014 年 1 月 31 日，世界贸易组织已经收到了 583 项关于区域贸易协定的通知[①]，而在 1948~1994 年，GATT 总共收到 124 项与货物贸易相关的区域贸易协定通知，近 20 年来地区性协定的数量是世界贸易组织成立以前的 4.7 倍，在这些地区性协定中，区域贸易协定、自由贸易协定（自贸区）和局部范围协定占据了总数的 90%，关税同盟占总数的 10%。目前，区域贸易协定的整体数量正呈快速上升趋势，多个区域贸易协定，如 TPP（“跨太平洋伙伴关系协定”）、RECP（区域全面经济伙伴关系）等仍在继续谈判之中。由于地区性协定对协定外国家具有一定程度的排他性，并能给协定外国家带来贸易投资转移效应，处在地区性协定之外的国家担心在众多地区性协定中被边缘化，以及日后进入的交易成本和在该区域贸易投资风险增加等，也纷纷加快了推进双边或地区性协定谈判的步伐。近些年来，美国、欧盟国家、日本、韩国等贸易大国纷纷将加快实施 FTA（自由贸易区）战略作为其拓展经贸合作的基础，如美国自 2003 年开始加快与有关国家缔结 FTA 协议的进程，在短短几年已经有 19 个国家与美国签署了 FTA 协议并付诸实施。由此，在多边机制进展缓慢的情况下，地区性协定已经成为国家间战略竞合的重要手段，并进一步削弱了世界贸易组织多边机制的作用。

在现有的世界多边贸易体制已经受到巨大冲击的大背景下，如果不加以应对，积极开展与多个国家的双边协定及地区性协定，一是双边贸易的排他性原则将使我国在世界经济格局中逐渐被边缘化；二是在贸易转移效应下，我国的对外出口将受到区域双边协定内国家的替代，将会更加恶化我国的对外贸易环境；三是不包括我国的双边贸易协定一旦签署，我国再进入的交易成本将会较高；四是如果我国不积极开展基于双边或特惠性的地区性协定，我国在不包括我国在内的相关双边协定地区中的投资贸易将面临风险，十分不利于我国的“引进来”“走出去”战略。此外，从“丝绸之路经济带”涉及国家及地区来看，很多地区都是我国能源、资源、技术与市场的重要来源地，受制于国内外环境，这些中亚、东欧和西亚乃至西欧地区也有深化与我国经贸文化交往以提升自我发展能力的需求。

① 世界贸易组织网站，http://www.wto.org/english/tratop_e/region_e/region_e.htm。

因此，顺应国际经济发展大势，依托"丝绸之路经济带"这一大通道建设，积极与"丝绸之路经济带"周边国家开展和深化双边、多边、区域次区域等方面的开放合作，积极与相关贸易伙伴签订地区性或双边性贸易协定，有利于增加我国同"丝绸之路经济带"沿线地区或国家的利益契合点，提升我国与"丝绸之路经济带"周边国家在人流、物流、资金流、文化流和商品流上的互动层次，为我国扩大向西开放战略和推进内陆沿边地区的开放带来良好的外部条件。

## （二）地区性协定加快向高标准、全面性迈进

进入21世纪以来，在市场化、开放和创新的驱动之下，经济全球化呈现出了国际贸易与国际投资相互融合的态势，高标准的自由化、一体化的趋势不断提升。一是商品贸易自由化涉及的领域不断扩大，如将以前被列入禁区的农产品、纺织品和服装等纳入贸易自由化进程之中；二是贸易自由化领域已经从商品贸易转向服务领域；三是在新的贸易投资自由化背景下，各国纷纷减少对外国直接投资市场准入的限制，放宽外资的政策性限制，为外国直接投资提供更为便利的环境成为新时期经济全球化的重要内容；四是跨境纵向生产关系，企业内、产业内和区域内贸易投资日益成为主流。在此背景下，一国的企业已经无法独享本国资源禀赋的比较优势，通过产业内和企业内贸易投资在全球进行资源整合成为国际贸易投资的主导形态。此外，自由化的推进促使世界各国之间的关税、非关税、服务业市场准入、贸易投资便利化等措施都在向更加开放和非歧视方向调整，从而出现了有利于各国企业积极参与国际交换、国际合作和竞争的新趋势，各国间商品和服务贸易自由化、便利化的深度和广度均在不断提高，区域内各国之间在关税及非关税措施、服务业市场准入、贸易投资便利化等方面都在向更加开放和非歧视方向调整，协定内跨国间的纵向生产关系，企业内、产业内和区域内贸易投资日益成为主流。如美国主导的"跨太平洋伙伴关系协定"（TPP）以最终完全消除各领域商品服务贸易的关税及非关税壁垒，实施成员间贸易和投资的高度自由化为目标，实施全面的市场准入。TPP谈判涉及的领域及难点问题如表4-1所示。

同时，在区域化的制度安排上，涉及服务贸易、农产品贸易、原产地规则、国有企业、政府采购、知识产权、贸易救济和劳工标准、环境保护、竞争政策、技术贸易壁垒、争端解决等多个方面，如对包括农产品在内的99%以上货物实施

表 4-1　TPP 谈判涉及的领域及难点问题

| 领域 | 内容 |
|---|---|
| 劳工权益问题 | 美国维护高标准的劳工权益不是劝告，而是必须执行的义务，美国要求成员执行《国际劳工组织关于工作的基本原则和权利的 1998 年宣言》，该宣言包括以下四项基本原则：结社自由和集体谈判权利；禁止强迫或强制劳动；废除雇用“童工”制度；禁止就业与职业歧视 |
| 国有企业问题 | 国有企业不能通过政府补贴、管制例外、优先获得政府采购和其他一些措施获得比私营企业更好的优惠待遇，以致私营企业与国有企业相比在竞争中处于不利地位 |
| 投资者与东道国争端解决机制 | 在投资者与东道国争端解决机制上，建立国际仲裁制度，使投资者能够依此寻求国际仲裁，解决其与东道国政府的投资争端，以保护投资者利益 |
| 纺织品问题 | 纤维纺成地原则：要求成衣的所有制造素材，从纱布缝线到最后的成衣产品本身都必须在 TPP 内完成，才能享有 TPP 成员国之间的优惠关税<br>供应短缺清单：用肯定列表的方式列出无法从 TPP 成员国采购或者 TPP 成员国内无法生产的纱布与纺织品的产品清单。列入供应短缺清单的产品，可以从非 TPP 国家进口并享受 TPP 成员国家之间的优惠关税。供应清单分为两种：永久性供应短缺清单，包括从 TPP 成员国外采购或制造的某些特定纺织品；暂时性供应短缺清单，期限为三年，包括暂时无法从 TPP 成员国内获得，但将来经过技术引进等可以在成员国内生产的产品 |
| 新成员加入 | 目前 TPP 提出，最终协议规定与新成员一个个谈判而非事前为扩员设定统一规则，即对扩员有不同层次的时间表。未来成员必须与每一个成员国分别进行谈判，将产生一层又一层的除外、豁免和保护条款，并赋予每个初始成员国否决权 |
| 其他领域 | 农产品市场开放、货物的市场准入、增加与贸易有关的规则的透明度、海关手续简化、卫生及植物检疫中的检验检疫手续简化、防止安全及环境标准成为贸易壁垒的原则、中央及地方政府采购规则、保护知识产权抑制假冒产品贸易的规则、阻止反垄断行为的规则、商业人员入境及停留规则、跨界服务贸易规则、跨界金融服务和非歧视性投资规则等 |

资料来源：根据赵晋平（2013）、唐国强（2013）整理。

零关税，要求政府采购透明化等，其自由化标准较高且覆盖的领域较广。因此，走向高标准、全面性的区域贸易协定将对区域间的经济贸易投资格局，甚至政治与安全秩序重构产生重大影响，置身于区域协定之外的国家将很难避免被边缘化的危险。

### （三）以美国为主导的 TPP、TTIP 将对我国的对外贸易造成巨大的压力

改革开放以来，立足于对“两种资源、两个市场”的有效利用，我国的对外开放取得了丰硕的成果。2013 年，我国的货物贸易进出口总额达到 4.16 万亿美元，跃居世界第一；服务进出口总额为 5396 亿美元，继续位居第三；境外直接

投资累计超过 6300 亿美元，也成为世界第三大对外投资国。从世界经济格局来看，我国在世界经济格局中的地位也日渐提升，2013 年，我国的经济总量达到 9.18 万亿美元，继续保持 2010 年以来的世界第二大经济体的地位，占世界 GDP 比重从 1992 年的 4.38%快速上升至 2013 年的 15.48%。金融危机以来，在欧美等主要发达国家复苏乏力的状态下，我国经济继续保持了 7%以上的发展速度，在世界经济中的比重持续加大。相对中国而言，美国经济在全球经济格局中的地位呈现出了更大的波动。1992~2001 年，在网络经济的推动下，美国 GDP 占全球的比重持续上升，从 1992 年的 23.11%上升到 2001 年的 23.71%。但在 2002~2008 年，美国经济经受了“网络泡沫破裂”“9·11”事件及随后的反恐战争、伊拉克战争、金融危机等事件的影响，美国 GDP 占世界 GDP 比重一路下滑，2013 年，美国 GDP 占世界的比重仅为 19.17%。对此，美国把问题归结为全球化失控和中国“搭便车”，从而使美国没有获得预期那么多的全球化红利，并开始将中国作为挑战其经济霸权的竞争对手。为了排除中国这一竞争对手①，美国现实主义思想开始主导美国对华政策，立足“离岸平衡手”的角色，调整对华原有战略，开始在经济、政治、军事等领域全面实施对华遏制战略。相关数据如图 4-1 至图 4-3 所示。

为了扭转经济下滑和外贸失衡局面，并打压中国这一竞争对手，美国立足自身在农产品、服务业、高端制造业上的优势，于 2009 年 11 月高调宣布加入 TPP 并开始主导 TPP 的谈判进程，2013 年 6 月，美国又开始推动与欧盟的 “跨大西洋贸易与投资伙伴协议”(TTIP) 谈判；与此同时，欧日“经济合作协定”谈判也于 2013 年 3 月正式启动；“跨太平洋伙伴关系协定”(TPP) 涉及的 12 个 APEC 国家和“跨大西洋贸易与投资伙伴协议”(TTIP) 涉及的欧盟是我国重要的出口市场和外资来源地②，对我国对外经贸起着重要的作用。TPP 等美国主导的区域性协定在新成员加入方面倡导未来成员必须与每一个成员分别进行谈判，并赋予每个初始成员否决权的规则体系，对于我国而言，政府采购、劳工权益、国有企业、知识产权等新规则和新标准很难在短时间内达到，这使我国在日后加入 TPP 等区

① “我们首要的目标是防止一个新的竞争对手……出现一种与苏联相似的威胁……现在我们必须调整战略，排除任何未来全球竞争者的出现。”引自：Excerpts from Pentagon's Plan: Prevent the Re-Emergence of a New Rival [N]. New York Times, March 8th, 1992.

② 2012 年，我国对 TPP 12 国的出口额达到我国出口比重的 35.7%，来自 12 国的外商投资占我国利用外资的 13.3%。对欧盟的出口额占我国出口比重的 16.3%，外商投资占我国利用外资总额的 5.5%。

域协定方面面临着巨大的挑战。美国通过构建这种超越世界贸易组织规范的全面性贸易自由化网络，将打造一个以高度自由化为堡垒的市场准入屏障，以使美

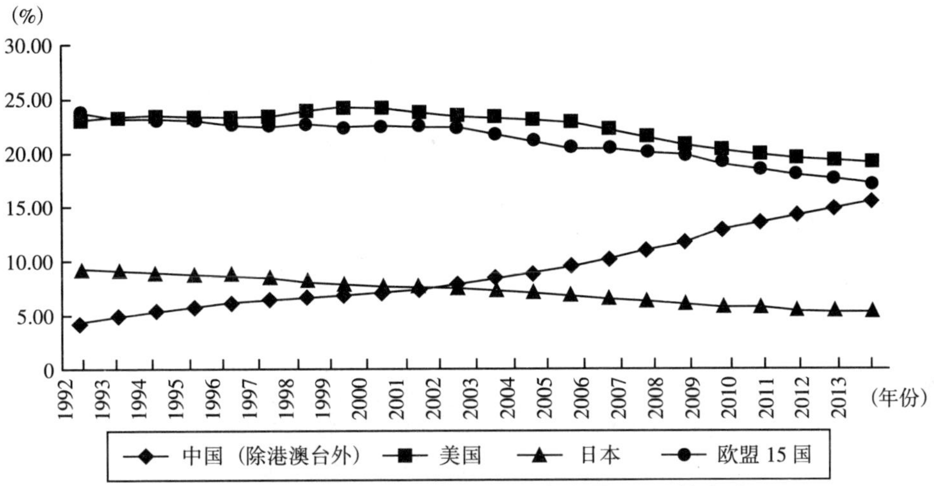


**图 4-1 中、美、日、欧盟 GDP 占世界 GDP 的比重**

注：依据 Gross Domestic Product（GDP）at Purchasing Power Parity（PPP）in US$计算。欧盟数据为法国、德国、英国、意大利、西班牙、葡萄牙、奥地利、爱尔兰、比利时、丹麦、希腊、卢森堡、荷兰、瑞典、芬兰数据。

资料来源：EIU Calculation. World：Based on 120 Countries.

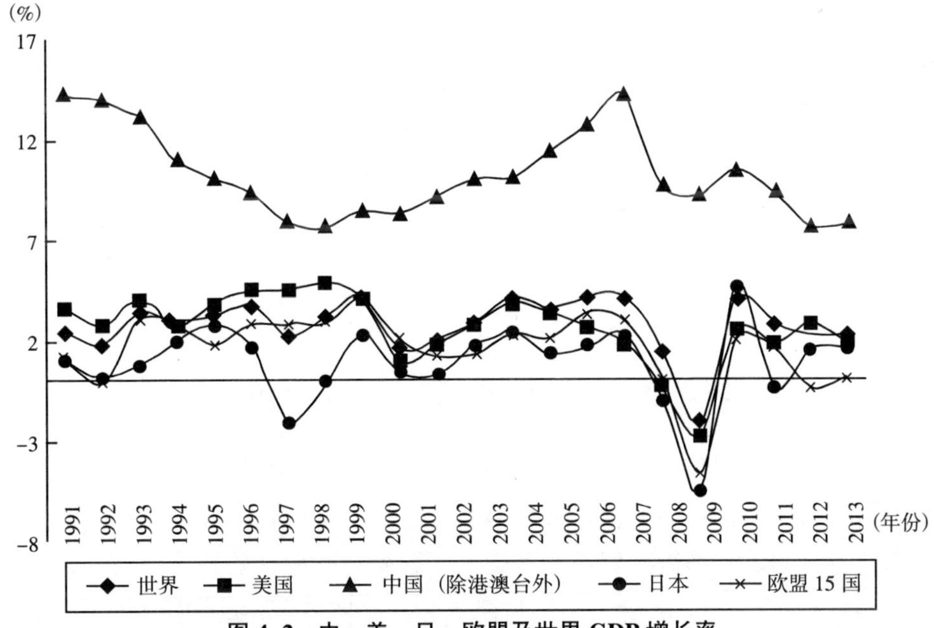


**图 4-2 中、美、日、欧盟及世界 GDP 增长率**

资料来源：EIU Calculation. World：Based on 120 Countries.

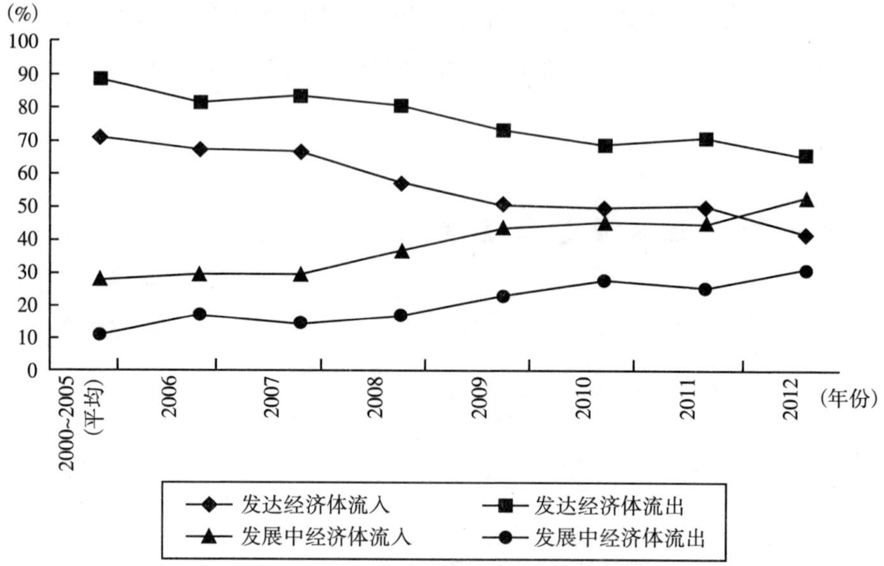


**图 4–3 外商直接投资占世界总投资比重**

资料来源：根据历年《世界投资报告》整理。

国、欧盟和日本三大经济体之间通过跨国间的经贸协定（世界前四大经济体中唯独缺少中国），重新掌握全球地缘的政治经济优势，使我国因无法高尺度互惠开放本国市场而无法加入，错失参与新一轮国际贸易投资规则制定的机会，从而削弱中国经济对周边国家乃至世界的影响力。

# 二、我国提出“一带一路”倡议的意义

## （一）传统丝绸之路有效地促进了东西方的经贸文化往来

我国的海上丝绸之路历经汉、唐、宋、元、明、清多个朝代的经营，形成了多条丝绸之路线路，尤其是新航路开辟之后，中国在与上述东北亚、东南亚、南亚、西亚、北非、东非进行贸易的基础上，开始与欧洲开展直接贸易。1514 年，中葡开始贸易；1571 年之后，中国与西班牙开始贸易；16 世纪末期，中荷开始贸易，中英也在同一时期开始贸易。在贸易中，葡萄牙、西班牙、荷兰与英国将中国的丝织品、瓷器、茶叶直接或转运至欧洲，同时将胡椒、锡、铅等运至广州。通过新航路开辟之后的海上贸易，中国的丝织品、瓷器与茶叶开始享誉全球，远达美洲、欧洲等地。这一时期，中国通过对外贸易，引进了经济作物，如水稻、番薯、玉米、南瓜、番茄、苦瓜、香料、棉花、烟草、花生等；在科学技术方面，引进了天文历法、阿拉伯数字、地理学和机械工程学等；而中国的瓷器、丝织品、农产品加工、建筑、度量衡工具也通过贸易向外流出。从丝绸之路的产品贸易与技术传播来看，中国在当时主要输出的是手工制品，而通过贸易引进的多为原料与稀有物品。丝绸之路作为汉朝以来中国与外部世界交往的重要交通要道，有力地促进了东西方的经济、技术和文化交流，加深了彼此之间在政治经济和文化方面的了解，扩大了中国在世界上的影响力，对促成汉朝以来的经济、政治和文化的兴盛产生了积极的作用。古代丝绸之路进出口的产品与技术如表 4–2 所示。

**表 4–2　古代丝绸之路进出口的产品与技术**

| 贸易对象 | | 出口 | | 进口 | |
|---|---|---|---|---|---|
| 朝代 | 国别 | 产品 | 技术 | 产品 | 技术 |
| 唐 | 朝鲜半岛与日本 | 丝绸、服装、瓷器、茶、铁器、书籍、文化用品等 | 丝绸及织造技术；瓷器及制造技术；茶叶及饮茶法；纸和造纸术；印刷术 | 人参、铜、手工艺品、珍珠、木材、牛角、砂金 | 农作物新品种；印度榨糖法 |
| | 东南亚 | 丝绸、瓷器、纸张、漆器、铁器等 | | 宝石、犀角、象牙、香料、木棉、木材等 | |
| | 南亚 | 丝织品、瓷器、药材等 | | 香料、药材、蔗糖、宝石、珍珠、佛像等 | |
| | 西亚、北非、东非 | 丝绸、棉袍、瓷器 | | 珠宝、香药、珍稀动物、象牙、犀角等 | |
| 宋 | 朝鲜半岛及日本 | 丝织品、袭衣、香料、金带、书籍和佛经 | 高丽引进中医术，日本引进饮茶法；造纸术、罗盘、印刷术 | 金银铜器、马、刀剑、人参、手工艺品、木材、砂金、绢帛和米 | |
| | 东南亚 | 锦帛、绢、瓷器、钱币、戎具、冠带服饰 | | 珠宝、农产品、珍奇 | |
| | 南亚 | 黄金、钱币、绫绢、锦袍等 | | 香药、象牙、犀角、珍珠 | |
| | 西亚、北非与东非 | 丝绸、瓷器、金银、钱币 | | | |

资料来源：孙玉琴. 中国对外贸易史教程［M］. 北京：对外经济贸易大学出版社，2005.

## （二）"一带一路"倡议有利于提升我国的全面开放水平

经过改革开放以来的快速发展，我国已经成为世界第二大经济大国、第一大贸易大国，正在快速成为全球性的经济体，随着我国对世界市场、能源、资源的依赖日益严重，我国的国家利益也日渐具有全球性。同时，我国的产业链也快速成长，国内资金日益丰富，对外投资快速增长，"走出去"的愿望更加迫切，更需要我们以全球的、区域的角度看待开放下的国际区域合作问题。邓小平同志在20世纪80年代曾经指出："一个对外经济开放，一个对内经济搞活。改革就是搞活，对内搞活也就是对内开放，实际上都叫开放政策。对外开放……一个是对西方发达国家开放，我们吸引外资、引进技术，等等，主要从那里来。一个是对苏联和东欧国家的开放，这也是一个方面。……还有一个是对第三世界发展中国家的开放。"①40年来，通过改革开放，我国与欧美、日韩等发达国家和东南亚等发展中国家的经济联系日益密切，合作领域日益扩展，来自上述国家的贸易与投资占据了我国外贸和引进外资的绝大部分，而苏东地区及亚非拉地区的占比相对较小。金融危机以来，受制于美国对经济失衡的调整和欧债危机的影响，面向欧美的出口和外资面临着严峻的形势，迫切需要重新调整我国的对外开放战略，寻求新的海外市场。陆海丝绸之路涉及我国三个方面的对外开放，既涉及西欧、日韩等发达国家，也涉及中亚、东欧等苏东国家，同时还涉及南亚、西亚、拉美、非洲等第三世界国家。既确保了我国原有的开放基础，又增添了新的开放合作对象，苏东地区与亚非拉等这些国家是我国重要的能源来源地和商品出口市场及技术合作对象，在新的全球经济贸易投资自由化、一体化的大背景下，我国新一届政府提出"一带一路"这一重大倡议，通过调整我国的对外开放结构，加强与周边国家和区域基础设施的互联互通，深化与原苏东地区、南亚、西亚、拉美、非洲等陆上、海上丝绸之路周边国家的经贸文化与政治合作关系，一方面进一步巩固我国海外市场，扩大与上述国家的双边贸易额，确保对外贸易安全，在高层次上为扩大内陆沿边开放步伐创造良好的体制条件；另一方面也可以为提升引进外资规模和质量，扩大我国企业及个人对上述地区的投资，在全球范围内配置和利用资源打下良好的外部条件。陆海丝绸之路通道涉及的国家如表4-3所示。

① 选自《邓小平文选》第三卷，第98页，"军队要服从整个国家建设大局"（1984年11月1日）。

**表 4-3 陆海丝绸之路通道涉及的国家**

| | | | |
|---|---|---|---|
| 陆上丝绸之路 | 新亚欧大陆桥 | 我国与中亚、欧洲的能源资源通道 | 起于连云港，经西安、兰州、吐鲁番、乌鲁木齐、精河，从阿拉山口口岸出境，经哈萨克斯坦、俄罗斯、乌克兰、匈牙利、奥地利、瑞士、法国，至英吉利海峡的加来港。该通道也可从精河至霍尔果斯口岸出境，经哈萨克斯坦、乌兹别克斯坦、土库曼斯坦、伊朗、土耳其、保加利亚、塞尔维亚、克罗地亚、斯洛文尼亚、意大利，至法国的马赛港 |
| | 新亚欧大陆桥北线 | 我国环渤海地区与欧洲的国际物流通道 | 起于天津港，经北京、呼和浩特、哈密、克拉玛依、塔城，从巴克图口岸出境，通往中西亚乃至欧洲。该通道也可起自渤海湾，向西经包头、额济纳、准东、富蕴、北屯，经吉木乃口岸出境，经哈萨克斯坦、俄罗斯、白俄罗斯、乌克兰、波兰、德国，至荷兰的鹿特丹港 |
| | 亚洲大陆桥 | 我国连接印度洋的“能源新通路” | 亚洲大陆桥起于上海港，经南京、武汉、重庆、成都、格尔木、库尔勒、喀什，从红其拉甫口岸出境，经巴基斯坦的伊斯兰堡、拉合尔，至印度洋的卡拉奇港 |
| 海上丝绸之路 | 海路北线 | 我国东部沿海地区与日韩的国际物流通道 | 从天津、辽东半岛、山东半岛、宁波、绍兴、温州、扬州、淮安等港口出发，直达朝鲜半岛和日本 |
| | 海路南线 | 我国连接印度洋的“能源新通路” | 从雷州半岛、广州、泉州等港口出发，直达印度半岛、西亚北非、非洲东海岸。在唐宋元的航海基础上，明代将亚非之间的航线范围大大扩展，如郑和下西洋，将亚非各地的航路纵横串联在一起，构筑了西太平洋与北印度洋之间畅通无阻的海上交通网，清代又在此基础上将航线扩展至美洲 |

资料来源：根据网络资料整理。

## （三）“一带一路”倡议有利于我国应对美国 TPP、TTIP 带来的外部压力

以美国为主导的 TTP 和 TTIP 谈判几乎囊括了我国的主要贸易伙伴，并对我国参与国际竞争设置重重障碍，使我国有可能处于被“边缘化”的危险境地。但是 TPP 和 TTIP 所追求的高标准，并不是所有加入谈判的国家都可以达到，欧洲、日本、澳大利亚等美国的传统盟友和体系中的一些发展中国家，如越南、印度尼西亚等国，能在多大程度上满足美国的高标准要求，将是美国实施 TPP 和 TTIP 战略能否成功所面临的重大考验。我国作为最大的发展中国家、世界第二大经济体和开放经济大国，一方面具有与广大发展中国家相类似的贸易条件，另一方面新一轮改革开放所释放出的巨大溢出效应将给贸易伙伴带来新的发展机遇。因此，我国具备通过新的区域合作模式应对美国 TTP 和 TTIP 战略所引

发的外部挑战的条件。

“一带一路”既涉及西欧、日韩等发达国家，也涉及中亚、东欧等苏东国家，同时还涉及南亚、西亚、非洲等第三世界国家。我国提出“一带一路”倡议，构建全方位对外开放的新格局和国际合作新架构，通过实施更为主动的开放性政策，以应对美国 TTP 和 TTIP 所带来的挑战。一是拓展中欧合作的空间。2014 年 3 月，习近平主席在欧洲出访中提出，中欧位于“丝绸之路经济带”两端，是亚欧两大经济体的增长极，两国应该加强合作，推进“丝绸之路经济带”建设。随后，中欧发布的《关于深化互利共赢的中欧全面战略伙伴关系的联合声明》指出，商谈并完成这一涵盖投资保护和市场准入的全面中欧投资协定，并在条件成熟时签订全面深入的自贸协定。中欧经济合作的巩固有利于提升我国在欧洲市场的地位，应对 TTIP 对我国与欧洲经贸合作带来的挑战。二是深化与中亚、东南亚、南亚等周边国家的合作。发挥我国资金、技术、人才、产业等方面的优势，推进与周边国家在基础设施建设、能源、实体经济发展等方面的合作，增强我国经济对周边的影响力。诚如习近平主席在亚信会议上指出的：“中国将同各国一道，加快推进丝绸之路经济带和 21 世纪海上丝绸之路建设，尽早启动亚洲基础设施投资银行，更加深入参与区域合作进程，推动亚洲发展和安全相互促进、相得益彰。”三是深化中阿之间的经贸合作。2014 年 6 月，习近平主席在中阿合作论坛上指出，弘扬丝路精神，深化中阿合作，通过经贸和投资基础措施，深化双方在能源开采和运输等领域的合作。因此，依托“一带一路”建设，通过实施更为主动的开放性政策，构建亚欧经济一体化发展的新机制，积极发挥我国在区域经贸合作中的作用，能够有效提升我国与欧洲、亚洲和非洲等地的国家和地区在人流、物流、资金流、文化流和商品流上的互动层次，促进丝绸之路沿线地区和国家间的利益共同体的形成，为化解美国 TPP 和 TTIP 战略对我国在政治、经济上的压力提供新的国际战略架构。

### （四）“一带一路”倡议有利于发挥我国在国际区域合作中的积极作用

在当代，任何大国的重大国际经济政策都是内部需求与外部压力的结合，而区域合作或者更高级别的 FTA/RTA 提供给这些参与国家的不仅是经济合作，更重要的是政治、安全的互信和未来的共享。地区国家间合作机制对一个国家的外部发展环境造成的影响越来越大。近些年来，中国始终是全球贸易和投资便利化的坚定支持者，积极参与和推动多边贸易体制建设和区域贸易合作进程，通过与有关国家和地区签署和实施自由贸易协定，促进区域经济融合和经贸关系发展。2013 年，我国的进出口总额达到 4.16 万亿美元，约占 2013 年全球贸易额的 12%，中国已经成为 120 多个国家的第一大贸易伙伴。在对外投资上，近些年来，我国境外直接投资年均增长 70%以上，2013 年，我国境外直接投资累计超过 6300 亿美元，已经成为世界第三大对外投资国，我国对周边地区国家乃至世界的经济影响力已经显著增强。但是，与国际上所描述的“中国威胁论”和“中国挤出论”不同，崛起的中国并没有成为周边国家的竞争对手，如 Scott 等（2010）研究发现，与“中国威胁论”相反，中国很少甚至几乎没有采取对世界体系进行挑战的行为模式。Pierluigi Montalbano 等（2012）认为中国等新兴经济体的崛起并非是对发达国家的威胁。与“中国威胁论”相反，中国的崛起为周边国家的经济起飞提供了新的契机。Wang Chengang 等（2007）经研究表明，中国在整体上并没有转移来自其他亚洲经济体的外商投资。在个体经济水平上，外商在中国的直接投资更有可能为印度、菲律宾等周边国家带来投资创造效应，中国进入国际生产网络所引发的价值创造活动对周边国家而言更具有补充性。Arora 和 Vamvakidis（2010）认为中国经济对周边国家的外溢效应随着中国经济的增长而逐渐扩大，距离中国越近，其获得的溢出效应越大，如中国经济每增长 1%，便会带动韩国经济增长 0.32%。Penelope B. Prime 等（2012）认为中国在吸引外资、经济特区建设和融入全球生产网络方面可以为印度提供发展经验。Das Dilip K.（2013）认为，中国私营部门业务活动在东亚的快速发展，推进了这一地区生产结构和实体经济的融合。

制造业和基础设施建设是一国经济发展不可或缺的两大核心要素。从目前来看，无论是印度等南亚国家，还是印度尼西亚等东南亚国家及哈萨克斯坦等中亚国家，在制造业和基础设施等领域均面临着缺乏资金、技术与经验，发展能力较弱等问题。而我国作为世界制造业大国，具有强大的生产供给能力。在 2014 年博鳌论坛上，习近平主席表示，“中国将继续倡导并推动贸易和投资自由化便利化，加强同各国的双向投资，打造合作新亮点……中国致力于缩小南北差距，支持发展中国家增强自主发展能力”。因此，依托“一带一路”建设，一是可以在产业发展上积极发挥我国的带动作用。随着中国沿海地区劳动密集型制造业渐趋饱和，加之受土地、劳动力、产能过剩等因素瓶颈的限制，我国钢铁、服装、纺织、塑料制品、金属与非金属制品、电子信息等部分产业正在向沿线周边国家转移，提升周边国家制造业的发展水平。二是可以在扩大双边投资和贸易上发挥我国的引领作用。发挥我国的资金、技术等优势，依托双边投资和贸易协定，扩大对沿线周边国家的贸易进口和投资额度，弥补沿线周边国家经济发展在资金、技术、外汇缺口及发展经验上的不足，如中国在高铁方面拥有世界最领先的技术手段，低廉的价格成本和国内基础设施建设运营的丰富经验，能有效地弥补周边国家在大型铁路网络建设初期的资金、技术等方面的缺口。积极鼓励周边国家产品进入中国服务业与制造业市场，扩大对华贸易投资，分享中国改革发展的新机遇。三是可以在开放经济制度安排上发挥引领作用。在与丝绸之路沿线国家双边或地区性贸易投资制度构建中，既要顺应世界贸易投资自由化、便利化及高标准、全面性的发展新趋势，又要适应沿线及周边国家经贸发展的具体国情及发展需要，构建起互惠双赢的地区性贸易投资安排。因此，依托“一带一路”建设，积极发挥中国在区域经济合作中的引领作用，有利于助力沿线国家经济发展，推进国际区域经济的分工、合作与融合，形成以我国为主导的国际区域经济合作的新局面。

### （五）“一带一路”倡议有利于提升我国开放经济的质量

改革开放以来，我国形成了外资主导型的加工贸易模式。跨国公司投资于我国，主要采用的是资本和劳动力要素相结合的方式，通过产业的隔代或梯度转移，将其母国的夕阳产业和淘汰技术转移至我国。近年来，虽然跨国公司在我国众多地区也建立了地区总部和研发中心，但也只是配合母国公司总部或进行配套研发，我国并没有真正成为跨国公司的运营和战略中心。在贸易出口结构上，我国出口集中于劳动密集型和资源密集型产品，“两高一资”产品比重较高，技术含量较低，处于价值链低端环节，产品的附加值不高。同时，从中国区域开放格局来看，受制于对外开放次序、政策及地理等因素的影响，我国的外贸、外资和对外投资主要集中于东部沿海地区。2012 年，西部 12 个省份在全国进出口总额中仅占 5.96%，外商投资企业注册数和投资总额占全国的比重分别为 8.33% 和 8.17%，西部 12 个省份非金融类对外投资存量占全国的比重为 12.76%；而东部沿海地区非金融对外投资存量占全国的比重为75%，进出口总额为86.41%，企业注册数和投资总额分别为66.17%和80.8%。

近些年来，随着人民币升值、国内生产成本上升、中国人口红利的逐步消失以及“刘易斯拐点”的到来等，我国出口产品的竞争力不断被削弱，产业转型升级已经成为中国外贸竞争力重塑的必然之路。因此，通过陆海丝绸之路建设，一是优化区域开放格局，利用新一轮国际产业转移的新机遇，可以为我国内陆、沿边地区提升利用外资规模和质量，扩大对外开放创造新的外部条件；二是通过与沿线及周边国家在政策、基础设施、法律规章和文化等领域的对接，可以为我国企业及个人扩大对外投资、推动过剩产业和劳动密集型产业向外转移，在全球范围内配置和利用资源提供良好的基础条件；三是通过与沿线国家和地区签署双边或地区性贸易投资协定，一方面有利于我国规避与其他国家的贸易摩擦①，另一方面通过双边或地区协定建立安全保障合作机制，确保我国在海陆两方面对外经贸交往的安全性和稳定性，提升我国的政治、经济影响力。

## 三、对“一带一路”建设重点的思考

### （一）加快落实同周边国家和区域的“五通”建设

2013年10月15日，习近平总书记在会见哈萨克斯坦议会下院议长时提出，“全面加强两国之间政治沟通、设施联通、贸易畅通、资金融通和民心相通这‘五通’，发挥中哈合作对丝绸之路途经地区区域合作的示范和带头作用，带动更多国家积极参与‘丝绸之路经济带’建设”②。按照习近平总书记关于“丝绸之路

① 流入中国的外资主要以纯出口贸易和加工贸易为主，效益不高且加剧了我国的贸易顺差；此外，在国际原产地认定规则上，基于欧美等发达国家将中间商在转口过程中的增值部分计入一国的出口，也导致我国的对外贸易额存在高估态势，成为加剧我国与其他国家的贸易摩擦的根源之一。近年来，针对中国的贸易摩擦日渐增加，仅2013年就有22个国家和地区对我国发起94起贸易救济调查，同比增长22%。因此，通过对外投资，既可以充分利用外部资源，规避贸易摩擦，也有利于改变我国外资利用效率不高的现状。

② 习近平：建设丝绸之路经济带，中哈加强“五通”［EB/OL］. http://news.youth.cn/jsxw/201310/t20131016_4031442.htm.

经济带"建设的"五通"要求，积极推进中国与丝绸之路沿线国家和地区在通道方面的建设。

第一，积极与丝绸之路沿线的中亚、南亚、欧盟等国家或地区签订相关双边或区域性贸易协定。通过贸易协定的谈判，实现双方在国际经贸文化与政治方面的政策沟通，为"丝绸之路经济带"的建设创造良好的政策环境。

第二，提升基础设施的互联互通水平。紧紧抓住新一代信息技术、高铁、新能源等第三次工业革命兴起的机遇，在利用和完善现有本地交通基础设施的基础上，提升或扩大丝绸之路陆上三个大通道的运载能力、运行速度、运行效率和运载内容，提升基础设施的互通、互联水平。

第三，依托大通道建设，进一步放宽丝绸之路沿线国家和地区外资对中国的投资准入。扩大国内企业及个人对丝绸之路沿线国家的投资，打造双方间的跨境投资、生产和贸易网络及跨境产业链条，提升与丝绸之路沿线国家境内外、产供销、上下游、内外贸、产业内与产业间经济贸易一体化的效率。

第四，进一步发挥人民币国际化对贸易和投资便利化的促进作用。扩大丝绸之路沿线国内重点城市的跨境人民币业务，扩展现有试点省份人民币资金结算、清算渠道及其便捷、顺畅的能力等，进一步满足企业对跨境贸易人民币结算的实际需求。同时，积极推进与丝绸之路沿线国家的金融合作，拓展我国金融机构对资产托管、资产管理、海外银团贷款、出口卖方信贷、贸易融资、国际结算、海外人民币理财等产品的服务范围与领域，搭建起服务中资企业与丝绸之路沿线地区经济发展的金融供应链。

第五，积极开展与丝绸之路沿线国家和地区的文化教育交流工作。文化、教育等民间交流是增进国家间互信的重要方式。依托"一带一路"建设，积极推进学术界与新闻媒体界展开交流，形成学术界与媒体界在基本面上正面、相互友好的传播活动，积极推进两国民众间的信任；要积极拓展中国与丝绸之路沿线国家在文化、旅游等方面的合作，扩大历史文化旅游等方面人员的交往、交流；进一步放宽双方的互免签证条件，积极推进双方在文化、教育、旅游和经贸等方面人员的互免签证工作，为促进双方之间的人员往来、经贸文化教育等方面的交流提供便利，在双方人员、文化交往中逐渐提升彼此的信任程度，为扩大合作交往奠定基础。

### （二）与丝绸之路沿线及周边国家和地区构建高标准的自由贸易区网络

顺应世界贸易投资自由化、地区性协定迅速增长和国际贸易标准逐渐向高端化发展的新趋势，着眼于发挥我国在解决下一代贸易和投资问题中的引领作用，党的十八届三中全会提出，改革市场准入、海关监管、检验检疫等管理体制，加快环境保护、投资保护、政府采购、电子商务等新议题谈判，形成面向全球的高标准自由贸易区网络。近年来，我国已经先后与东盟、巴基斯坦等九个国家和地区签署了自贸区协定，与海合会、澳大利亚、挪威、韩国、中日韩的自贸区协定及东盟的“区域全面经济合作伙伴协议”正在谈判之中。与欧盟、日韩[①]等国家和地区相比，我国签署的自贸区协定的数量相对较少[②]，涵盖的国家、贸易领域和标准层次相对较低。“一带一路”倡议的提出，为我国与沿线国家彼此更好地利用新的外部环境、参与国际贸易投资新规则制定、促进区域合作带来了新机遇。为此，新的自由贸易协定应包含以下几个方面：

第一，实施高标准的开放性政策。推进我国与丝绸之路沿线及周边国家在金融、教育、文化、医疗等服务业领域的相互开放和制造业领域的全面开放，大幅度放宽相互间在绿地投资、并购投资、证券投资、联合投资等方面的外资准入限制。

第二，建设全面性的制度安排。在包括货物贸易、投资保护、原产地规则、海关手续、贸易救济、卫生和植物检疫措施、贸易技术壁垒、竞争政策、知识产权、政府采购、劳工与环境、临时入境、透明度、争端解决、伙伴关系、行政制度与条款、一般与例外条款等领域，建设既顺应世界贸易标准高端化发展，又符合沿线及周边国家具体国情及发展需要的制度安排。通过高标准自贸区协定的签订，加快与国际高标准规则接轨，为我国与丝绸之路沿线国家之间的经贸往来打造最规范、最公正、最透明的市场经济环境，显著降低双方在跨境生产和贸易供应链方面的交易成本和制度成本，提升上下游、产供销、

---

① 韩国已达成或正处于谈判进展中的自贸区共 14 个，涉及 57 个国家和地区。

② 当前，我国已与东盟、巴基斯坦、智利、新西兰、新加坡、秘鲁、哥斯达黎加、冰岛、瑞士等国签署了自贸区协定，与海合会、澳大利亚、挪威、韩国、中日韩的自贸区协定及东盟的“区域全面经济合作伙伴协议”正在谈判之中，与印度、哥伦比亚的自贸区协定正在研究之中。

内外贸互联互通的一体化效率，提升双方在人员、资金、物流、商务、信息之间的体量、流量和能量。

### （三）立足重点领域，扩大国际区域合作

如上文所述，"一带一路"涉及的国家数量较多，类别较广，这就要求"一带一路"倡议必须依据我国开放需要，结合共同的利益点，以寻求"一带一路"建设的突破。

立足贸易的互补性，推进与东北亚、东南亚及澳大利亚的区域合作。依托海上丝绸之路建设，一是在东北亚区域合作方面，日本与韩国是我国重要的对外贸易伙伴，中日韩三国都主要以进出口为导向，中间产品贸易流量较大，在贸易结构方面具有一定的趋同性和互补性，推进中日韩自贸区建设，能够进一步提升三国之间的竞争水平和效率，提升三国间贸易的垂直分工和水平分工水平，加速促进三国产业结构的调整。二是在东盟方面，积极发挥我国经济对东南亚国家的贸易溢出效应，加快推进区域全面经济伙伴关系（RCEP）谈判，提升现有中国—东盟自由贸易区在相互投资管理和服务业市场准入方面的水平，深化与东盟的经济合作关系。通过推动 RCEP 谈判，争取在亚太区域合作格局中的战略主动地位。三是在澳大利亚方面，拓展中国—新西兰自贸区在货物贸易、服务贸易、投资、市场开放等多个领域的合作空间，加快与澳大利亚自贸区谈判的进程，提升我国对澳大利亚的经济影响力。总之，未来我国将依托海上丝绸之路建设，发挥我国在中日韩自贸区、中国—东盟自贸区、中国—新西兰自由贸易区和中国—澳大利亚自由贸易区中的纽带和引领作用，巩固现有亚太经济合作基础，推进亚太地区的一体化进程，消解 TPP 对我国参与亚太经济合作的外部压力。

立足能源、投资等领域，推进与中亚、阿拉伯海合会间的区域合作。海湾合作委员会包括沙特阿拉伯、阿联酋、阿曼、科威特、卡塔尔、巴林六国，是世界主要能源生产和出口基地之一，已探明的石油、天然气储量分别占全球的 45%和 23%。中亚地区包括哈萨克斯坦、吉尔吉斯斯坦、乌兹别克斯坦、塔吉克斯坦和土库曼斯坦五国，也是世界上石油和天然气资源蕴藏最丰富的地区之一。当前，海湾地区和中亚地区均以能源的出口作为国家经济增长的主要途径，均面临着产业结构单一，基础设施薄弱和加工业、服务业不强的困境。我国作为此类地区能

源资源出口的重要市场，随着“走出去”战略的实施，该类地区也有引进我国资本参与其工业发展的迫切愿望，因此，依托丝绸之路建设，加快中海自由贸易谈判进程，早日开启中国—中亚自由贸易区谈判，有利于推进我国与上述地区国家在能源、工业园区建设、基础设施建设方面的深层次合作，助力这些国家经济的转型和发展。

扩大经贸投资，推进中国与南亚之间的区域合作。从南亚的贸易和资金流入来看，2012 年，南亚地区引进外资为 395.25 亿美元，仅占世界外资流入的 2.5%，出口占世界的比重为 1.94%，进口占世界的比重为 3.31%，南亚国家在全球贸易和投资中所占的比重较低。2012 年，在我国对南亚地区的投资中，巴基斯坦占比为 60%，印度为 31%；进出口贸易额中，巴基斯坦占比为 13%，印度为 73%。当前，南亚地区，如印度，在基础设施建设（如高铁等）、引进外资、扭转外贸逆差、城镇化、工业园区建设与经验等方面都有拓展与我国合作的愿望，我国也有拓展南亚市场、深化与南亚国家经贸合作的需求，与印度的自贸区区域贸易安排也正处于研究之中。未来依托陆上丝绸之路（中缅印经济走廊）建设，中国与南亚之间在货物贸易、服务贸易、投资、贸易便利化等方面的经济合作水平将会大幅度提升。

立足全面战略伙伴关系建设，提升中欧合作水平。中欧分别位于“丝绸之路经济带”的两端，是亚欧两大经济体和增长极，彼此互为重要贸易伙伴，在金融、环境、航天、海洋、知识产权、能源、交通、教育、医疗卫生等领域的合作空间较大，尤其是在欧债危机前景尚未明朗的条件下，欧洲需要中国这一新兴经济体扩大对其的投资力度，以促进就业和缓解财政压力。中国在城镇化、工业转型升级、环境保护、食品安全等方面也迫切需要欧盟在技术、经验等方面的支持。当前，中欧正在积极推进涵盖投资保护和市场准入的全面中欧投资协定，双方决定在条件成熟时签订全面深入的自贸协定。因此，中欧加强合作，在“丝绸之路经济带”两端发挥引领带动作用，将有效地推动我国“丝绸之路经济带”建设这一战略的实现，并推进中欧全面战略伙伴关系建设和促进亚欧经济一体化发展。

### （四）提升国内丝绸之路沿线地区贸易投资的数量和质量

近些年，在国家区域全面协调发展战略的推动下，我国内陆和沿边地区的基础设施进一步完善，已经具备了吸引外资企业从东部沿海地区向内陆沿边地区转移的条件。为此，国家应依托路上丝绸之路经济带建设，一是适当在地区间采取差别化外资政策和技术倾斜政策，以鼓励跨国公司技术溢出向内陆沿边地区企业转化和扩散。充分利用国际金融危机后全球产业新一轮大转移以及高新技术产业跨国公司进行新一轮价值链与供应链布局的新机遇，以增强外资的技术溢出效应为考量，鼓励外资企业投资国内的高新技术产业。对于技术含量高、技术溢出多，能够带动国内相关企业发展的外资项目给予政策倾斜；鼓励外资向内陆沿边地区投资，如适当放宽技术标准等。二是鼓励东部沿海地区加工贸易产业向内陆沿边地区转移。加强中央政府对内陆、沿边地区，尤其是丝绸之路国内内陆沿边重要节点地区在资金、信贷和保险、认定和培育示范基地、出口基地和外贸公共服务平台、海关特殊监管平台等方面的政策引导和支持，在鼓励东部沿海省市有序推进产业向内陆沿边地区转移的同时，也支持内陆沿边地区以现有工业园区和各类产业基地为依托，加强配套能力建设，进一步增强承接产业转移的能力。三是积极鼓励内陆沿边企业加大对丝绸之路沿线及周边国家的投资力度。深入了解丝绸之路沿线及周边国家和地区的外资政策，鼓励内陆沿边企业积极到这些国家和地区承包工程、设立加工厂和制造基地、并购或建立技术研发机构以获取技术资源，到能源国家和地区开展开采和深加工业务，通过企业的沿线布局，为扩大我国与丝绸之路沿线国家和地区之间在生产、加工、销售、研发等领域的合作交往奠定基础。四是推进合作型产业园区建设。鼓励国内企业和沿线内陆沿边地区依托现有开发区和高新技术园区，通过合作、合资等灵活方式，在境外合作建立产业园区、境外经贸合作区等各种类型产业合作区。

**参考文献**

[1] Mattoo A. and Subramanian A.. China and the World Trading System [J]. World Economy, 2012 (35): 1733-1771.

[2] Arora V. and Vamvakidis A.. China's Economic Growth: International Spillovers [J]. China & World Economy, 2011 (19): 31-46.

[3] Das Dilip K.. China's Contribution to Recent Convergence and Integration among the Asian Economies [J]. Journal of East Asian Economic Integration, 2013,

17（1）：55-79.

［4］Bown Chad P.，Crowley Meredith A.. China's Export Growth and the China Safeguard：Threats to the World Trading System?［R］. The World Bank，Policy Research Working Paper Series，2010：5291.

［5］Scott James，Wilkinson Rorden. China Threat? Evidence from the WTO［J］. Journal of World Trade，2013，47（4）：761-782.

［6］Wang Chengang，Wei Yingqi，Liu Xiaming. Does China Rival Its Neighbouring Economies for Inward FDI?［J］. Transnational Corporations，2007，16（3）：35-60.

［7］Prema-chandra Athukorala. The Rise of China and East Asian Export Performance：Is the Crowding-Out Fear Warranted?［J］. The World Economy，2009，32（2）：234-266.

［8］［英］约翰·H.巴顿等. 贸易体制的演进——GATT 与 WTO 体制中的政治学、法学与经济学［M］. 廖诗评译. 北京：北京大学出版社，2013.

［9］［美］约瑟夫·E. 斯蒂格利茨. 国际间的权衡交易：贸易如何促进发展［M］. 沈小寅译. 北京：中国人民大学出版社，2013.

［10］郭飞等. 贸易自由化与投资自由化互动关系研究［M］. 北京：人民出版社，2006.

［11］方勇. 分工演进与贸易投资一体化［M］. 北京：社会科学文献出版社，2011.

［12］苏宁等. 全球经济治理——议题、挑战与中国的选择［M］. 上海：上海社会科学院出版社，2014.

［13］赵蓓文等. 开放中的战略互动——外贸、外资与金融发展的政策协同［M］. 上海：上海社会科学院出版社，2013.

［14］唐国强. 跨太平洋伙伴关系协定与亚太区域经济一体化研究［M］. 北京：世界知识出版社，2013.

［15］赵晋平. 跨太平洋伙伴关系协定：经济影响与对策［M］. 北京：中国财政经济出版社，2013.

［16］肖金成. 城镇化与区域协调发展［M］. 北京：经济科学出版社，2013.

［17］十八届三中全会报告. 中共中央关于全面深化改革若干重大问题的决定

[M]. 北京：人民出版社，2013.

[18] 胡锦涛. 坚定不移沿着中国特色社会主义道路前进　为全面建成小康社会而奋斗：在中国共产党第十八次全国人民代表大会上的报告 [M]. 北京：人民出版社，2012.

# 第五章　基于“西向开放”的“丝绸之路经济带”建设*

“丝绸之路经济带”概念被提出以来，我国许多地区尤其是西部省份纷纷行动起来，以抢抓机遇加快自身发展。新疆乌鲁木齐举办“丝绸之路经济带”城市合作发展论坛，将新疆定位为“建设成‘丝绸之路经济带’上的核心区，切实当好建设‘丝绸之路经济带’的主力军和排头兵”；陕西提出要打造“丝绸之路经济带”的新起点和“桥头堡”，并出台《关于加快建设丝绸之路经济带新起点的实施方案》，将建设以西安为腹地的首个经济带上的自由贸易区提上日程；宁夏要建设成“丝绸之路经济带”的重要支点；甘肃提出要依托河西走廊，打造成“丝绸之路经济带”的黄金段；等等。因此，在国家尚未出台相关规划和指导性意见之前，有必要研究、明确“丝绸之路经济带”的核心内涵、功能作用及建设重点，以期引导各地区朝着正确的方向行动，避免盲目性。

根据习近平总书记的讲话和党的十八届三中全会的《中共中央关于全面深化改革若干重大问题的决定》精神，“丝绸之路经济带”“海上丝绸之路”建设，主旨是扩大我国同周边国家的经济贸易联系，加快内陆沿边开放步伐，形成全方位开放新格局。因此，笔者认为，对外开放是核心，我们应围绕“西向开放”这条主线，分层次、有重点地推进“丝绸之路经济带”建设。

---

* 原文题目：《基于“西向开放”的丝绸之路经济带建设研究》。作者：中国社会科学院工业经济研究所陈耀。有改动。

# 一、“丝绸之路经济带”的内涵及建设意义

“丝绸之路”是指中国古代经中亚通往南亚、西亚以及欧洲、北非的陆上贸易通道，今天的“丝绸之路经济带”是在古代“丝绸之路”概念的基础上形成的当代经贸合作的“升级版”，然而，它却不同于古丝绸之路，尤其是对于中国来说，建设“丝绸之路经济带”不仅增加了新的内涵，而且具有了更为广泛而深远的战略意义。因此，对“丝绸之路经济带”不能做狭隘的理解，认为只是古丝绸之路那条线，而要从当代中国西向开放的战略布局出发，把沟通亚欧陆路联系的新亚欧大陆桥纳入经济带建设范围，并作为主通道来建设和进行功能提升。

在当今经济全球化和区域经济一体化不断发展的形势下，对外开放已成为一个国家和地区经济发展的重要途径，是推动区域经济增长的重要力量。各国经济发展的实践表明，一个国家的经济发达程度通常与这个国家的开放程度呈正相关关系，经济的高度发达与经济的高度开放通常是相伴而生的。在国际方面，美欧日等发达国家既是经济大国，也是贸易强国，其开放型经济发展的成功实践已经充分证明了对外开放的重要性。此外，20 世纪 70 年代经济迅速崛起的亚洲“四小龙”，积极实施对外开放政策，利用西方发达国家向发展中国家转移劳动密集型产业的机会，吸引外国大量的资金和技术，依靠廉价劳动力优势走上迅速发展道路。

改革开放以来，中国经济经历了持续快速增长，综合国力不断增强，已成为全球第二大经济体。在改革开放初期，我国经济发展相当落后，对外经济交流十分有限，对外贸易规模小，利用外资水平低，更谈不上大量吸收外国先进的技术和管理经验。然而，随着对外开放政策的实施，我国经济社会开放程度逐渐提高，对外贸易规模不断扩大，利用外资水平日益提高，加之发达国家先进技术和管理经验的引进，逐步缓解了严重制约我国经济发展的外汇、资金、技术、管理、市场、能源资源等缺口，为国民经济发展注入了新的生机与活力。不断扩大的对外开放，使我国有效利用了“两种资源、两个市场”，为经济的持续发展和转型升级做出了积极的贡献。

可见，坚持对外开放，给国家和区域的发展带来了巨大的经济利益，尤其是对像我国这样的发展中国家来说，对外开放更是能够通过对外贸易、利用外资、引进先进技术和管理体制等效应推动区域经济的发展，具体体现在如下几个方面：

### （一）外贸带动效应

区域对外开放是区域发展对外贸易的前提和保障。在当今外向经济主导国际市场的背景下，对外贸易逐渐成为区域经济增长的重要推动力。20 世纪 30 年代，罗伯特就提出对外贸易是经济增长的“发动机”的命题。1979 年，克鲁格曼从规模经济角度分析了国际贸易产生的原因，认为规模经济效应给国际贸易带来了巨大利益。对任何一个区域来说，利用国际市场发展外贸经济、参与国际分工，不仅可以发挥自身的比较优势，出口一些生产成本较低的产品和服务，充分享有规模经济效应，从国际市场赚取经济利益，增加外汇收入，还能够从国外进口本区域稀缺的资源和不具有生产优势的产品和服务，从而降低生产成本，提高经济效益。改革开放初期，由于对外开放程度低，我国外贸发展落后，货物进出口总额只有几百亿美元，世界排名仅列第 29 位。通过实施对外开放，我国货物进出口贸易规模大幅增加，2004 年突破了万亿美元，2013 年达到 4.16 万亿美元，在不到十年的时间中翻了两番。目前，我国已成为货物出口额世界第一、进口额世界第二的贸易大国，极大地推动了我国经济的发展，出口成为拉动我国经济前进的“三驾马车”之一。

### （二）外资支撑效应

外商投资是对外开放带来的又一大外向型经济利益，可以有效解决区域发展资金不足的问题。著名的哈罗德—多马模型表明，资本的增加与经济增长存在着密切的正相关关系，外商直接投资（FDI）对经济发展的作用是显而易见的。曾经有学者对中国的 FDI 和经济增长的关系进行了实证分析，并得出结论：外商直接投资每增加 1 个百分点，会使 GDP 在当年增加 0.0485 个百分点，而且从长期来看，最终将导致 GDP 增长 5.4479 个百分点。正因为如此，各国各地区纷纷提供各种优惠政策，吸引大量国外建设资金以促进经济增长。我国自改革开放以来，利用外资规模逐渐扩大，尤其是 20 世纪 90 年代以来，外商直接投资的规模增长异常迅速。据统计，2010 年我国实际利用外商直接投资的总额突破了千亿美元，达到 1057.35 亿美元，2013 年则上升至 1175.86 亿美元，已经连续多年成为吸收外商直接投资最多的发展中国家，世界排名也上升至仅次于美国的第二位。外资的引入有效缓解了我国经济发展中的资金短缺问题，在很大程度上推动了我国经济的发展。

### （三）技术和管理引领效应

对外开放对一个区域的发展而言，重要的是能够引进一些先进的技术、管理体制和经验，而这主要是通过进口贸易和对外资的利用实现的。通过从国外市场购置一些先进的设备和技术，并运用于自身的生产过程中，不仅可以完善经营管理方式、减轻劳动人员的负担，提高劳动生产率，还可以将先进的技术和设备物化到商品和服务中，提高产品的附加值，进而提高产业层次，使产业结构向高水平转变。在对外资的利用中，重要的是通过外商独资企业、中外合资企业以及中外合作经营企业等形式，充分利用知识的溢出效应、经济的外部效应等外部性，学习吸收别人的先进技术和管理经验。从“十一五”时期开始，中央已经提出我国利用外资的重点将从弥补资金和外汇不足转向引进先进技术、管理经验和高素质人才，实现从量到质的转变，这也成为欠发达区域发挥后发优势、从落后走向发达的一条重要途径。然而，引进先进技术和管理体制只是在经济发展落后阶段发挥引领作用的一个平台，区域发展更重要的是要对引进的东西进行消化吸收，实现自主创新，这才是区域持续发展不竭的动力。

然而，在享有巨大经济利益的同时，我们也应该看到，我国实行沿海率先对外开放也成为国内区域发展差距扩大的一个重要原因。从 1978 年对外开放被确立为我国的基本国策和重要的经济发展战略起，其推进过程从地域空间上看很不平衡，中央政府先后批准设立了多个沿海经济特区和大量沿海港口城市，导致我国的外贸、外资、外经主要集中在东部沿海地区。尽管从“九五”计划时期就提出要把重点转向中西部地区，但迄今过去近 20 年，这种转变微乎其微。目前，我国虽然已初步形成了全方位发展的开放格局，但受区域非均衡战略以及地理环境等因素的影响，我国的外向型经济发展程度仍很不均衡，中西部地区尤其是广大的西部地区对外开放水平低，经济社会发展相对滞后，成为我国区域协调发展的瓶颈。

对于像西部地区这样一个地域广阔且由多个省份构成的区域而言，单纯依靠其自身发展，难以寻求比较优势，形成自发性的赶超效应，从而难以破解区域发展的不平衡。而作为目前世界上最长、最具有发展潜力的经济大走廊，“丝绸之路经济带”的建设不仅有助于深化我国与中亚乃至欧洲地区在各方面的合作，解决我国面临的国防安全、经贸安全、能源安全、边疆安全等重要领域的问题，更重要的是能够增大我国向西开放的力度，沟通西部地区与国外市场的经济交往，从根本上扭转西部的区位条件劣势，使其由“死角”变为“枢纽”，由末梢变为前沿，有利于该区域更好地利用资源优势，统筹利用国际国内两个市场，优化配置市场资源，实现以开放促发展的目的，从而彻底扭转西部地区经济发展的“沉寂”状态，使之成为经济开放和发展各种经济联系的活跃地带，推动中西部地区形成一种崭新的经济发展格局，缓解区域不均衡、不协调和不可持续发展的问题。因此，“丝绸之路经济带”的建设将会为西部地区带来千载难逢的发展机遇，尤其是有利于带动处在古丝绸之路上的西北省份实现后发赶超，不断缩小地区差距，促进区域间相对平衡地协调发展。

## 二、 内陆沿边开放是我国对外开放的“短板”

### （一）对内陆地区开放水平的测度

衡量区域对外开放程度最重要的指标包括进出口贸易规模、外贸依存度和外资依存度。其中，进出口贸易规模是区域进口贸易额与出口贸易额的总规模，能够从直观上反映外贸经济的发展水平。外贸依存度是指区域对外贸易总额与国内生产总值的比重，反映了区域经济对国际市场的依赖程度。相对于进出口规模这个总量性的绝对指标，外贸依存度考虑了不同区域经济发展水平的差异，更为侧重的是外贸经济对区域经济增长的贡献度。外资依存度是区域外商直接投资（FDI）与国内生产总值的比重，衡量的是区域对外资的利用水平，是从资本层面反映区域对外开放程度的重要指标。考虑到数据的可获得性，这里选择外商投资企业年末注册登记数和投资总额这两个指标来代替外资依存度，分别运用中国各省份和各区域 2000~2012 年的进出口贸易规模、外贸依存度以及 2012 年外商投资企业的年末注册登记数和投资额来分析各区域的对外开放水平。

1. 中西部地区对外贸易规模偏小，对经济的拉动作用弱

进入 21 世纪，随着我国经济的快速发展，对外贸易额有了大幅度的增加，各省的进出口贸易规模也都不同程度地扩大了，说明我国及各省的外贸经济得到了较好的发展。从各区域贸易额具体占比的变化情况来看（见图 5-1），东部地区进出口贸易额占全国的比重呈先上升后下降的趋势，从 2000 年的 92.17%提高到 2006 年的 93.02%，然后开始下降，到 2012 年降至 89.18%。相反，中西部地区占比则都表现出先降后升的趋势，整体上出现了一定程度的提高，其中，中部地区从 2000 年的 3.91%下降到 2006 年的 3.42%，而后开始上升，到 2012 年升到 4.86%；西部地区从 2000 年的 3.92%降低到 2003 年的 3.52%，之后一路上升，2006 年、2009 年和 2012 年分别为 3.56%、4.29%与 5.96%。再看西北五省，该区域与西部地区表现出极为相似的发展趋势，2000 年占比为 1.35%，2003 年下降为 1.27%，2006 年、2009 年和 2012 年分别上升到 1.37%、1.45%和 1.54%。中西部地区贸易规模占比整体提高的事实表明，两区域对外贸易的发展速度超过了全国的平均水平。然而，从各区域、各省进出口贸易额的具体数值以及占全国比重来看，中西部地区外贸发展水平仍然很低。

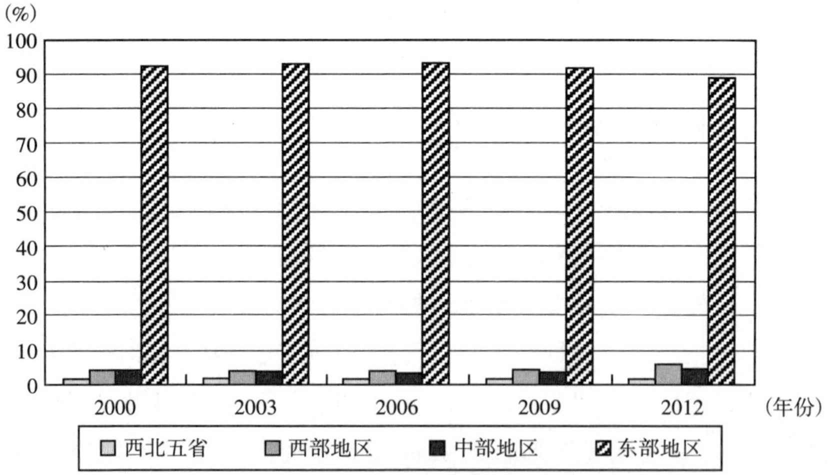


**图 5-1 各地区进出口贸易总额占全国比重**

注：①进出口贸易总额是按境内目的地和货源地这一口径统计的数据；②西部地区包括新疆、陕西、甘肃、宁夏、青海、内蒙古、西藏、四川、重庆、贵州、云南和广西 12 个省份，中部地区包括山西、安徽、江西、河南、湖北和湖南 6 个省份，其余划入东部地区，下文同。

资料来源：《中国统计年鉴》（2001，2004，2007，2010，2013）。

第一，从各区域的进出口贸易总额来看，东、中、西分布极不均衡，东部地区几乎独占了全国的对外贸易。在所考察的大部分时段中，东部地区进出口贸易额占全国的比重都超过了 90%，也就是说，涵盖全国 18 个省份的中西部地区贸易规模还不足全国的 10%，2012 年中、西部贸易总额分别为 1880 亿美元和 2305 亿美元，占全国比重分别为 4.86%、5.96%，与东部地区的 34486 亿美元的规模和 89.18%的占比形成了明显的差距。就中西部地区来看，虽然西部地区贸易总额略微大于中部地区，但考虑到西部地区是包含 12 个省份的区域，而中部仅仅划入 6 个省份，这样来看，西部地区以省份为单位的外贸水平与中部地区也存在一定的差距。尤其是处于古丝绸之路沿线的西北地区，区位独特，地域广阔，面积超过了西部地区的一半，占全国总面积的 1/3，然而其进出口贸易总额在 2000 年占全国的比重仅为 1.35%，到 2012 年也只有 1.54%。

第二，就各省的进出口贸易额来看，中西部省份与东部省份差距悬殊（见图 5-2）。东部地区有许多对外贸易大省，如广东、上海、江苏和浙江。其中，对外贸易规模最大的广东省，2012 年进出口贸易额达到 11153 亿美元，仅一个省份的规模就是中西部两个区域总和的近三倍，还有上海和江苏，也都超出了两个区域之和。再看中西部省份，2012 年贸易规模最大的是河南省（543 亿美元），还不到广东省的 1/20，其次是四川省（517 亿美元）和重庆市（452 亿美元），贸易

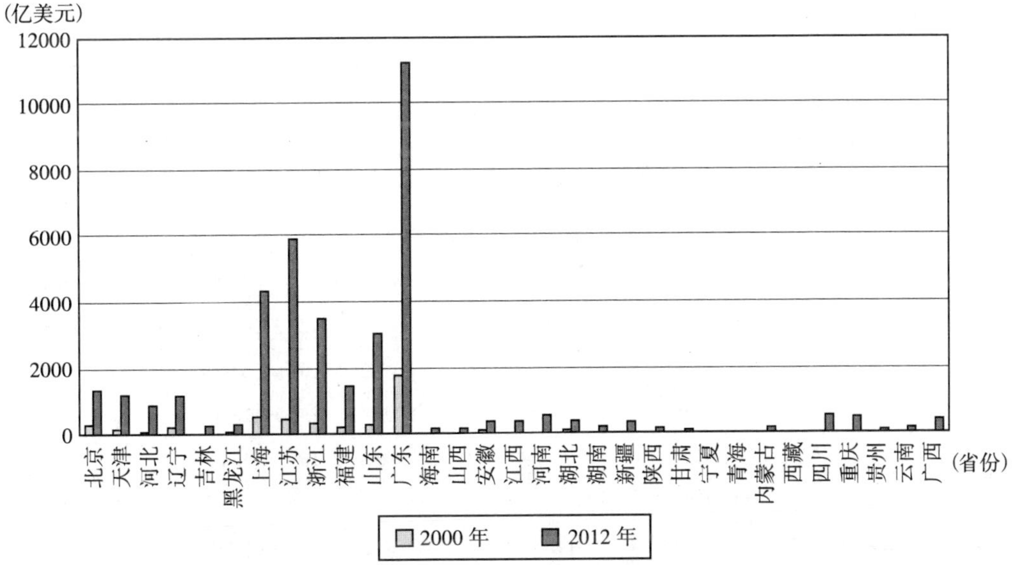


**图 5-2　2000 年、2012 年各省份进出口贸易总额**

额都比较小，其他省份则更小。尤其是西部的甘肃、宁夏、青海、西藏和贵州等省份，进出口贸易额从 2000 年的几亿美元提高到 2012 年的几十亿美元（青海在 2012 年仍然为个位数），外贸经济不仅水平低，而且发展慢。如果对全国 31 个省份的进出口贸易额按从大到小排序，则排在后十位的省份大部分集中于西部地区。其中，2000 年、2003 年、2009 年以及 2012 年有 8 个西部省份，2006 年除了海南外，其余全部属于西部地区。同时，在贸易额排在最后的 10 个省份中，西北的甘肃、宁夏、青海三省每年都落入其中，而且处于比较靠后的位置，陕西也从 2006 年起进入了后十名的行列（见表 5–1）。

**表 5–1　2000~2012 年进出口贸易额处于后十位的省份**

| 年份 | 进出口贸易额处于后十位的省份 | | | | | | | | | |
|---|---|---|---|---|---|---|---|---|---|---|
| 2000 | 广西 | 江西 | 云南 | 重庆 | 海南 | 贵州 | 甘肃 | 宁夏 | 青海 | 西藏 |
| 2003 | 广西 | 江西 | 云南 | 重庆 | 海南 | 贵州 | 甘肃 | 宁夏 | 青海 | 西藏 |
| 2006 | 陕西 | 云南 | 内蒙古 | 重庆 | 甘肃 | 海南 | 贵州 | 宁夏 | 青海 | 西藏 |
| 2009 | 山西 | 陕西 | 海南 | 重庆 | 云南 | 甘肃 | 贵州 | 宁夏 | 青海 | 西藏 |
| 2012 | 山西 | 陕西 | 海南 | 内蒙古 | 云南 | 甘肃 | 贵州 | 宁夏 | 西藏 | 青海 |

资料来源：根据西部各省份统计年鉴整理。

2. 中西部地区外贸依存度低，对经济增长的贡献小

表 5–2 是各省份的外贸依存度及排名情况。

**表 5–2　2000~2012 年全国各省份的外贸依存度**

| | 2000 年 | | 2003 年 | | 2006 年 | | 2009 年 | | 2012 年 | | 依存度变化（2000~2012 年）(%) |
|---|---|---|---|---|---|---|---|---|---|---|---|
| | 依存度 (%) | 排名 | 依存度 (%) | 排名 | 依存度 (%) | 排名 | 依存度 (%) | 排名 | 依存度 (%) | 排名 | |
| 北京 | 80.9678 | 4 | 70.8014 | 5 | 71.3693 | 6 | 48.9501 | 6 | 45.4268 | 7 | –35.5 |
| 天津 | 86.6352 | 3 | 101.5507 | 3 | 123.0443 | 3 | 65.4188 | 4 | 60.1431 | 5 | –26.5 |
| 河北 | 8.9261 | 22 | 11.2939 | 19 | 16.0504 | 16 | 15.9593 | 12 | 19.5465 | 14 | 10.6 |
| 辽宁 | 35.5803 | 8 | 41.1763 | 8 | 45.1737 | 8 | 31.3642 | 10 | 30.0650 | 10 | –5.5 |
| 吉林 | 13.5701 | 15 | 22.0826 | 11 | 16.2255 | 14 | 11.1521 | 15 | 12.9422 | 19 | –0.6 |
| 黑龙江 | 10.1605 | 18 | 11.6124 | 18 | 18.1264 | 12 | 10.6286 | 16 | 13.0076 | 18 | 2.8 |
| 上海 | 99.5037 | 2 | 146.3395 | 2 | 170.1293 | 1 | 124.0898 | 1 | 135.7970 | 1 | 36.3 |
| 江苏 | 47.4500 | 6 | 80.5618 | 4 | 110.1357 | 4 | 72.5443 | 3 | 68.7398 | 3 | 21.3 |
| 浙江 | 43.2297 | 7 | 58.4263 | 7 | 81.0601 | 5 | 62.6077 | 5 | 63.4043 | 4 | 20.2 |

续表

| | 2000 年 | | 2003 年 | | 2006 年 | | 2009 年 | | 2012 年 | | 依存度变化（2000~2012 年）（%） |
|---|---|---|---|---|---|---|---|---|---|---|---|
| | 依存度（%） | 排名 | 依存度（%） | 排名 | 依存度（%） | 排名 | 依存度（%） | 排名 | 依存度（%） | 排名 | |
| 福建 | 48.4811 | 5 | 61.0039 | 6 | 67.9327 | 7 | 45.3517 | 7 | 46.8400 | 6 | –1.6 |
| 山东 | 27.3768 | 9 | 32.8867 | 9 | 39.9488 | 9 | 32.9537 | 9 | 37.4417 | 8 | 10.1 |
| 广东 | 150.3541 | 1 | 175.692 | 1 | 164.8329 | 2 | 109.3423 | 2 | 123.3707 | 2 | –26.9 |
| 海南 | 17.4707 | 10 | 23.5815 | 10 | 25.6858 | 11 | 35.0310 | 8 | 32.1878 | 9 | 14.7 |
| 山西 | 14.0585 | 14 | 17.4505 | 13 | 16.2061 | 15 | 8.6545 | 22 | 8.6466 | 23 | –5.4 |
| 安徽 | 10.0538 | 19 | 11.8246 | 17 | 15.8824 | 17 | 10.6273 | 17 | 12.0878 | 20 | 2.0 |
| 江西 | 8.4809 | 23 | 8.6466 | 26 | 12.3779 | 22 | 12.3419 | 13 | 14.7397 | 16 | 6.2 |
| 河南 | 5.0336 | 31 | 6.5554 | 31 | 7.0061 | 30 | 5.2838 | 28 | 11.5874 | 21 | 6.5 |
| 湖北 | 7.5356 | 25 | 8.9000 | 24 | 12.7371 | 19 | 9.3143 | 20 | 9.2027 | 22 | 1.7 |
| 湖南 | 6.7096 | 28 | 8.3845 | 27 | 8.4032 | 28 | 6.0714 | 27 | 6.1125 | 28 | –0.6 |
| 新疆 | 15.6914 | 12 | 21.4004 | 12 | 26.7298 | 10 | 25.7543 | 11 | 28.2830 | 11 | 12.6 |
| 陕西 | 11.9000 | 16 | 12.2665 | 16 | 12.1987 | 23 | 7.2517 | 25 | 6.6340 | 27 | –5.3 |
| 甘肃 | 5.8218 | 29 | 8.1978 | 28 | 15.5454 | 18 | 9.0432 | 21 | 8.0031 | 24 | 2.2 |
| 宁夏 | 16.587 | 11 | 15.9947 | 14 | 18.0878 | 13 | 9.9001 | 19 | 7.2071 | 26 | –9.4 |
| 青海 | 7.1120 | 27 | 7.2707 | 29 | 11.6384 | 25 | 4.5303 | 30 | 2.7101 | 31 | –4.4 |
| 内蒙古 | 14.1002 | 13 | 12.4182 | 15 | 10.1702 | 26 | 6.6371 | 26 | 5.5527 | 29 | –8.5 |
| 西藏 | 10.4957 | 17 | 6.5884 | 30 | 6.2223 | 31 | 4.4690 | 31 | 19.0483 | 15 | 8.5 |
| 四川 | 5.7337 | 30 | 8.7679 | 25 | 9.8499 | 27 | 10.3859 | 18 | 13.6712 | 17 | 7.9 |
| 重庆 | 9.6417 | 20 | 9.4124 | 22 | 12.1250 | 24 | 8.0728 | 24 | 25.0301 | 12 | 15.4 |
| 贵州 | 7.1363 | 26 | 9.4814 | 21 | 7.7293 | 29 | 4.7613 | 29 | 4.6545 | 30 | –2.5 |
| 云南 | 7.9782 | 24 | 9.1323 | 23 | 12.6881 | 20 | 8.2567 | 23 | 7.4207 | 25 | –0.5 |
| 广西 | 9.2266 | 21 | 9.7494 | 20 | 12.5635 | 21 | 11.9378 | 14 | 19.7944 | 13 | 10.5 |

注：外贸依存度 = 进出口贸易总额/国内生产总值。

资料来源：由《中国统计年鉴》（2001，2004，2007，2010，2013）中的数据计算而得。

从表 5–2 中各省份的外贸依存度及排名情况，可以得出以下几点结论：

第一，从区域层面看，中西部地区外贸对经济的贡献度较小。其中，中部地区的外贸依存度在 2000 年、2003 年、2006 年、2009 年以及 2012 年分别为 7.76%、9.39%、11.11%、8.05%、10.21%，西部地区的外贸依存度分别为

9.25%、10.82%、12.63%、9.66%、12.78%。两个区域的外贸依存度与全国的平均水平相差较大，中部地区于2006年达到最大，为11.11%，仅为全国66.55%平均水平的1/6；西部地区于2012年达到最大，为12.78%，同样远不及全国平均水平。同发达的东部地区相比，中西部地区差距更加明显。东部地区每年的外贸依存度都在50%以上，2006年甚至高达88.02%。此外，西北地区5个年份中的外贸依存度分别为11.72%、14.05%、17.17%、11.95%、11.79%，虽然除2012年稍低于西部地区外，其余年份都高于西部地区，但同全国平均水平以及东部地区对比来看，同样差距悬殊（见图5-3）。

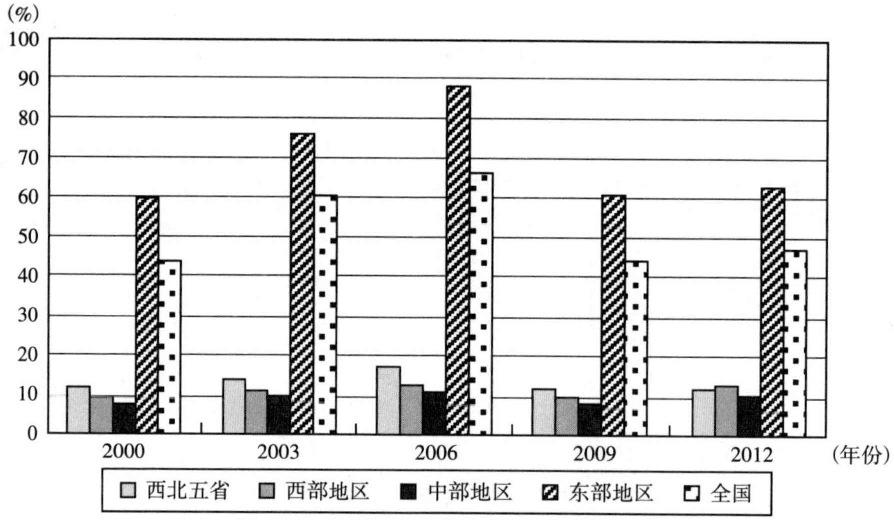


**图5-3　2000~2012年各地区外贸依存度**

第二，从各省份外贸依存度看，中西部各省份几乎无法与东部各省相提并论（见图5-4）。广东省每年都超过了100%，2003年甚至高达175.69%，即使2009年受全球金融危机的影响，外贸依存度有了较大幅度的下降，也仍然处于接近110%的较高水平。上海除了2000年外贸依存度小于100%之外，其他时间也都远远大于100%。再看中西部各省份，没有任何一个省份的外贸依存度出现超过30%的情况。即使整体排名第一的新疆，5个年份中的外贸依存度也分别只有15.69%、21.4%、26.73%、25.75%、28.28%。2012年的最高水平也与全国平均水平相差近20个百分点。2003年，新疆的外贸依存度仅约为广东和上海的1/8和1/7，2006年占两者的比例也不到1/6。在中西部地区，还存在着像湖南和贵州这样外贸依存度始终处于10%以下的省份，更有像青海这样外贸依存度在

2012 年降至 2.71%的极低水平的省份。

第三，就中西部各省五个年份中外贸依存度的变化情况看，整体上并没有呈现出稳定增长的态势。在中西部 18 个省份中，仅四川、江西的外贸依存度呈现出持续上升的态势，其余的省份，如中部的安徽、河南、湖北三省以及西部的新疆、甘肃、西藏、重庆和广西则是在波动中提高，更有一些省份，如山西、湖南、陕西、宁夏、青海、内蒙古、贵州、云南的外贸依存度整体出现了降低的情况。因此，中西部大部分省份的外贸经济并没有表现出良好发展的迹象。

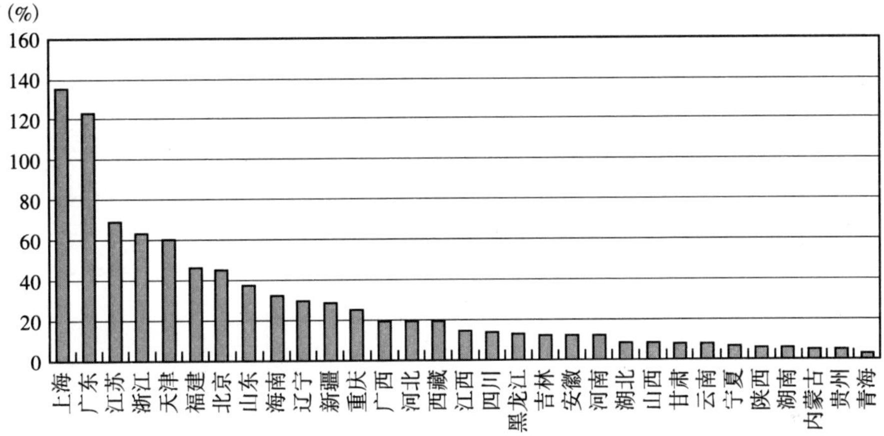

**图 5–4 2012 年各省份外贸依存度**

3. 中西部地区外商企业发展弱，对外资的利用程度低

从表 5–3 中可以看出 2012 年各省份外商投资企业注册登记数和投资额情况，从而得出几点结论。

**表 5–3 2012 年各省份的外商投资企业年末注册登记数及投资额**

| 省份 | 外商投资企业年末注册登记数（户） | 占全国比例（%） | 投资总额（亿美元） | 占全国比例（%） |
|---|---|---|---|---|
| 北京 | 26535 | 6.0254 | 1493.5519 | 4.7556 |
| 天津 | 11491 | 2.6093 | 1189.1259 | 3.7863 |
| 河北 | 7426 | 1.6863 | 489.5994 | 1.5589 |
| 辽宁 | 17960 | 4.0783 | 1855.6379 | 5.9086 |
| 吉林 | 4298 | 0.9760 | 238.8975 | 0.7607 |
| 黑龙江 | 5039 | 1.1442 | 222.4677 | 0.7084 |
| 上海 | 61461 | 13.9563 | 4137.6765 | 13.1748 |

续表

| 省份 | 外商投资企业年末注册登记数（户） | 占全国比例（%） | 投资总额（亿美元） | 占全国比例（%） |
|---|---|---|---|---|
| 江苏 | 50461 | 11.4584 | 6249.9990 | 19.9007 |
| 浙江 | 29595 | 6.7203 | 2178.0979 | 6.9353 |
| 福建 | 23381 | 5.3092 | 1457.4439 | 4.6407 |
| 山东 | 25885 | 5.8778 | 1581.1420 | 5.0345 |
| 广东 | 98564 | 22.3814 | 4786.4532 | 15.2406 |
| 海南 | 3105 | 0.7051 | 270.7200 | 0.8620 |
| 山西 | 3623 | 0.8227 | 319.6304 | 1.0177 |
| 安徽 | 4466 | 1.0141 | 399.6177 | 1.2724 |
| 江西 | 7334 | 1.6654 | 538.5714 | 1.7149 |
| 河南 | 10168 | 2.3089 | 463.4149 | 1.4756 |
| 湖北 | 8023 | 1.8218 | 582.7377 | 1.8555 |
| 湖南 | 4882 | 1.1086 | 383.8065 | 1.2221 |
| 新疆 | 1311 | 0.2977 | 66.5476 | 0.2119 |
| 陕西 | 5983 | 1.3586 | 311.2960 | 0.9912 |
| 甘肃 | 2262 | 0.5136 | 69.7873 | 0.2222 |
| 宁夏 | 476 | 0.1081 | 30.9821 | 0.0987 |
| 青海 | 347 | 0.0788 | 28.2922 | 0.0901 |
| 内蒙古 | 3114 | 0.7071 | 258.0213 | 0.8216 |
| 西藏 | 208 | 0.0472 | 11.3079 | 0.0360 |
| 四川 | 9107 | 2.0680 | 640.4530 | 2.0393 |
| 重庆 | 4461 | 1.0130 | 536.9369 | 1.7097 |
| 贵州 | 1688 | 0.3833 | 76.6967 | 0.2442 |
| 云南 | 3956 | 0.8983 | 225.6104 | 0.7184 |
| 广西 | 3773 | 0.8568 | 311.4288 | 0.9916 |
| 西北五省 | 10379 | 2.3568 | 506.9052 | 1.6140 |
| 西部地区 | 36686 | 8.3305 | 2567.3602 | 8.1748 |
| 中部地区 | 38496 | 8.7415 | 2687.7786 | 8.5582 |
| 东部地区 | 365201 | 82.9280 | 26150.8128 | 83.2671 |

资料来源：《中国贸易外经统计年鉴》（2013）。

第一，无论是从年末注册登记的外商投资企业数量来看，还是从外商投资企业的投资额来看，中西部地区的规模都远远低于东部地区，两个区域总和还不到全国的20%。在东部地区中，除了河北、吉林、黑龙江和海南这几个省份规模稍低外，其余各省规模都较大，特别是上海、江苏和广东三省市，2012年末外商投资企业的注册登记数分别为61461户、50461户、98564户，占全国总数的比重分别为13.96%、11.46%、22.38%，三省市投资总额高达4138亿美元、6250亿美元、4786亿美元，占全国比重分别为13.17%、19.90%、15.24%，三个省市中单就一个省或市的规模都远远超过了包含六个省份的中部地区，更远远大于包含12个省份的西部地区。相比较而言，中西部各省份外商投资企业注册登记数和投资额规模与东部省份相差悬殊。投资企业注册登记数最多的也不过是河南的10168户，占比也仅为2.31%；投资额最大的也只是四川的640亿美元，占比也不过为2.04%。从全国2012年外商投资企业年末注册登记数和投资额排在最后十名的省份来看（见表5-4），前者除了中部的山西和东部的海南分别以3623户与3105户的外商投资企业规模落入后十位，排在第23名和第25名的位置，其余全为西部省份；投资额排在最后的十个省份中，除了东部的吉林和黑龙江分别以239亿美元和222亿美元排在第23名和第25名外，其余全部属于西部地区。

**表5-4　2012年外商投资企业年末注册登记数和投资额分别排在后十名的省份**

| 项目 | 处于后十名的省份 | | | | | | | | | |
|---|---|---|---|---|---|---|---|---|---|---|
| 注册登记数 | 广西 | 山西 | 内蒙古 | 海南 | 甘肃 | 贵州 | 新疆 | 宁夏 | 青海 | 西藏 |
| 投资额 | 内蒙古 | 吉林 | 云南 | 黑龙江 | 贵州 | 甘肃 | 新疆 | 宁夏 | 青海 | 西藏 |

第二，就中西部地区而言，西部各省外商投资企业规模和投资额要低于中部各省。中部地区外商投资企业年末注册登记数为38496户，投资总额为2688亿美元，分别占全国总量的8.74%和8.56%；西部地区外商投资企业年末注册登记数为36686户，投资总额为2567亿美元，分别占全国总量的8.33%和8.17%。西部12个省份的规模还抵不上中部六省的规模，尤其是处在古丝绸之路沿线的西北地区（新疆、陕西、甘肃、宁夏、青海），其经济的外商参与度更低，外商投资企业年末注册登记数只有10379户，仅占全国总量的2.36%；投资总额更少，五省总和为507亿美元，仅占到全国总量1.61%。西部各省份除了四川、重庆两省市的外商投资企业注册登记数和投资额以及陕西的外商投资企业注册登记数占

比超过了1%外，其余省份的占比竟然都在1%以下，特别是宁夏、青海和西藏，三省登记注册的外商投资企业都只有几百户，投资额也只有几十亿美元，各自规模占比低至0.1%以下（其中，宁夏的外商投资企业注册登记数占比为0.11%）。

上述分析表明，我国内陆地区沿边开放是我国对外开放的“短板”。从原因上看，内陆开放滞后是由多方面的因素共同造成的，如区位交通条件偏远、经济技术基础薄弱、周边多数国家经济落后及政治不稳定等，以致我们的对外开放长期是“东向开放”，即以东部沿海地区为主体，主要通过海洋运输与国外开展经济贸易往来。“东向开放”加剧了区域之间发展的不平衡，东部地区开放程度高，经济高度发达，而内陆地区尤其是西部地区开放滞后，西部开发缺乏对外开放的拉动，也成为阻碍我国进一步扩大对外开放、建设全方位开放格局的瓶颈制约，严重影响到我国经济的长期持续健康发展。

## （二）开放不足带来的效率损失与西向开放发展潜力

西向开放不足带来的中西部地区开放程度的低下，导致该地区处于发展资金短缺、技术水平和管理体制落后的状态，出现了区域产业结构不合理，产业层次低、产业链条短、产品附加值低等发展难题，致使中西部地区经济发展相对滞后。据统计，2012年中西部地区国内生产总值分别为116278亿元、113905亿元，占全国总额的比重分别为20.17%、19.76%，两区域之和还不到40%。尤其是占全国区域面积1/3的西北五省，2012年国内生产总值仅为31844亿元，占全国的比重低至5.52%。可见，广大的中西部地区，特别是西北地区，经济总量规模小，发展速度慢。而西部地区土地能源、矿产资源丰富，但未得到充分的利用。可以认为，西向开放的不足已经造成了经济效率的损失，资源丰富的西部地区不应继续成为我国经济发展的落后区域。

围绕西向开放、加快“丝绸之路经济带”建设，以西北五省为重要支点，提高西部地区的开放水平，能够极大地带动中西部广大内陆区域的发展。这是因为，西部地区开放程度的提高可以促进生产要素的自由流动，发挥西部自身的优势，充分利用内外两个市场和两种资源，参与国际交换和国际竞争，还可以在竞争中优化进出口产品结构，提高外资利用水平，推动经济社会的可持续发展。而一旦中西部地区的经济被带动起来，将会推动中国整体经济上升到一个新的台阶。因此，我国西向开放发展潜力巨大，这不仅体现在开放程度的提升空间上，更体现在开放程度提高后给内陆地区乃至全国经济带来的巨大促进作用。

当前，我国迎来了加快提升向西开放水平的历史机遇。中西部地区扩大对外开放，既可以充分发挥后发优势，充分借鉴东部地区和其他国家对外开放的经验和教训，同时又坐拥良好的内部政策机遇和外部发展环境。从国内环境看，西部大开发“十二五”规划的深入推进，为西部大开发增添了新动力；东部地区加快向中西部地区产业转移，也为中西部地区吸引和利用外资、统筹国内国际两个市场创造了有利条件。从国际环境看，在全球经济增速放缓的背景下，我国西部地区广阔的市场空间和增长潜力对外商投资有着较强的吸引力，这将为我国广大中西部地区深化扩大开放提供良好的外部机遇。

同时，我国西向开放也具备了一定的基础。首先，东欧剧变、苏联解体，扫除了经济一体化的政治障碍。其次，东起连云港、西至荷兰鹿特丹的新亚欧大陆桥的全线贯通为我国西向开放提供了基本的交通要道，规划中的中国—吉尔吉斯斯坦—乌兹别克斯坦铁路一旦建成，将更凸显中亚的交通枢纽地位，并给中国“西进”带来巨大便利。最后，随着我国经济的持续发展，对能源资源的需求和国际市场多元拓展的需要日益增强，特别是古丝绸之路沿线国家和地区提振经济的愿望日益迫切。这样，我国适时实施扩大“西向开放”战略，依托亚欧陆路大通道，大力推进“丝绸之路经济带”建设，开辟与中亚、南亚、西亚乃至欧洲国家的经贸合作新格局，也就成为历史的必然选择。

## 三、推进“丝绸之路经济带”建设的重点领域和区域

“丝绸之路经济带”沿线经济合作是一个复杂、庞大的工程，要在充分论证的基础上，有步骤、分层次、按阶段地逐步推进。就像习近平总书记强调的那样，要有一个循序渐进的过程，实现“以点带面，从线到片，逐步形成区域大合作”。在这个过程中，一方面，离不开各国在经济合作中所发挥的重要作用。“丝绸之路经济带”可以看作是沿路各国经济合作的“共同体”（近中期作为区域性经济合作的纽带建设，远期可考虑建立经济联系更紧密的制度安排），因而需要相关国家的共同努力。我国作为这个“共同体”的倡导者，也是“共同体”内

部经济总量最大的国家，应当承担更多的组织协调责任和建设任务。因此，“丝绸之路经济带”的建设需要国家层面做出努力。另一方面，“丝绸之路经济带”的建设涉及我国不同的区域，因此，在国内区域层面上也应做出一些相应的安排。

## （一）国家层面重点推进“五通”

政策沟通。各国应就经济发展战略进行交流，本着求同存异原则，协商制定推进区域合作的规划和措施，在政策和法律上为区域经济融合“开绿灯”。

设施联通。打通从太平洋到波罗的海的运输大通道，完善跨境交通基础设施，逐步形成连接东亚、西亚、南亚的交通运输网络，为各国经济发展和人员往来提供便利。

贸易畅通。“丝绸之路经济带”总人口30亿，市场规模和潜力独一无二，各国在贸易和投资领域合作潜力巨大。因此，各方应该就推动贸易和投资便利化问题进行探讨并做出适当安排，消除贸易壁垒，降低贸易和投资成本，提高区域经济循环速度和质量，实现互利共赢。

资金融通。推动实现各国在经常项目下和资本项目下本币的兑换和结算，以降低流通成本，增强抵御金融风险能力，提高本地区经济国际竞争力。

民心相通。建设“丝绸之路经济带”要尊重各民族的文化习俗，争取在保护文化多样性的前提下加强人民友好往来，增进相互了解和传统友谊，为开展区域合作奠定坚实的民意基础和社会基础。

总之，就是要通过“五通”建设，实现经济带沿线各国在经济、产业、能源、交通、人文等方面的互联互通，共同构建“丝绸之路经济带”。

## （二）国内区域层面的建设重点与主要措施

### 1. 以西北五省区为重点建设省区，打造西部大开发的“升级版”

西部地区拥有全国71%的国土面积和28%的总人口，经济总量仅占全国的不到20%，因而既是资源富集地区又是经济欠发达地区。从西部地区内部看，西北和西南又有很大差异，西北地广人稀，干旱缺水；西南则相对人多地少，山多土少。总体上，西北地区经济欠发达的程度要高于西南地区，对外开放的程度要低于西南地区。2012年统计数据显示，西北五省区（陕、甘、宁、青、新）经济总量为31844亿元，西南五省市（云、贵、川、渝、桂）则为65479亿元，西北经济总量不到西南的一半。西北地区进出口总额仅占全国 1.5%，而西南地区则占到 4.0%；西北地区外商投资仅占全国总量的 1.3%，而西南地区则占到 5.5%。

古丝绸之路途经的国内省份主要有陕西、甘肃、新疆等，均属于西北地区，建设“丝绸之路经济带”的战略为西北地区带来了新的发展机遇。西北地区虽然是全国经济发展的“洼地”，但却是资源禀赋的“高地”。石油、天然气、煤炭、风电、太阳能等能源，黄金、有色金属等矿产资源，以及生物和旅游资源，不仅丰富且组合条件好，广袤的土地也为经济开发提供了巨大的空间。西部大开发十多年来，西北地区的交通、通信、能源、水利等基础设施条件和脆弱的生态环境均得到很大改善。特别是国家“西向开放”的战略将使西北地区偏僻的地理区位劣势得以改变，由开放的末梢变为开放的前沿。

“丝绸之路经济带”的建设，必将进一步完善西北地区的基础设施，促进西北乃至整个西部地区优势资源的开发，提升对外开放水平，并为我国经济持续平稳增长提供有力支撑。因此，笔者认为，将西北五省区作为“丝绸之路经济带”的重点建设省区是合适的，下一步要尽快做好总体规划和分省区规划，明确各省区定位及重点建设领域。

此外，还可以考虑把重庆、四川、河南、湖北纳入进来，作为非重点建设省市。因为这四个省市已分别开通了“渝新欧”“蓉欧”“郑欧”和“汉新欧”班列，也就是从重庆、成都、郑州和武汉分别开通了途经新疆直达欧洲的货运专列，奠定了参与“丝绸之路经济带”建设的良好基础条件。

2. 吸引东部产业转移，建设以西向国家为目标市场的加工贸易基地

“丝绸之路经济带”要以互联互通建设为纽带，以产业发展为支撑，以对外开放政策为保障。就经济带的产业发展而言，笔者认为主要有两大块。

一块是优势资源的开发和就地转化，西北地区能矿资源开采程度低，加工程度低，产品附加值低，因此要通过加大资金投入和利用先进技术，解决优势资源开发中的“三低”问题。目前，包括央企在内的许多大型企业进驻新疆等资源富集地区，要尽可能利用大企业科研和经济实力，帮助当地提高资源加工深度，延长产业链条，生产更多高附加值产品，不仅销往内地，而且通过丝绸之路大通道销往国际市场，这对带动西北地区尽快发展具有重要意义。

另一块同样重要，也就是在重点建设省区创造良好的环境，积极吸引东部产业转移落户。东部企业向西部转移主要有三种类型：成本驱动、资源驱动和市场

驱动。除了资源型企业之外，建议东部沿海地区众多加工贸易企业考虑向西迁移，就是要在重点建设省区通过鼓励东部产业转移，建设面向中亚、南亚、西亚乃至欧洲市场的加工贸易生产基地。首先是因为西北地区距离这些市场较近，可以大大节省物流成本；其次是西北地区劳动力成本、土地成本最低，环境容量相对大；最后是周边国家对物美价廉的中国产品有较高的接受度和美誉度，尤其是服装、鞋类、食品、轻工、家电、电子产品等。西北地区通过承接东部这类产业转移，不仅可以带动当地就业、促进经济增长，更重要的是可以改变西部长期以来的资源依赖的产业结构，提升西部产业层次，同时也有助于东部“腾笼换鸟”，推动产业转型升级。

3. 依托重要节点城市设立自贸园区，构筑“西向开放”的政策平台

从建设范围看，笔者认为“丝绸之路经济带”要有三个空间层次。第一个层次是重点建设省区，也就是与古丝绸之路相邻近的西北五个省和自治区，面积相对较大。第二个层次是新亚欧大陆桥沿线的节点城市，包括西北地区的西安、兰州和乌鲁木齐，中原地区的洛阳、郑州和商丘，以及华东地区的徐州和连云港。这八个城市不仅地处新亚欧大陆桥沿线，而且都是连接南北通道的重要枢纽，具有将国内各个方向的货物汇聚和扩散的功能。适当向中东部延伸，有利于经济带获得更广阔的腹地、更强大的要素资源和产业支撑，更好地发挥经济带重要节点城市的集聚和辐射效应。第三个层次是自由贸易园区。与东向开放相比，我国的西向开放无疑起步晚、程度低，推进“丝绸之路经济带”建设必须扩大西向开放的水平，以开放促开发，以开放促建设，同样以开放倒逼改革。自由贸易园区是开放程度最高的制度安排和政策平台，目前率先批准设立的只有中国上海自由贸易试验区。按照党的十八届三中全会的《中共中央关于全面深化改革若干重大问题的决定》，在推进现有试点基础上，还要选择若干具备条件的地方发展自由贸易园（港）区。为了提升西向开放的水平，建议选择经济带沿线重要节点城市（如西安、郑州、兰州、乌鲁木齐等），将这些城市现有的、国家已批准设立的综合保税区、出口加工区、航空港经济试验区等海关特殊监管区，经过相应整合优化和功能调整，升格为若干“自由贸易园区”。在这些自贸园区，也要探索实行“负面清单”管理模式，改革市场准入、海关监管、检验检疫等管理体制。

**参考文献**

[1] 胡鞍钢，马伟，鄢一龙.“丝绸之路经济带”：战略内涵、定位和实现路径 [J]. 新疆师范大学学报（哲学社会科学版），2014（2）：1-10.

[2] 萧政，沈艳. 外国直接投资与经济增长的关系及影响 [J]. 经济理论与经济管理，2002（1）：11-16.

[3] 王睿，陈德敏. 西部地区向西开放总体战略构想研究 [J]. 中国软科学，2013（4）：69-78.

[4] 陈铁军. 走向二十一世纪的西部向西开放方略 [J]. 云南社会科学，1995（5）：7-12.

[5] 胡波. 构建“丝绸之路经济带”的三大原则 [J]. 中国经济周刊，2013（37）：17-18.

# 第六章　中国和平崛起战略背景下的“丝绸之路经济带”*

我们把“丝绸之路经济带”置于中国崛起的大格局之中进行观察，就不难发现，“丝绸之路经济带”绝不仅是一条向西延伸、连接亚欧的经济带，而是中国走出目前所面临的崛起困局的突围之路。

## 一、中国崛起与建设“丝绸之路经济带”的有利条件

### （一）中国和平崛起与东亚地缘政治

中国崛起与东亚地缘政治格局变迁密切相关。改革开放之初，中国在相对和平的东亚环境中，以沿海地区为重点，面向海洋，实施了以欧美、东亚为主要对象的开放发展战略。这对于推动经济体制转型，推动工业化进程，实现经济持续快速发展，发挥了关键性作用。随着中国经济的持续快速发展，中国与东亚地区之间的经济关系也在逐步发生变化。这表现在，中国对东亚国家的经济溢出效应不断增强，东亚国家从中国的经济发展中获得了增长动力。2010 年，中国与东盟建成了发展中国家之间最大的自贸区。2012 年，中国与东盟贸易额超过 4000 亿美元。[①] 2013 年，中国与东盟进出口总额为 4436.1 亿美元，同比增长 10.9%，

---

* 原文题目：《中国崛起战略背景下的“丝绸之路经济带”建设分析》。作者：暨南大学特区港澳研究所覃成林、新疆财经大学经济学院江丽。有改动。

① 中国—东盟建立战略伙伴关系 10 周年新闻发布会［EB/OL］. 国务院新闻办公室新闻发布会网站，2013.

高于全国外贸增速 3.3 个百分点。[①] 2010 年，中国取代美国成为韩国最大出口市场，中国是韩国的第一大贸易伙伴国。[②] 截止到 2013 年底，中国是日本第二大出口目的地和第一大进口来源地。[③] 由此可见，在东亚地区，中国与东亚各国之间所形成的良性互动关系既是促成中国崛起的一个重要外部条件，也是增进东亚地区经济发展，使之成为世界经济最具活力地区之一的重要原因。

然而，十分遗憾的是，上述关系格局在近年来因政治和安全因素的渗入而发生了逆转。首先，美国于 2012 年发布《维护 21 世纪全球领导地位，美国防务的优先事项》，高调宣布“重返亚太”，推行“亚太再平衡战略”。值得注意的是，美国的这个举动是一项长期战略。[④] 无论是在当前，还是在未来，该战略的实施都会对中国崛起产生重大的影响。从本质上看，该战略就是一个遏制中国崛起的战略。它从政治、经济、军事等方面对中国崛起造成多种不利影响。在政治上，美国大力推行“前沿部署性外交”“多边外交”和“价值观外交”[⑤]，构筑“隔离”中国的外交圈子。在经济上，美国主导 TPP 进程，构建以美国为核心的东亚经济合作机制。虽然美国于 2008 年才加入 TPP，但是其积极推动该组织的建设，扩大合作议题和附加条件。截至 2014 年 7 月，TPP 成员已经达到 12 个。尽管 TPP 协议采取开放的态度，欢迎各国参与，但是却将中国排除在外。这对中国参与亚太地区经济合作形成了制度上的障碍。中国面临着在区域经济合作中被边缘化，进而诱发一系列经济问题的风险。在军事上，美国加强与传统盟国日本、韩国、菲律宾的关系，并强化与新加坡、越南等安全伙伴的关系，同时通过介入中国与东亚国家领海争端而使问题复杂化。由此不难看出，美国“重返亚太”的战略意图是主导亚洲事务，遏制中国，重振其霸主地位。其次，受美国上述行为的刺激，东海和南海主权争议成为困扰东亚地区安全稳定与合作的重大问题。近年来，日本、菲律宾、越南等国与中国在东海、南海的领土冲突集中爆发，其实质是中国崛起所带来的“权力变更”现象的突出表现和东亚大国间权力竞争的不断深化。[⑥] 而且，作为中国主要贸易伙伴之一的东盟国家也面临着中美之间的战略

① 中国与东盟双边贸易增速居中国主要贸易伙伴前列［EB/OL］. 国际在线专稿，http：//gb.cri.cn/42071/2014/05/21/7551s4549862.htm，2014-05-21.

② 亚洲开发银行，根据《亚洲和太平洋地区 2013 主要指标》(韩国卷）整理得到。

③ 中华人民共和国驻日本国大使馆经济商务参赞处，2013 年 12 月日本贸易简讯。

④《环球交叉点》采访专家牛新春的观点：美国重返亚太战略将长期持续。

⑤ 金灿荣，刘宣佑等. “美国亚太再平衡战略”对中美关系的影响［J］. 东北亚论坛，2013（5）.

⑥ 朱锋. 东亚安全新态势：海洋领土争议与大国权力竞争［J］. 当代世界，2014(4).

选择，东盟部分国家加入美国主导的TPP，美国还向东盟输出西方的人权和民主的价值观与制度，企图通过改变政治生态而影响东盟国家的外交政策价值取向。虽然，中国与东盟总体上经济发展态势良好，但是由于与部分东盟国家领土争端，关系不太稳定①，原本友好的国际关系部分演变为“政冷经热”。

上述东亚地缘政治和安全格局的变化，无疑给中国崛起带来了多重羁绊。就问题的实质和变化趋势看，笔者认为，尽管中国在相关问题和事件上表达了足够的和平诚意，但是种种挑战不是中国单方面努力能够轻易化解的。因此，在这样一种地缘政治和安全格局中，中国要继续实现崛起，就必须跳出东亚，寻找新的发展战略空间。

### （二）建设“丝绸之路经济带”与“声东击西”战略抉择

“声东击西”是中国著名的战略谋略之一，是中华战略智慧的体现。笔者认为，在中国崛起遭遇东亚地缘政治和安全困局的形势下，提出建设“丝绸之路经济带”，可以收到战略上的“声东击西”之效。这是一个关乎中国崛起的重要战略抉择。

所谓“声东”，我们主张，一方面，要继续开展与东亚国家的经贸合作，维持经济关系的良性互动；另一方面，在领土主权问题上，制造声势，同时管控好冲突的程度，以不爆发大规模军事冲突为原则，与美国、日本及越南、菲律宾斗而不破，用时间拖住这些国家，达到牵制和消耗其战略力量的目的，等待破局时机的到来。与此同时，中国应在东亚国家中积极宣传“一带一路”建设，吸引这些国家参与，以增强经济上的相互依赖和互信。但是，中国不宜把国际经济合作的重心完全放在东面，不能再在“政冷经热”怪圈中徘徊。

所谓“击西”，我们主张，中国要把战略目光由东转向西，在近邻的中亚、南亚及西亚地区，以及广阔的欧洲及非洲，开辟新的国际贸易和经济合作空间，打通连接亚洲和欧洲的经济走廊，扭转长期以来国际贸易和经济合作依赖海洋通道所形成的“东重西轻”局面。一方面，可以减轻对东亚地区及其他相关国家的经济依赖，增强政治和安全对话的主动权；另一方面，可以为中国经济发展寻找到新的市场、新的能源供给地、新的经济合作伙伴，为中国崛起开辟新的战略空

---

① 张晓君. 发展中国—东盟关系的对策和建议［EB/OL］. 经济网，2013-07-09.

间，创造新的战略机遇，营造安全的战略后方。

那么，如何进行战略上的“击西”呢？我们认为，习近平主席提出的“丝绸之路经济带”具有不可替代的作用。这正是我们理解“丝绸之路经济带”必须把握的要义。

## （三）建设“丝绸之路经济带”的有利条件

“丝绸之路经济带”是中国提出的一个宏大的国际贸易和经济合作构想。就当前来看，中国推动“丝绸之路经济带”建设，除了本身拥有改革开放以来所积累的强大经济基础和巨大的市场以外，还有以下有利的条件：

第一，沿线国家具有参与“丝绸之路经济带”建设的动力。丝绸之路古已有之，它是历史上中国通向西域的重要贸易通道，也是文化、文明交流与融合的重要桥梁。今天，恢复和光大丝绸之路，促进沿线国家的经济繁荣与发展，是人们共同的愿望。总体上，中国与沿线国家经济合作关系良好，且基本上不存在爆发领域争议和军事冲突的可能。建设“丝绸之路经济带”，有利于沿线的中亚、西亚、海湾国家，以及东欧和西欧国家从中国的经济发展中获得更多的发展机遇和利益。因此，沿线国家能够在无政治冲突、领土争议的情况下，积极参与“丝绸之路经济带”建设。概而言之，中国巨大的消费市场，中国对能源及其他原材料快速增长的需求，中国性价比较高的巨大商品供给等，都是沿线国家可以利用的发展机遇。中国经济的持续发展无疑会给沿线国家的经济发展注入活力。

第二，上海合作组织为“丝绸之路经济带”建设提供了一个有利的国际合作依托。由于中亚地区和俄罗斯在“丝绸之路经济带”上处于“中间”位置，中亚地区的稳定与发展关乎“丝绸之路经济带”建设的成败。2001 年成立的上海合作组织，其职能已经从最初的关于加强边境地区信任和裁军的谈判进程等扩大到开展经贸、环保、文化、科技、能源、交通、金融等领域的合作。依托上海合作组织，中国可以与中亚国家和俄罗斯进一步深化经济贸易合作。这对于推动“丝绸之路经济带”建设是一个十分有利的条件。

第三，中国西部周边的安全形势发生了有利于中国的变化。一是美国在阿富汗和中亚地区的军事退出。据俄塔社报道，美国在吉尔吉斯斯坦的马纳斯空军基地于 2014 年 6 月 3 日举行关闭仪式。这意味着美国在中亚地区的军事存在已经消退。二是乌克兰危机促成了中俄更紧密地站在一起，协调应对地区冲突。由此判断，对中国而言，直接来自西面的军事与政治压力基本消解。这个变化无疑有利于中国推进“丝绸之路经济带”建设。

## 二、建设“丝绸之路经济带”的策略

毫无疑问，“丝绸之路经济带”建设是一个长期、复杂和艰巨的工程。那么，如何推动“丝绸之路经济带”建设呢？从区域构成上看，“丝绸之路经济带”包括国外和国内两大部分。因此，笔者认为，建设“丝绸之路经济带”需要分别思考国际和国内两个方面的策略。

### （一）“丝绸之路经济带”建设的国际策略

“丝绸之路经济带”涉及的国家很多，关于吸引相关国家参与“丝绸之路经济带”建设，选择合适的国际策略尤为重要。首先，我们需要搞清楚除了上述有利条件之外，与其他国家相比，中国推动“丝绸之路经济带”建设有什么优势。由于中国是“丝绸之路经济带”建设的倡议国，自然将在“丝绸之路经济带”建设中担当推动者、组织者的角色。这就要求中国必须有相应的优势才能胜任这个角色。笔者认为，中国具备推动“丝绸之路经济带”建设的三大优势。一是中国经济增长创造的发展机遇。这是吸引有关国家参与“丝绸之路经济带”建设的强大动力。二是中国发展的成功对中亚、西亚、海湾国家，乃至东欧国家具有发展道路、发展模式方面的吸引力。三是中国倡导的和平发展、绝不干涉别国内政、共同建设、共享繁荣等发展理念，易于获得相关国家的认可，消除其政治及安全方面的顾虑。借助于这些优势，笔者主张，中国可以采取以下四个国际策略，推动“丝绸之路经济带”建设。

第一，以快速交通网络、能源供给网络、旅游合作为先导，由易到难，推进“丝绸之路经济带”建设。建设“丝绸之路经济带”是一项新国际经济合作。万事开头难，因此需要考虑如何由易到难地推动“丝绸之路经济带”建设。不难发现，建设“丝绸之路经济带”，首先要提升沿线国家之间的交通联系水平，这是开展贸易和经济合作前提条件。其次是开展货物和服务贸易，互通有无，实现各自的利益。笔者认为，中国在这两个方面都具有很好的条件和能力。一是中国已经具备了高水平的快速交通网络建设能力，可以与“丝绸之路经济带”沿线国家开展合作，改善这些国家内部的交通条件，共同建设“丝绸之路经济带”的交通大通道，包括高速铁路、城际轨道交通、航空和高速公路。二是中国有巨大的能源需求。中国是一个能源消费大国，虽然国内资源较为丰富，但人均占有量少，大量的能源供给依赖于国际市场。中国的油气资源供不应求，早在 2013 年，中国石油和天然气的对外依存度就已分别达到 58.1%和 31.6%。[①] 而且，随着经济社会的发展，工业化和城市化进程的不断前进，中国对能源的需求将保持一个长期增长的态势。中亚、西亚、海湾国家是世界上石油和天然气蕴藏丰富的地区，中国与这些国家的能源合作前景广阔。目前，在中国与中亚国家的合作中，能源合作是双方的重点合作领域。中哈石油管道、中国—中亚天然气管道的建设及成功运营预示着中国与中亚国家及“丝绸之路经济带”沿线国家将有更深、更广的能源合作。三是中国拥有庞大的出境旅游客源。吸引中国游客，成为世界许多国家促进旅游业繁荣、刺激经济增长的一项重要举措。因此，中国可以充分利用出境游需求大的有利因素，开辟“丝绸之路”旅游。从旅游合作入手，推动服务贸易发展。

由以上分析可见，中国完全可以把快速交通网络、能源供给网络和旅游合作作为推动“丝绸之路经济带”建设的优先选项，由点到面、由易到难地推动“丝绸之路经济带”建设。

第二，规划和推进“丝绸之路经济带”制度建设。国际合作的经验表明，制度建设是合作取得成功的关键之一。在“丝绸之路经济带”的沿线国家中，经济发展水平、文化与宗教、社会政治制度等多样化特征明显，加之地缘政治和安全因素，开展合作不可避免地会遇到来自这些方面的多种挑战。因此，从全局和战略的角度看，应该把如何规划和推进“丝绸之路经济带”的制度建设置于优先考虑的地位。目前，在沿线国家存在着多个区域性合作组织，包括上海合作组织、俄罗斯主导的欧亚联盟、海湾阿拉伯国家合作委员会、欧盟等。这就必然要求在多重区域合作组织框架内，创新“丝绸之路经济带”区域合作制度。这是一个有

---

① 中国石油集团经济技术研究院发布的《2013 年国内外油气行业发展报告》显示，2013 年我国石油和天然气的对外依存度分别达到 58.1%和 31.6%，见 http://finance.ifeng.com/a/20140120/11507968_0.shtml。

相当难度的工作。笔者认为，考虑到"丝绸之路经济带"沿线国家的多样性和相关区域合作组织的存在，"丝绸之路经济带"制度建设宜采取先易后难、由局部到整体、双边与多边合作并举、逐步推进的方式进行。通过在部分国家、部分领域树立合作的成功典型，增强对沿线其他国家的吸引力，不断扩大实质合作的范围。

如前所述，在"丝绸之路经济带"的建设过程中，能源合作既是重点也是突破口。因此，建立"丝绸之路经济带"能源合作委员会是一个较为可行的方向。因为"丝绸之路经济带"沿线国家大多是能源生产或是消费大国，合作国家和能源合作程度将更加宽广。对于我国，能源领域的合作关乎国家安全和经济安全，需要更深入的、稳固的伙伴关系。而能源合作的制度化和机制化是现代能源合作的趋势。其实，在上海合作组织内部，2006 年由俄罗斯主导，提出建立"能源俱乐部"的构想。2013 年，在上海合作组织论坛上，中国也提出"成立能源俱乐部，建立稳定供求关系"。可见，构建"丝绸之路经济带"能源合作委员会可以作为"丝绸之路经济带"制度建设的试点。

第三，推进共同发展式的贸易与产业合作。从现代国际合作的经验和教训中，我们不难看出，实现共同发展是国际合作得以推进并保持稳定的一个关键。在合作中，不仅要平衡相关国家的利益，还必须照顾到有关地区和各社会阶层的利益，实现共同建设和共享发展成果。反思中国与中亚等国家以往的合作过程，由于偏重于强调能源的政治和战略属性，重视对经济利益的追逐，而忽视对当地社会发展的贡献，即使国家之间的经贸合作关系良好，仍然遇到了来自当地政府、企业和居民的不合作甚至排斥。近年来，中国在东南亚、非洲开展的一些合作项目也遇到了同类的问题。这不得不使我们高度重视。在"丝绸之路经济带"建设中，中国应该力求避免采用易招致排斥的贸易与产业合作方式，即单纯的能源获取，对当地就业和产业产生挤出效应的产品倾销、劣质产品及污染输出等。同时，必须创新思路，采取产品输出与技术输出、产业合作发展并举，建立共同投资机制，能给当地带来就业和经济增长的合作方式。

第四，注重社会文化的合作交流，不能重蹈"政冷经热"的覆辙。目前，东盟国家、日本、韩国、澳大利亚等国家与中国的合作演化成"经济靠中国，安全靠美国"的状态。这些国家与中国经济关系良好，但是在军事、政治方面却与美国走得近。在一些重大的经济合作问题上，一旦美国干预，部分国家就会面临中美之间的利益权衡取舍。在这个过程中，中国往往显得较为被动。这种教训，中国在推动“丝绸之路经济带”建设时必须吸取。我们必须注意到，中国与“丝绸之路经济带”的沿线国家之间存在着国家基本政治制度、文化和宗教等方面的异质性，以及对国家经济、社会和军事安全等不同的考虑。因此，中国不能简单地把“丝绸之路经济带”建设定义在经济合作领域，而是要高度重视与沿线国家的社会和文化交流。通过沟通和交流，传达合作共赢的发展理念，为经济合作提供强有力的保障。具体可以考虑以下几种方式：加强与沿线国家政府间沟通合作，共同打击“三股势力”，增强政治与安全互信；在经济合作中，以企业和非政府组织为主导，政府提供必要的支持，增强民间互信，打牢合作的民间基础；加强文化、教育、科技等交流，消除沿线国家可能对中国产生的文化和意识形态偏见。

### （二）“丝绸之路经济带”建设的国内策略

自“丝绸之路经济带”建设提出之日起，国内有关区域反响十分积极。有关“丝绸之路经济带”建设的研究探讨、规划和实际推动颇多。这表明，在国内有着参与“丝绸之路经济带”建设的巨大热情和潜力。如果引导得法，这些热情和潜力将转化为推动“丝绸之路经济带”建设的强大力量。因此，笔者认为，需要从全局的角度思考和选择以下策略，有序推进“丝绸之路经济带”建设。

第一，建立国家层面的统筹协调机制。“丝绸之路经济带”战略提出后，国内沿线及有关各省区市积极响应，一方面，围绕“丝绸之路经济带”这个新的国家战略，研究和调整本地区的经济发展规划，争取抓住这个重大发展机遇，加快本地经济发展；另一方面，重复着一贯的做法，试图在“丝绸之路经济带”建设中争取有利的地位，以便获得国家的政策支持。不少地方都把本地放在“丝绸之路经济带”的枢纽、“桥头堡”、排头兵等位置上，尤其是把本地自定为“丝绸之路经济带”的起点。[①] 对于此种情况，如果不加以疏导，恐有演变为各自为政、无

① 参见：畅通陆桥运输大通道，共建“丝绸之路经济带”［N］. 连云港日报，2013-09-09；“丝绸之路经济带”构建国际经济走廊，西安将逐步确立经济带城市核心地位［N］. 西安日报，2013-09-16；“丝绸之路经济带”为新疆提供新机遇［N］. 新疆日报，2013-09-30；重庆应成为丝绸之路经济带起点、“两带”建设枢纽［N］. 重庆日报，2014-03-05；丝绸之路经济带河南应为“桥头堡”［N］. 郑州日报，2014-03-01。

序竞争的局面。这自然是不利于“丝绸之路经济带”建设的。因此，笔者认为，既然“丝绸之路经济带”建设已经是一项重要的国家战略，那么，就需要建立国家层面的统筹协调机制，及早预防各地可能出现的无效行为。可考虑建设“丝绸之路经济带”组织领导机构，负责组织制定“丝绸之路经济带”建设战略和规划，协调国家各个部门、有关省区市的建设规划，研究和执行支持“丝绸之路经济带”的政策措施，协调部门之间、部门与地方之间、各省区市之间可能产生的政策冲突等，加强国内各部门、各省市有效沟通合作，消除部门、地方之间的内耗，提高“丝绸之路经济带”建设行动效率。

第二，形成西向开放合作的观念。我国始于1978年的对外开放战略总体上以面向欧美国家、东亚的日本和韩国，以及东盟国家为主。尽管后来提出了沿边开放战略，以及进入21世纪后的全面开放战略，但事实上，全国向东开放，以沿海地区为重点的对外开放格局没有发生根本性的改变。根据中国海关统计，2012年中国进出口贸易总额中，欧盟占比14.1%，东南亚国家占比10.3%，美国占比12.5%，日本占比8.5%，韩国占比6.6%。如前所述，这种开放格局目前正受到东亚地缘政治和安全形势变化的干扰。在这种情况下，中国有必要调整对外开放的思路，重视向西开放。从全局考虑，向西开放可以与向东开放形成一种平衡，有利于增强中国对外开放的多样性，可以相对消解对美、日和东盟国家的依赖，增强中国在处理东亚地缘政治和安全事务中的主动权，有利于加快中国中西部地区的对外开放步伐，加快其经济发展。因此，中国需要在对外开放的指导思想、战略谋划等方面有所转变，在国内形成向西开放的合作观念和导向。国家需要组织一定的力量，研究和介绍“丝绸之路经济带”，尤其是对沿线国家的国情、经济政策、投资环境等问题进行深入研究，引导企业、非政府组织、民众认识“丝绸之路经济带”，积极参与“丝绸之路经济带”建设。

第三，全国参与，适度竞争，激发创新。在国内，“丝绸之路经济带”的建设需要重点支持交通走廊区域发展，主要包括陇海、兰新铁路沿线省份。但是，从产品及服务的供给能力看，仅依靠交通走廊区域还不足以形成我国推动“丝绸之路经济带”建设的强大力量。同时，也会大大削弱“丝绸之路经济带”建设对全国经济发展的带动作用。笔者认为，就经济参与而言，“丝绸之路经济带”建设在参与区域上不宜做排他性安排，而是要允许和发动全国各省区市都来参与“丝绸之路经济带”建设。从目前来看，国内部分省区市已经在这方面做了有成效的探索，取得了较好的经验。其中，铁路货物运输的蓬勃开展是一个很好的例证。来自重庆、河南、湖北、四川等省市物流部门的消息显示，“渝新欧”已成功运营，实现一次报关、一次查验，极大提高了运输效率，降低了中国通往欧洲的物流成本。该路线自重庆始发，经西安、兰州、乌鲁木齐，穿越哈萨克斯坦、俄罗斯、白俄罗斯、波兰，抵达德国杜伊斯堡港，全程运行 16 天，比海运节省 20 多天，比空运便宜 4/5。郑州至德国汉堡的“郑新欧”已累计开行 22 班。武汉至捷克的“汉新欧”铁路在 2014 年 4 月试运行。成都到波兰的“蓉欧快铁”，2014 年有望实现每周定期开行。[①] 这启示我们，一方面，国家要对地方放权和鼓励地方创新，激发各省区市参与“丝绸之路经济带”建设的创造力；另一方面，在“丝绸之路经济带”的区域安排上要不设限，全国各地都可以参与到“丝绸之路经济带”建设中来，都可以获得国家相应的政策支持，都可以为“丝绸之路经济带”建设贡献力量，并从中获得发展机会。由此，我们也看到，部分区域要跳出古丝绸之路的空间约束，当前的所谓“起点”“枢纽”等之争是一种政策依赖心理在作祟，是一种缺乏全局思维的表现，也必然是无效的举动。

第四，提升向西开放合作的层次。我们要充分意识到，“丝绸之路经济带”建设是在一个新的时代背景下进行的。因此，中国开展与“丝绸之路经济带”沿线国家的贸易和经济合作，除了商品货物贸易之外，还要重视更深层次的交流，包括技术输出、服务输出、标准输出、文化输出和生活方式输出。虽然中国整体的技术、服务、标准在世界范围内不是顶尖水平，但相对于中亚、西亚等国家，在能源技术领域和服务领域等方面还是具有相当的比较优势的。在合作的过程中，除了开展劳动密集型产品的贸易外，中国应努力扩大技术密集型、资本密集型产品的贸易，同时在投资、服务方面注重渗透中国和谐文化、健康生活方式，以此逐步形成对中亚、西亚、海湾国家、东欧地区的经济引领和文化引领的优势。

第五，积极推进人民币国际化。人民币国际化是推动“丝绸之路经济带”建设的有力手段。在“丝绸之路经济带”沿线国家，人民币国际化已经取得积极进展。2010 年，中俄总理第十五次定期会晤决定在双边贸易中逐渐减少使用美元结算，而以本国货币作为贸易结算货币。2014 年 5 月 21 日，中国银行和俄罗斯第二大银行 VTB 在上海签署协议，内容包括在直接使用俄罗斯卢布和人民币结

---

① 张桂林，牟旭，何宗渝. 中欧铁路构筑丝绸之路经济带大动脉［N］. 中国信息报，2014-04-21（3）.

算等方面进行合作。VTB 方面称，中俄将在投资银行、银行间贷款、贸易融资、资本市场交易方面避免使用美元。乌克兰危机以来，俄罗斯在对外贸易方面推进“去美元化”，而中国是俄罗斯最大的贸易伙伴，因此，俄罗斯自然希望中国能支持。[①] 2014 年 3 月，中英、中德签署人民币清算和结算谅解备忘录。这些都为实现人民币国际化创造了条件。人民币国际化必然会增强中国在“丝绸之路经济带”的影响力和话语权，有利于推动投资贸易便利化。因此，中国应着眼于“丝绸之路经济带”建设全局，通盘谋划在“丝绸之路经济带”沿线国家推进人民币国际化的策略和方案，有计划地加以推进。

## 三、新疆与“丝绸之路经济带”建设

在“丝绸之路经济带”建设的战略全局中，新疆因历史、地理区位、文化等方面得天独厚的有利条件而具有不可替代的作用。加快新疆经济社会发展是建设“丝绸之路经济带”的重要战略举措，关乎“丝绸之路经济带”建设的成败。

### （一）新疆是我国建设“丝绸之路经济带”的核心区

2014 年 4 月，习近平总书记在新疆考察工作时明确提出，新疆“要抓住这个历史机遇，把自身的区域性对外开放战略融入国家‘丝绸之路经济带’建设、向西开放的总体布局中去”。2014 年 5 月，第二次中央新疆工作座谈会又进一步指出，新疆要“加强铁路等基础设施建设，发展现代物流，立足区位优势，建设好‘丝绸之路经济带’核心区”。新疆被国家赋予“丝绸之路经济带”建设核心区的战略定位。

新疆的地缘优势和资源优势决定其是“丝绸之路经济带”交通和能源通道的关键节点。新疆处于亚欧大陆的中心位置，是“丝绸之路经济带”三大通道在中国的交会地，是亚太与欧洲两大经济圈的重要节点和枢纽，拥有 17 个国家一类陆路开放口岸和 2 个航空口岸，已经具有初步的铁路、公路、航空和管道综合运

① 信息来自：http://www.guancha.cn/economy/2014_05_22_231663.shtml，华尔街见闻等。

输网络，是东联内地、西通亚欧最便捷的区域。未来，随着吉克普林中俄通道的打通，中巴铁路、中吉乌铁路的建成通车，沿边口岸开放开发水平进一步提高，新疆连通东西、沟通南北的枢纽作用将更加突出。

就资源开发来看，新疆矿产种类全、储量大，特别是油气资源开发潜力巨大。目前发现的矿产有 139 种，其中 41 种保有储量居全国前十位。石油、煤炭、天然气储量、风能、太阳能等清洁可再生能源可利用量居全国前列，是我国重要的能源生产区。中国与中亚地区在能源合作上互补性强，且双方能源合作态势良好，中哈石油管道、中国—中亚天然气管道的建设运行都具有广阔的前景。能源合作将成为“丝绸之路经济带”建设的突破口，[①] 而新疆参与国际能源合作开发、加工利用的前景非常广阔，对未来缓解我国能源供应和战略矿产资源不足具有重要意义。

同时，新疆还拥有开展国际经济合作的文化优势和政策优势。新疆作为“丝绸之路经济带”上东西方多元文化的交汇点，区域内少数民族众多，民族文化、宗教信仰等相互融合，新疆与中亚国家文化共生的人文优势是开展区域经济合作十分有利的条件。新疆是国家实施西部大开发的重点地区，也是我国对外开放的重要门户，是国家“海陆并进，东西互动”新型开放战略实施的关键区域。除了 19 个省市对口援疆外，国家还批准设立了喀什、霍尔果斯两个经济开发区，中哈霍尔果斯边境国际经济合作中心，在税收优惠、金融支持及土地利用等方面也给予了专门的政策优惠。特别是差别化产业政策，为新疆发展特色优势产业、积极选择承接东部转移产业、推动传统产业转型升级和发展战略新兴产业提供了巨大的政策支持。作为自治区首府，乌鲁木齐在新疆对内对外经济合作中起着不可替代的作用。乌鲁木齐不仅是新疆最大的商品集散地，而且是中亚地区重要的进出口贸易集散地，已成为世界投资者开拓中亚市场的重要平台，中国—亚欧博览会的成功举办就是一个示范。2012 年乌鲁木齐的 GDP、进出口总额分别占全新疆的 28.3%和 41.3%。[②]

---

① 庞昌伟. 能源合作：丝绸之路经济带战略的突破口［J］. 新疆师范大学学报（哲学社会科学版），2014，35（2）：11–18.

② 根据《新疆统计年鉴》（2013）的相关数据计算得到。

## （二）加快新疆经济社会发展的重点

新疆经济的发展和社会的稳定关系到全国改革发展稳定大局，关系到祖国统一、民族团结、国家安全，也关系到“丝绸之路经济带”的建设，关系到中华民族的伟大复兴。关于如何加快新疆经济社会发展已经有了大量的研究成果，在此基础上，笔者主要从以下两个方面阐述加快新疆经济发展的重点，作为对现有研究的补充。

1. 保持新疆社会稳定

回顾新疆多年的发展历程，稳定是发展的前提，是繁荣的基础，是最大的民生。这是历史实践所证明的真理。显然，维护新疆社会的稳定是建设“丝绸之路经济带”的重要保证。根据有关研究，新疆目前处于暴力恐怖活动频发阶段，稳定形势面临严峻挑战，新疆反分裂斗争和反恐怖斗争依然存在长期性、复杂性。[①] 2014 年 5 月，在北京举行的第二次中央新疆工作座谈会上，习近平总书记强调，社会稳定和长治久安是新疆工作的总目标。针对新疆将长期面对的稳定问题，笔者认为，一是要建立中国特色的消灭“三股势力”的机制，国家要敢于动用一切强力手段消灭境内外破坏新疆稳定和发展的“三股势力”。二是大力推进少数民族人口聚集区的现代化进程。包括用社会发展的现代化抵御极端宗教思想的渗透；大力促进少数民族劳动力培训与就业，提高少数民族自我发展能力，重点解决好少数民族少年儿童教育和中青年就业问题。三是执行相对平等的计划生育政策，稳定汉族人口数量，合理引导各民族人口的空间分布。四是在执法、行政管理及政治权利分配等领域，淡化民族意识。五是加快城镇化进程，推动各民族人民分享发展成果，促进各民族群众的融合与和谐生活。

2. 加快新疆经济发展

关于如何抓住“丝绸之路经济带”建设机遇，加快新疆经济发展，笔者认为需要进一步做好以下工作：

第一，加快现代化快速交通网络建设，提升新疆作为“丝绸之路经济带”重要交通枢纽的功能。一是建设连通内地和中亚国家的高速铁路、铁路货运专线、高速公路建设。目前，新疆连接国外的铁路是阿拉山口和霍尔果斯的铁路，整个

① 2013~2014 新疆经济社会形势分析与预测［M］. 乌鲁木齐：新疆人民出版社，2013.

新疆铁路并未成网，需要尽快打通铁路外运通道，包括启动中吉乌铁路；同时，加快中吉乌公路、塔乌公路、京新高速公路建设，形成新疆联通国内外的多种交通通道。二是大力发展连通内地和“丝绸之路经济带”沿线国家的航空线路建设。加快新疆航空市场对外开放的步伐，允许更多的国外航空公司进入新疆民航市场，积极吸引外资投资机场建设并进行客货运输，重点提升乌鲁木齐和喀什机场的运能。三是创新出入境管理，探索实施对“丝绸之路经济带”沿线国家的落地签证制度，提高通关效率，提升新疆客货运输服务的便捷性。四是加强能源管网建设。重点推动中乌、中吉、中塔、中伊巴石油和天然气管道建设。

第二，大力发展面向“丝绸之路经济带”的制造业。建议国家采取包括税收优惠、土地供给等在内的多种措施，引导东部发达地区的劳动密集型和部分资源密集型产业，以及装备制造业、高技术制造业向新疆转移；同时，针对“丝绸之路经济带”不同的市场情况，鼓励发展满足不同文化和宗教需求的消费性产业。鼓励大型企业、特色产业集群把新疆作为开拓“丝绸之路经济带”的前沿基地。

第三，改革税收政策，增强新疆的自我发展能力。重点是增大新疆分享资源开发收益的比例；改革不合理跨区域企业税收征收办法，增加新疆地方的税收收入。通过这些举措，增强新疆发展的地方财力。

第四，大力提升新疆的金融发展能力。主要包括：支持将乌鲁木齐建设成辐射中亚区域的国际性金融中心；将新疆作为“丝绸之路经济带”人民币国际化的试点区域，加快人民币的国际结算进程；依托“丝绸之路经济带”石油、天然气等能源资源优势和国家能源资源陆上大通道的有利条件，在新疆建立国际石油交易中心以及配套的人民币结算中心，完善运作机制，增强中国进口石油资源的话语权和定价权；探索设立“丝绸之路经济带”产业投资基金，为国内企业参与“丝绸之路经济带”建设、到沿线国家投资，提供多元化的金融服务。

第五，大力提升新疆的国际贸易与经济合作的服务能力。特别是针对中亚国家、南亚国家、西亚和海湾国家，以及俄罗斯等，开展系统性的商贸、文化、政治等研究，为国内其他区域及企业提供信息服务，同时积极向“丝绸之路经济带”沿线国家提供有关中国的信息服务。大力培养面向伊斯兰国家及俄罗斯等国的外经贸人才。积极发展通关、翻译、会计、法律等有关的专业服务，同时大力发展运输、仓储等现代物流服务业。

## 四、总结

概括本章上述三个方面的分析，我们获得了以下几点认识：

第一，建设“丝绸之路经济带”事关中国崛起大局。推动“丝绸之路经济带”建设，既利于中国摆脱目前东亚地缘政治和安全困局的干扰，又利于开拓新的发展战略空间，增强中国在国际经济和政治格局中的自由度与话语权。综合历史基础、经济、安全、政治和文化等多方面国际因素的变化，笔者认为，中国推动“丝绸之路经济带”建设正当其时，具备多重有利条件和优势。因此，要不失时机地推动“丝绸之路经济带”建设。

第二，建设“丝绸之路经济带”，中国需要分别采取国际和国内两大策略。在国际方面，主要是以快速交通网络、能源供给网络、旅游合作为先导，由易到难，推进与“丝绸之路经济带”沿线国家的经济合作；加强“丝绸之路经济带”的制度建设；创新合作方式，推进共同发展式的贸易与产业合作；注重社会文化的合作交流，使“丝绸之路经济带”不再重蹈“政冷经热”的覆辙。在国内方面，要及时建立国家层面的统筹协调机制；推动形成西向开放合作的观念；鼓励全国各区域参与“丝绸之路经济带”建设，允许适度竞争，激发各区域的创新活力；重视提升西向开放合作的层次，提高合作发展水平；积极推进人民币国际化，使之成为建设“丝绸之路经济带”的有力手段。

第三，新疆是建设“丝绸之路经济带”的核心区。首先，需要维护新疆社会稳定，加快新疆社会发展的现代化进程，形成各民族人民和谐共处、共同建设、共享发展成果的局面。其次，以现代化交通网络建设、加快制造业发展、改革税收体制、加快金融发展，以及提升国际商贸和经济合作服务能力等为重点，推动新疆经济快速发展。

**参考文献**

[1] 杨守业，阎衍. 西北经济开发区的发展开放与丝绸之路的复兴 [J]. 丝绸之路，1995 (1)：16-19.

[2] 曹鸿，严国荣，席平.“新丝绸之路”开发的近期目标——关于建立连云港西安港务区的可行性研究[J]. 唐都学刊，2002，18（2）：23-26.

[3] 朱显平，邹向阳. 中国—中亚新丝绸之路经济发展带构想[J]. 东北亚论坛，2006，15（5）：3-6.

[4] 南长森.“丝绸之路经济带”与区域传播研究[J]. 新闻研究导刊，2013（12）：54-57.

[5] 何茂春，张冀兵. 新丝绸之路经济带的国家战略分析——中国的历史机遇、潜在挑战与应对策略[J]. 学术前沿，2013（12）：6-13.

[6] 胡鞍钢，马伟等.“丝绸之路经济带”：战略内涵、定位和实现路径[J]. 新疆师范大学学报（哲学社会科学版），2014，35（2）：1-10.

[7] 卫玲，戴江伟. 丝绸之路经济带：超越地理空间的内涵识别及其当代解读[J]. 兰州大学学报（社会科学版），2014（1）：31-39.

[8] 王保忠，何炼成等.“新丝绸之路经济带”一体化战略路径与实施对策[J]. 经济纵横，2013（11）：60-65.

[9] 杨恕，王术森. 丝绸之路经济带：战略构想及其挑战[J]. 兰州大学学报（社会科学版），2014，42（1）：23-30.

[10] 高志刚.“丝绸之路经济带”框架下中国（新疆）与周边国家能源与贸易互联互通研究构想[J]. 开发研究，2014，170（1）：46-50.

[11] 王海运.“丝绸之路经济带”建设与中国能源外交运筹[J]. 国际石油经济，2013（12）：18-20.

[12] 庞昌伟. 能源合作：丝绸之路经济带战略的突破口 [J]. 新疆师范大学学报（哲学社会科学版），2014，35（2）：11-18.

[13] 纪寿文. 构建大陆桥物流服务体系推动“丝绸之路经济带”发展[J]. 大陆桥视野，2013（9）：51-53.

[14] 王争鸣.“丝绸之路经济带”铁路通道发展战略研究[J]. 铁道工程学报，2014，184（1）：24-31.

[15] 南宇，杨阿莉. 西北丝绸之路区重点旅游城市梯度开发研究[J]. 干旱区资源与环境，2010，24（9）：161-167.

[16] 朱苏荣. 丝绸之路经济带的金融支持[J]. 中国金融，2013（24）：77-78.

[17] 姚瑛. 市商业银行在丝绸之路经济带发展中的策略研究[J]. 财经界，2014（1）：14-15.

# 第七章 “丝绸之路经济带”的产业空间布局*

产业是经济发展的重要支撑，“丝绸之路经济带”被提出以来，经济带沿线的各省区市已纷纷开始布局，提出了基于“丝绸之路经济带”的产业发展战略与布局构想，以期分享政策红利。而合理的产业空间布局是“丝绸之路经济带”发挥规模效应和扩散效应的基础。因此，沿途各地区、国家、省份及辐射区域应以各自比较优势产业为切入点，遵循产业布局的原则，进行优势产业层次划分与布局，处理好经济带局部与整体的产业发展关系，避免产业布局同质化和雷同化，造成产能过剩与恶性竞争，从全局视角三个层面以创新的合作模式构建“丝绸之路经济带”产业空间布局，使“丝绸之路经济带”成为勾画世界经济新版图的新动力。

## 一、“丝绸之路经济带”地理空间界定

自 1877 年德国地理学家李希霍芬（F. von Richthofen）提出“丝绸之路”概念和 1967 年日本学者三杉隆敏提出“海上丝绸之路”以来，几经沉浮，关于丝绸之路的经济、文化、历史等研究又成为学术界研究的热点问题之一。从丝绸之路的地理空间来看，“丝绸之路经济带”就是在古丝绸之路的基础上形成的一个新的经济发展区域，结合丝绸之路形成与发展的历史阶段和地理空间范围，从空

* 原文题目：《丝绸之路经济带：优势产业空间差异与产业空间布局战略研究》。作者：兰州大学经济学院郭爱君、毛锦凰。有改动。

间与时间维度清晰界定“丝绸之路经济带”对后续研究与经济带发展具有重要的理论与现实意义。

## （一）古丝绸之路

古丝绸之路包括陆上古丝绸之路和海上古丝绸之路。陆上古丝绸之路是一条自中国长安（西安）通往西方直达罗马帝国的长达7000英里的贸易通道，包括北线、中线和南线三条主要线路，这些线路都由中国长安（西安）出发，经过中国甘肃的河西走廊，到达位于塔克拉玛干沙漠边缘地带的中国敦煌，从南北两个方向绕过塔克拉玛干沙漠进入中亚，途经西亚，最终到达地中海和波罗的海沿岸的欧洲国家及南下至非洲部分国家。随着时代的变迁，这些线路也发生着变化。陆上古丝绸之路承载着包括丝绸、茶叶、瓷器等商品的运输与贸易，是当时中国与世界其他国家经济贸易往来和社会文化交流的主要陆上通道。

海上古丝绸之路始于秦汉，兴盛于唐宋，在明初达到顶峰，在明朝中叶因海禁而衰落，是古代中国进行海外贸易的连接延伸。主要有三大航线：由中国沿海港口至日本、朝鲜的东洋航线，到达东南亚诸国的南洋航线及到达南亚、中亚、西亚和东非沿海诸国的西洋航线。陆上古丝绸之路与海上古丝绸之路相得益彰，成为当时中国与世界各国贸易往来和文化交流的主要通道。

## （二）广义的“丝绸之路经济带”

2013年9月7日，中国国家主席习近平在哈萨克斯坦纳扎尔巴耶夫大学提出共同建设“丝绸之路经济带”的战略构想。从广义的地理纬度来看，“丝绸之路经济带”应包含陆上丝绸之路与海上丝绸之路两个空间范畴。陆上丝绸之路经济带东端连着充满活力的亚太地区，中间串着资源丰富的中亚地区和发展潜力巨大的中国，西边通往欧洲发达经济体，初步形成了以新亚欧大陆桥[①]为主的北线、以石油天然气管道为主的中线（阿特劳—阿塔苏—阿拉山口）和以跨国公路（欧洲E40号公路和亚洲AH5公路—西安—连云港）为主的南线三条线路。

---

① 新亚欧大陆桥：东起中国日照和连云港等港口，向西经陇海、兰新线的徐州、武威、哈密、吐鲁番到乌鲁木齐，再向西经北疆铁路到达我国边境的阿拉山口，进入哈萨克斯坦，再经俄罗斯、白俄罗斯、波兰、德国，西至荷兰的世界第一大港鹿特丹港。这条大陆桥跨越亚欧两大洲，联结太平洋和大西洋，全长约10800千米，通向中国、中亚、西亚、东欧及西欧30多个国家和地区，是世界上最长的一条大陆桥。

陆上丝绸之路由东到西沿途经过东亚5国、中亚5国和西亚20国等共30多个国家，覆盖近30亿人口，沿线国家经济互补性强，互利共赢的合作潜力巨大，并且辐射欧洲、东南亚、非洲的10余国，是目前世界上最长、最具发展潜力的经济大走廊。而与陆上丝绸之路经济带相对应和连接的海上丝绸之路，以中国东海和南海为起点，东通日本、朝鲜半岛，西经东南亚、印度洋地区，直至西亚、东北非，穿越地中海和黑海进入欧洲，是沿途经过20余国、覆盖超过15亿人口的海上贸易大通道，最终与陆上丝绸之路形成一个闭合的经济圈。

### （三）狭义的"丝绸之路经济带"

中国提出"丝绸之路经济带"的战略构想主要是为了加强中国—中亚互联互通和贸易往来，为中国西部提供一个开放通道，实现西部再次大开发与大开放，促进西部地区经济社会全面发展，缩小东西部发展差距。2013年12月14日，中华人民共和国国家发展和改革委员会与中国外交部联合召开的"推进丝绸之路经济带和海上丝绸之路建设"座谈会，初步入围"丝绸之路经济带"的中国省市区主要包括西北五省区（陕西、甘肃、宁夏、青海、新疆）、西南四省区市（四川、重庆、云南、广西）和东部五省（江苏、浙江、广东、福建、海南）共14个省区市。因此，狭义的"丝绸之路经济带"仅限于中国14省区市与中亚五国及部分区域，是目前通往中东与欧洲和连接亚太与欧洲经济圈的陆上大通道。

从国家层面来看，主要包括中国与中亚五国（哈萨克斯坦、塔吉克斯坦、土库曼斯坦、乌兹别克斯坦东部、吉尔吉斯斯坦）；从地域层面来看，主要是新亚欧大陆桥中国—中亚段沿线地区，中国西部九省区市和东部五省、哈萨克斯坦的阿拉木图省、塔吉克斯坦北部地区、土库曼斯坦西南部、乌兹别克斯坦东南部地区、吉尔吉斯斯坦中部地区，最后至荷兰的鹿特丹港；从节点层面来看，重要节点城市从中国的东南沿海到中亚五国依次有：海口、昆明、南宁、广州、福州、杭州、成都、重庆、连云港、南京、西安、银川、兰州、西宁、乌鲁木齐、阿拉山口、阿拉木图、比什凯克、塔什干、杜尚别、阿什哈巴德等20多个城市。

从长期发展战略来看，"丝绸之路经济带"是将亚太经济圈和欧洲经济圈通过陆路和海路连接起来的经济大通道，是21世纪世界经济增长的新引擎。从短期来看，实现中国—中亚互联互通是"丝绸之路经济带"的先期目标，以新亚欧大陆桥为轴线，以上海、连云港、郑州、西安、乌鲁木齐及中亚核心城市为节点，以沿途辐射区域和国家已有的城市群为域面，形成点、线、面协调发展的经济圈。本章将以狭义“丝绸之路经济带”为研究范围，从战略角度对“丝绸之路经济带”的产业空间布局进行探索分析。

## 二、“丝绸之路经济带”空间布局与优势产业分析

“丝绸之路经济带”的繁荣与发展，无论从广义的层面还是狭义的层面，都需要以产业为依托，根据经济带现有产业的差异性与特点，准确定位经济带的空间功能，探索“丝绸之路经济带”产业空间布局模式，实现产业空间布局的合理性与科学性。

### （一）空间布局模式选择

1. 增长极模式

增长极理论是由法国经济学家佩鲁在 1950 年首次提出的，该理论认为，在一国经济增长过程中，不同产业的增长速度是不同的，主导产业和新兴产业会在一个地区优先发展、聚集，然后向周边地区扩散，通过极化效应、支配效应、扩散效应和乘数效应对周边地区形成强大的辐射力，带动周边地区的发展。这种产业空间布局模式是一种据点式开发布局模式，适用于地区或国家初级发展阶段。“丝绸之路经济带”被提出以来，整个经济带处于构建当中，经济带沿途地区与国家处在不同的经济发展阶段，自然资源、经济发展水平、文化水平、风俗习惯等都具有很大的差异性，虽然形成了一些增长极，但都是以国家为界限，整个经济带的增长极分布松散，缺乏规模效应，极化效应和扩散效应不强。因此，从整个“丝绸之路经济带”的角度，需要重新定位增长极的功能与规划，优化原有优势产业聚集区和形成新的产业聚集区，培育经济带新的增长极，以发挥对经济带的辐射带动作用，为经济带点轴产业空间布局奠定基础。

2. 点轴布局模式

点轴模式是增长极布局模式的延伸，随着经济的发展，增长极或增长点会逐渐增多，由于空间生产要素流动性的需要，铁路、公路、管线等交通基础设施会得到快速发展，从而将增长极的点相互连接起来，形成点轴产业布局，并通过吸引周边产业不断积聚，最终形成点轴系统，促进区域经济发展。由于分布在点轴上的城市或产业的梯度差异，会形成不同等级和规模的点轴系统，从而对周边地区形成不同的辐射和带动作用。因此，该模式适用于整个经济带和空间产业布局，尤其是未形成产业带的经济区域。由于"丝绸之路经济带"沿途区域或国家经济发展能量不同，现有的增长极或区域点轴系统还未形成以点带轴或以轴促面的经济带，就需要以整个经济带为背景，选取具有比较优势和区域优势的产业，依托核心城市或城市群形成增长极，通过经济带的交通网络将这些增长极或产业点连接成线，采取渐进式轴线延伸开发战略，最终形成点轴系统，为经济带的产业网络布局奠定基础。

3. 网络布局模式

网络布局是点轴布局模式进一步发展的结果。随着经济的发展，点轴的密度会不断扩大，将形成不同等级的点轴系统，各个等级的点轴因为商品生产、流通、销售等需要，与周围的其他点轴发生横向与纵向的各种联系，在点与点、轴与轴、点轴之间形成错综复杂的网络布局模式。网络布局模式是区域经济发展到较高阶段的产物，产业空间布局往往表现出集中与分散的多重良好组合，网络组成节点较好发挥了各自的比较优势，反过来促进区域内生产要素交流的广度和深度，推动区域经济一体化和区域经济技术优势的交互辐射，促进生产要素的合理调整与组合。"丝绸之路经济带"以增长极布局模式为驱动，以沿途大城市和核心经济区为节点，通过增长极的极化效应与扩散效应，形成"丝绸之路经济带"的多条差异化点轴系统，带动周围产业与经济发展，推动经济带产业布局向网络化模式过渡，从而实现经济带产业升级和产业结构优化调整，在经济带上形成梯度产业布局，为后期经济带产业梯度推移和产业转移升级奠定基础。

4. 产业梯度推移布局模式

增长极模式通过扩散效应和极化效应逐渐发展而来的点轴产业布局，经过进一步的扩散效应和规模效应，形成了互联互通的网络布局，每个增长极或点轴系统经济技术水平的差异将导致产业空间发展不平衡，在某一区域形成经济技术梯度，而根据经济技术梯度推移理论，梯度一旦形成，产业布局将会从高梯度向低梯度推进。因此，产业空间布局需要从本地区的现实梯度出发，优先发展高梯度地区，通过产业梯度推移模式带动低梯度地区产业发展。“丝绸之路经济带”就整体而言，虽然在沿途形成了以大城市或城市群为节点的增长极和以交通干线为轴线的点轴产业系统，但还未形成完备的产业网络和产业梯度，沿途地区与国家只是在小范围内进行梯度推移与产业的转移升级，就整体而言，产业布局还处在增长极成长与点轴布局形成阶段。在经济带上的经济技术梯度未形成之前，需要对整个经济带按照经济发展水平和各自的优劣势制订中长期的经济技术梯度发展规划，将经济带置于全球经济发展战略之中，以此为依据进行产业空间梯度推移布局，在经济带上形成各自的绝对优势产业和全球相对比较优势产业。

## （二）经济带层面优势产业分析

“丝绸之路经济带”被提出以来，沿线地区、国家和省区市纷纷制定了发展战略，加强区际交流与合作。例如，中国和中亚五国几个大城市举行的“丝绸之路经济带城市论坛”，陕西省的“排头兵”与枢纽战略，甘肃省的黄金段和大景区战略，新疆的支点定位战略，连云港和乌鲁木齐东西“桥头堡”战略，兰州新区的国家增长极战略。这些区域大都围绕仓储运输、商贸物流、区域金融、旅游集散和文化交流等产业进行空间布局，但在布局中由于沟通不足、定位不准，缺乏整体战略，难免出现产业布局重复雷同。因此，找准优势、准确定位，不但有利于区域经济发展，对推动“丝绸之路经济带”整体发展也具有重要的战略意义。

从“丝绸之路经济带”层面分析沿线国家所拥有的优势产业及发展状况对制定经济带产业空间布局战略具有重要的现实意义。从地理地形来看，中亚五国既有处于亚欧通商要道的会合点，也有以高山著称和被沙漠覆盖的内陆国家，几乎涵盖了平原、高原、沙漠、绿洲、盆地等所有地形地貌，总面积 400.8 万平方千米，总人口 6000 万，矿产资源丰富，在世界版图中具有重要的战略地位，发展潜力巨大。从资源与能源分布来看，中亚五国和中国西部地区大都以石油、天然气、有色金属、稀有金属等为主，由此带来了以石油化工、采矿、电力、有色金属、机器制造等为主的重工业和加工工业产业格局，工业占比较高（见表 7–1），而且中亚五国的资源密度远远高于中国西部地区。

**表 7–1　中国与中亚五国资源及产业状况**

| 国家或地区 | 资源状况 | 优势产业 | 工业占比（%） |
|---|---|---|---|
| 哈萨克斯坦 | 石油、天然气、钨、铀、铬、锰、铅、铁、铜、锌、铝、金 | 石油天然气开采、冶金和深加工、交通运输和通信、电力工业 | 39 |
| 塔吉克斯坦 | 水资源、铅、锌、锑、钼、钨、铜、银、金、煤、铁、岩盐、萤石 | 采矿业、冶金、水电、化学工业、轻工业 | 26 |
| 土库曼斯坦 | 石油、天然气、芒硝、碘、有色及稀有金属 | 石油天然气开发、电力、化学工业、纺织业、农牧业 | 48 |
| 乌兹别克斯坦 | 天然气、石油、煤炭、有色金属、非金属矿产资源 | 石油化学工业、冶金工业、机械制造工业、电力、化学工业 | 32 |
| 吉尔吉斯斯坦 | 金、钨、锡、汞、锑、铁、水资源 | 采矿业、电力、煤炭、机械制造 | 26 |
| 中国西部 | 煤、石油、天然气、铁、锰、铬、金、铜、铝等有色金属、稀有金属和非金属矿产 | 石油化工、采矿、冶金、建筑装备制造等 | 39 |

资料来源：新疆维吾尔自治区商务厅门户网站，http://www.xjftec.gov.cn；世界银行数据库（2009~2013）；中经网统计数据库（2013）。

根据世界银行发布的《2013 年世界各国人均国内生产总值排名报告》，哈萨克斯坦人均 GDP 为 9730 美元，属于中等发达国家行列；土库曼斯坦和中国的人均 GDP 大体相当，同属于发展中国家；而乌兹别克斯坦、吉尔吉斯斯坦、塔吉克斯坦人均 GDP 在 1000 美元左右，经济发展水平相对落后。中亚五国的自然条件、地形地貌、资源分布、经济发展水平等与中国西部，尤其是中国西北部十分相似，加之中国和中亚的双边贸易不断发展，也为中国和中亚进行能源等经贸合作提供了良好的平台。2012 年，中国和中亚五国双边贸易总额达到 460 亿美元，同比增长了 13.7%，目前，中国已成为哈萨克斯坦和土库曼斯坦最大的贸易伙伴，也是乌兹别克斯坦和吉尔吉斯斯坦的第二大贸易伙伴，以及塔吉克斯坦的第三大贸易伙伴。因此，“丝绸之路经济带”的构建不仅为中国—中亚经贸往来提供了良好的平台，也为亚太和欧洲发达经济体互联互通和优势互补提供了广阔的合作空间。

## （三）国家层面优势产业分析

从国家层面来看，“丝绸之路经济带”主要包括哈萨克斯坦的阿拉木图省、塔吉克斯坦北部地区、土库曼斯坦西南部地区、乌兹别克斯坦东南部地区、吉尔吉斯斯坦中部地区、中国西部九省区市和东部五省。途经区域大部分都是一国的政治、经济、文化中心或者能源资源汇集地和交通交会点，具有较大的资源和区位优势（见表 7–2）。

**表 7–2 “丝绸之路经济带”途经区域发展优势及优势产业**

| 地区 | 发展优势 | 优势产业 |
|---|---|---|
| 阿拉木图省 | 哈萨克斯坦的政治、经济、文化中心 | 金融业、商业、轻工业、机械制造、交通运输等 |
| 塔吉克斯坦北部地区 | 三国交汇区 | 机械加工、机器制造、交通运输、食品加工等 |
| 土库曼斯坦西南部地区 | 以阿什哈巴德为中心 | 电力、食品加工、轻工、机械制造、金属加工、交通运输、文化产业等 |
| 乌兹别克斯坦东南部地区 | 政治、经济、文化中心 | 电力、航空、机械制造、金属加工、建材、轻工等 |
| 吉尔吉斯斯坦中部地区 | 欧亚大陆的腹地 | 交通运输、食品加工、纺织业等 |
| 中国西北五省份 | 自然资源、旅游资源等 | 石油化工、煤电产业、原材料加工、特色农牧业、旅游业等 |
| 中国西南四省份 | 自然条件复杂，资源丰富 | 冶金、机械、化工、军工、林牧业、水电、特色旅游等 |
| 中国东部五省份 | 区位优势 | 交通运输、金融等第三产业 |

资料来源：根据《中国地区发展报告》（2012~2013）和《中亚国家发展报告》（2013）整理。

哈萨克斯坦的阿拉木图依靠区位优势形成了以金融业、商业、轻工业、机械制造、交通运输业等为主的产业体系；塔吉克斯坦北部地区处于三国的交汇处，机械加工、机器制造、交通运输、食品加工等产业得到较好发展；以阿什哈巴德为中心的土库曼斯坦西南部地区形成了以电力、食品加工、轻工业、机械制造和金属加工、交通运输、文化产业等为主的产业体系；以塔什干为中心的乌兹别克斯坦东南部地区，利用资源优势大力发展电力、航空、机械制造、金属加工、建材、轻工等产业；位于欧亚大陆腹地的吉尔吉斯斯坦中部地区利用地理优势发展交通运输业、食品加工和纺织业；中国的新疆维吾尔自治区、甘肃省、青海省、宁夏回族自治区、陕西省、四川省及重庆市，利用丰富的自然资源，形成了以石油化工、采矿业、有色金属加工、装备制造业等为主导的优势产业，还有各省区市根据各自优势条件形成的特色农畜产品及加工产业和特色旅游业；而中国东部地区主要以金融、交通运输等产业为主，为西部地区提供资金和技术支撑。从优势产业的相似性来看，中亚五国与“丝绸之路经济带”中国段西部省区市的优势产业都主要集中在石油、天然气、采矿、资源开发、机械加工制造、有色金属等重化工业。

中亚五国与中国西部九省区市在能源资源等领域高度的相似性将为经济带能源合作提供平台，而中国东部相对发达的轻工业和第三产业对生产要素的大量需求，不仅为中亚及中国西部地区提供了广阔的商品供给和要素需求市场，也为亚太经济圈对接经济带奠定了经济基础。因此，经济带沿途区域与国家应该以各自优势产业为出发点，加强产业政策沟通，求同存异、互惠互利、优势互补、协同合作，实现经济带产业布局的合理化与科学化。

### （四）节点层面优势产业分析

"丝绸之路经济带"从东到西沿线途经的重要节点城市包括海口、昆明、南宁、广州、福州、杭州、成都、重庆、连云港、南京、西安、银川、兰州、西宁、乌鲁木齐、阿拉山口、阿拉木图、比什凯克、塔什干、杜尚别、阿什哈巴德等 20 多个重要城市，这些城市一般都是经济带沿线国家的首都所在地或省区市首府所在地，是重要的政治、经济、文化中心，也是具有较强自我发展能力和辐射能力的大城市或城市群。

从地理空间上看，这些节点城市将经济带划分为以连云港、西安、兰州、乌鲁木齐、中亚节点城市为节点的经济带北线和以南京、杭州、福州、广州、南宁、海口为节点的南线，并通过成都和重庆两个节点城市相连接，形成一个横跨西北五省、对接东部五省、连通西南四省、辐射中部省份进入中亚的"一点一带两群"的空间格局①。

阿拉木图是哈萨克斯坦最大的商业中心，是中亚的金融中心和交通枢纽；吉尔吉斯斯坦首都比什凯克是全国的政治、经济、教育、文化中心，也是连接中国与欧洲的交通中心；乌兹别克斯坦首都塔什干是中亚最大的交通枢纽之一和该国最大的工业城市，四通八达的交通网络和发达的工业使其成为"丝绸之路经济带"沿线重要的节点城市；沙漠绿洲之城——杜尚别是塔吉克斯坦的首都，主要以纺织、食品加工和机械制造为主要产业，是人口少、城市环境优美的现代化城市；土库曼斯坦首都阿什哈巴德也是中亚的重要交通要道，电力、机械制造和食

---

① 一点一带两群："一点"指川渝经济区；"一带"指昆明、南宁、广州、福州、杭州、成都、重庆、连云港、南京、西安、银川、兰州、西宁、乌鲁木齐、阿拉山口、阿拉木图、比什凯克、塔什干、杜尚别、阿什哈巴德沿线城市构成的经济带；"两群"指长三角城市群和珠三角城市群。

品加工等轻工业较为发达；从中亚进入中国的第一个大城市乌鲁木齐是新疆的首府所在地，依托新疆丰富的石油等自然资源，乌鲁木齐不仅是新疆的商品集散地也是中亚地区重要的贸易集散地，是“丝绸之路经济带”的西“桥头堡”；中国内陆城市兰州、西安和郑州，依靠各自的区位优势和产业优势都成为经济带不可或缺的重要节点，其中国家级新区兰州新区正成为甘肃乃至西部经济增长的新引擎，西安正在大力发展高新技术产业和航空航天工业，加上丰富的古迹旅游资源而成为经济带上的核心城市，郑州四通八达的交通网络成为东部地区嵌入“丝绸之路经济带”和连接海上丝绸之路经济走廊的大通道；作为“丝绸之路经济带”东方“桥头堡”的连云港，位于中国东南沿海的中部，东邻东北亚、南连长三角、西连中西部、北接渤海湾，处于贯通南北、连接东西的战略节点，是实现“丝绸之路经济带”与“海上丝绸之路”经济走廊无缝对接、打通亚太经济圈与欧洲经济圈的基础保障。因此，应以节点城市优势产业为基础、以交通网络为轴线，通过产业分工与协作发挥节点城市或城市群的规模效应与扩散效应。

## 三、“丝绸之路经济带”产业空间布局战略思路

“丝绸之路经济带”产业空间布局不仅要立足于各区域的比较优势，更要在市场导向与政府调节、效率优先和发挥比较优势、资源节约与可持续发展的原则下处理好以下几个方面的关系，以确保经济带产业空间布局的合理性和科学性，从而避免产业空间布局的同质化。

### （一）经济带发展与产业空间发展的关系

产业活动是以不同的空间为支撑，而异质性是空间的基本特征，包括自然环境的差异、资源分布的差异、经济发展水平的差异等，从而决定了空间产业布局需要从全局出发，统筹兼顾，实现区域或国家产业分布合理化与整体综合利益最优化。从国家层面来看，“丝绸之路经济带”沿途各国，基本上都是发展中国家，部分还是转轨国家，经济发展尚处于起步阶段，资金、技术普遍匮乏。因此，沿途各国必须根据自身优势产业，明确在“丝绸之路经济带”中的角色与地位，加

强政策沟通，尤其是产业政策沟通，避免产业布局的同质化，实现产业优势互补和综合利益最大化。

1. 处理好优势产业优先与经济带产业协调发展的关系

由于自然环境与社会环境的差异，经济带沿线各区域、国家、省份在长期发展过程中形成了不同的优势产业，中亚五国除了哈萨克斯坦属于中等发达国家之外，其他四国都属于发展中国家，经济发展水平较低，石油天然气等自然资源丰富，形成了以石油化工、机械制造、采矿加工等为主的主导产业，轻工业和第三产业相对落后，而“丝绸之路经济带”中国段，除了经济发展水平较高的东部省份，广阔的西部地区和中亚五国在自然条件、自然资源、经济发展水平、优势产业方面具有很高的相似性。因此，在定位各自主导产业和产业布局方面，既要照顾经济效益和投资效率较高的产业，优先发展、重点布局，又要在产业空间布局上尽可能地照顾产业之间的互补作用，优先发展能够形成经济带内部有效价值链连接的优势产业，加强政策沟通，进行统筹协调布局。既减少产业对有限优质资源的浪费与冲突，又尽量避免区域之间产业布局的无序低效竞争，促进经济带产业协调发展。

2. 处理好经济效率优先与经济带协调发展的关系

产业的空间发展过程总是先在某一区域聚集，然后再向其他区域扩散。自然环境、资源状况和经济发展水平的差异性决定了产业空间布局的非均衡性，某些地区或国家只适合一种产业或一组产业的发展，只能选择相对比较优势最大的产业作为区域的基础产业或主导产业，在经济带整体发展水平较低阶段，经济发展往往表现出集中发展的极核形态，形成了若干个以节点城市或产业区为核心的增长极，以获取经济带的规模效应和极化效应；到了经济带发展的高级阶段，增长极的扩散效应就会缩小区域经济发展差距，促进经济带辐射区域的经济发展。因此，“丝绸之路经济带”沿途区域或国家的产业布局都是优先考虑提高自身经济效益，在局部效益和经济带整体效益相悖的情况下，如何重新整合原有的优势产业，以形成增长极，通过极化效应和扩散效应带动经济带及辐射区域点、线、面经济全面协调发展，是尤为重要的。

3. 处理好比较优势利益与经济带整体经济利益的关系

产业空间布局应该将发挥经济带沿途区域比较优势与促进经济带整体经济利益提升相结合。根据区域自然条件、自然资源、经济发展水平等区域比较优势，因地制宜选择最适合本地区发展的产业，挖掘经济发展潜力，以同等投入获取最大经济利益。因此，在产业布局时，应充分借助交通物流网络，以自身优势资源为布局依据，以所处经济带的空间功能为基础，从经济效益最大化出发，择优选择产业区位，从经济带全局视角进行产业布局，避免布局的同质化，防止布局不当造成效率低下和产能过剩。中国西部与中亚五国在产业空间布局方面既有竞争又有合作的基础，借助中亚丰富的资源，西部地区在进行资源能源合作的同时，应加强仓储运输与经济合作交流软硬件建设，为经济带西能东输创造条件。因此，合理的产业空间布局将是“丝绸之路经济带”迅速崛起与发展的重要前提，也是沿途区域与国家产业结构调整和经济增长的主要驱动力。

4. 处理好经济带经济利益与可持续发展的关系

产业空间布局不仅要追求经济效益的最大化，而且还应该重视生态环境保护和社会效益的提高，实现经济社会的可持续发展。“丝绸之路经济带”沿线及辐射区域大都是资源密集型的区域，生态环境脆弱，甚至属于国家限制开发与禁止开发区，资源环境的承载能力低下，石油天然气等不可再生资源的开发产生了大量废弃物，自然生态环境面临着越来越严重的破坏与损害，甚至到了无法进行自我修复的临界点，从中摄取的经济利益可能会远远低于将来对生态进行修复的成本。因此，经济带产业空间布局在考虑经济利益的同时，必须注意节约资源和保护生态环境，防止资源的过度开发和对环境的过度破坏，从人类可持续发展的视角处理经济带生态环境保护与经济发展的关系，在获取经济带最大经济利益的同时，应以自然、经济、社会的协调可持续发展为出发点，进行合理的产业空间布局。

## （二）经济带产业空间布局基本思路

以产业空间布局理论模式为依据，以产业空间布局原则为指导，以经济带空间优势产业为依托，以构建睦邻友好带和战略稳定带作为主要支撑，以双边及多边大小合作项目为基本载体，以实现互联互通为基本内容，以上海合作组织为平台，对“丝绸之路经济带”所涉及的区域、国家和重要节点及辐射区域进行产业空间布局，处理好经济带整体发展与局部利益之间的关系，推动开发投资、能源合作、商品贸易、人文交流，以点带面形成国家经济增长带，从线到片形成区域经济大合作，以产业协调和区域协调发展为目标，实现两大经济体的互联互通，推动“丝绸之路经济带”成为全球经济增长和中国西部大开发与大开放的新引擎。

1. 经济带层面产业空间布局战略思路

“丝绸之路经济带”沿途各国，基本上都是发展中国家或转轨国家，自然条件复杂，矿产资源丰富，生态环境脆弱，经济发展尚处起步阶段，资金、技术普遍匮乏。从产业结构来看，主要以采矿、石油化工、机械制造等产业为主，产业同质化现象严重，如中亚五国大都以石油天然气、采矿、冶金、有色金属、装备制造等产业为主导产业；中国西部地区也是以自身资源优势进行产业布局，形成了石油化工、采矿冶金、装备制造等主导产业，然而资源的开发输出并没有获得预期的经济效益和社会效益，甚至扩大了东西部经济发展差距。因此，从经济带的角度进行产业空间布局，应遵循市场导向与政府调节的原则，探寻如何将资源优势转化为产业优势，加强产业政策沟通，避免产业布局同质化，将资源优势转为产业优势和经济优势。

从经济带的产业空间布局来看，以中国西北五省份和中亚五国为资源能源开发、加工区的西部区域与东部五省份和西南沿海两省份形成的东部区域，通过四川和重庆连接起来，形成资源、市场、要素互补的合作通道和东西呼应的“丝绸之路经济带”产业梯度格局，使得中国和中亚五国不但能够形成能源合作的共赢机制，更好发挥各自的比较优势，而且中亚五国可以利用中国相对的资金和技术优势，为其在资源开采开发方面提供强有力的支持，帮助其搭乘亚太经济“快车”。与此同时，“丝绸之路经济带”中国段也应该借助中亚和中国西部资源优势，形成以交通、邮电、纺织、化工、食品、制药、机械制造、农产品加工、消费品生产等行业为主的产业布局，并与这些国家在农业、沙漠治理、环境保护、太阳能等方面进行合作，形成相互促进的网络产业布局模式和优势互补的产业梯度推移模式，通过产业互补与合作获取经济带的协同效应。

2. 国家层面产业空间布局战略思路

从经济带所涉及的国家层面来看，产业空间布局就是如何处理好局部与整体的关系问题。中亚五国都以区域资源优势形成了各自的产业布局。例如，石油天然气主要分布在哈萨克斯坦境内的田吉兹、卡拉查干纳克、阿克托别、曼格什套以及乌津等西部地区和里海地区的卡沙干与库尔曼加齐地区，乌兹别克斯坦西部的乌斯秋尔特高原，土库曼斯坦的西部西土库曼盆地；煤炭资源主要分布在巴甫洛达尔、科斯塔奈、卡拉干达等地区，以及图尔盖盆地、西伯利亚盆地、滨里海盆地和田吉兹盆地。“丝绸之路经济带”中国段的西部地区也是以资源能源密集型产业为主，通过与中、东部地区的产业互补来促进西部地区经济发展，但以上区域在进行产业布局时，只是以自身资源优势为出发点，很少或很难站在大区域高度进行产业空间布局，实现产业协调发展与区域的可持续发展。

因此，“丝绸之路经济带”沿线国家层面产业布局应该以贸易畅通为内容，以公路、铁路和管道等交通网络为轴线，以原有优势产业为基础，更好发挥区位、资源优势，统筹各国区域产业空间布局，形成以资源能源输出和深加工为基础，以高新技术资源精细加工产业为主导，以科研、教育、医疗、金融、贸易、特色旅游为未来发展方向的可持续发展的产业空间布局模式（见表 7-3）。从而使地区的资源优势转化为产业优势和发展优势，实现地区与经济带的可持续发展，使经济带沿线及辐射国家和省区市获得更多发展动力，将中国—中亚五国建成连接亚太经济圈和欧洲经济圈的战略通道与经济腹地，发挥“丝绸之路经济带”的产业带动效应。

**表 7-3 中国西部地区和中亚五国产业状况与发展方向**

| 产业 | 基础产业 | 主导产业方向 | 未来产业方向 |
| --- | --- | --- | --- |
| 化工 | 石油天然气工业、采矿冶金、装备制造、机械加工等 | 精细化工、工程塑料、合成橡胶、有机化工、煤化工等高新技术精加工产业 | 科研、教育、金融、贸易、生物制药、特色旅游等 |
| 建材 | | 新型绿色建材制品、新型合成环保材料、新型复合钢制材料及管材等 | |
| 电子 | | 电子陶瓷、石英晶体、新型元器件、仪器仪表等 | |
| 机械制造 | | 高新技术和高附加值的机械加工业与功能部件生产、高新技术装备制造业等 | |
| 新能源 | | 核电、风电等新能源产业 | |
| 其他 | | 航天技术、港口贸易、新型材料、冷轧技术产业等 | |

资料来源：根据《中国地区发展报告》（2012~2013）和《中亚国家发展报告》（2013）整理。

3. 节点层面产业空间布局战略思路

“丝绸之路经济带”沿途一级节点城市主要包括中亚五国的首都城市和中国 14 省区市的省会城市及重要交通枢纽城市，“丝绸之路经济带”在节点层面体现的就是经济带沿线城市集中协调发展的思路，如果沿线城市无法形成城市群，经济带沿线地区仅仅是一个贸易交流的过道，没有相应的产业支撑，城市的发展就会是无水之源。因此，处于“丝绸之路经济带”沿线的节点城市发展与探寻自身优势产业，并进行产业合理布局以形成城市群或城市带将是获取经济带规模效应和辐射效应的基础。

从节点层面来看，“丝绸之路经济带”分为中国—中亚节点城市连接而成的北线和中国东南沿海地区节点城市形成的南线，以及中国西南交汇连接点成都、重庆三部分。北线以“丝绸之路经济带”中国段的东“桥头堡”连云港为起点，途经中国中部交通要道郑州，穿越古丝绸之路的起点西安，进入“丝绸之路经济带”的黄金段甘肃，到达经济带的西“桥头堡”乌鲁木齐，出中国新疆进入亚欧腹地中亚五国，抵达欧洲；连云港、上海、福州、海口、北海等东部沿海城市和城市群形成的“丝绸之路经济带”的南线，在承接华南华中、连接西南西北的节点成都和重庆处交汇并入北线，形成了一个推动中国西部、带动中部、提升东部的经济圈，并与中亚五国的节点城市形成了互联互通的经济通道，实现了更大范围的要素流动、资源重组和产业分工。但在看到机遇的同时，节点城市也应该清楚“丝绸之路经济带”所带来的挑战，从自身的产业优势和区位优势出发，依托经济带的战略思路，准确定位，加强城市之间产业沟通，强化城市合作，找准切入点，避免城市之间产业布局雷同与无序竞争。打造以中国西部和中亚五国重要节点城市为核心的集能源加工与交易、仓储物流、交通运输、金融服务、特色旅游于一体的产业链和产业集群，形成“丝绸之路经济带”北线的城市带；以中国东南沿海城市和城市群为核心的金融、商贸流通、信息文化、成套设备制造、汽车制造等轻工业和第三产业产业链或产业集群，形成“丝绸之路经济带”南线的城市群；利用川渝经济区的节点将北线城市带和南线城市群连接起来，形成“一点一带一群”的点、线、面产业空间布局，发挥以点带面、点轴互通、轴面驱动的经济带产业协同效应，促进中国东部地区与西部和中亚国家在要素流动、能源交易、技术交流、产业分工等方面的合作，实现经济带产业间的优势互补与协调发展。

### （三）结论

产业是“丝绸之路经济带”崛起的重要支撑点，要实现经济带的快速崛起与可持续发展，就必须进行科学合理的产业空间布局与规划，遵循产业布局原则，结合各自优势，整合经济带沿线区域与国家的现有优势产业，加强产业政策沟通，以优势产业合作为契机，以“五通”[①]为交流合作基础，实现“丝绸之路经济带”经济一体化和“区域大合作”。欧亚大陆各国是一个整体，也是世界上经济发展最具潜力的地区，开展经贸合作具有得天独厚的优势，通过“丝绸之路经济带”把欧亚大陆各个地区连接起来，把不同国家的利益“缝合”起来，分享机遇，优势互补，不仅有利于推动经济带沿途及辐射区域、国家的经济发展，也有利于维护欧亚大陆和平稳定与世界经济的可持续发展，引领欧亚大陆整体合作，加快推动区域经济一体化与世界经济全球化进程。

**参考文献**

［1］夏明毅. 海陆丝绸之路经济带初定［N］. 21世纪经济报道，2013-12-18（D07）.

［2］赵锋. 丝绸之路沿线十大潜力城市群加速升级［N］.中国经营报，2013-12-23（A16）.

［3］［法］弗朗索瓦·佩鲁. 新发现观［M］. 张宁，丰子义等译. 北京：华夏出版社，1987.

［4］聂华林，高新才，杨建国. 发展生态经济学导论［M］. 北京：中国社会科学出版社，2006.

［5］聂华林，李广全. 区域规划导论［M］. 北京：中国社会科学出版社，2009.

［6］［日］藤田昌久，［美］保罗·克鲁格曼，安东尼·J.维纳布尔斯. 空间经济学——城市、区域与国际经济［M］. 梁琦等译. 北京：中国人民大学出版社，2007.

［7］李君华，彭玉兰. 产业布局与集聚理论述评［J］. 经济评论，2007（2）：146-152.

［8］陆大道. 关于“点—轴”空间结构系统的形成机理分析［J］. 地理科学，2002（1）：1-6.

［9］李悦，李平. 产业经济学［M］. 大连：东北财经大学出版社，2002.

① 五通是指2013年9月7日，中国国家主席习近平在哈萨克斯坦纳扎尔巴耶夫大学发表题为《弘扬人民友谊，共创美好未来》的重要演讲时，提出以政策沟通、设施联通、贸易畅通、资金融流通和民心相通为主要内容，共同构建“丝绸之路经济带”的创新合作模式。

［10］曹颖. 区域产业布局优化及理论依据分析［J］. 地理与地理信息科学，2005（5）：72–74.

［11］［德］阿尔弗雷德·韦伯. 工业区位论［M］. 李刚剑等译. 北京：商务印书馆，1997.

［12］方创琳，张小雷. 西陇海兰新经济带节点城市的发展方向与产业分工［J］. 地理研究，2003（7）：455–465.

# 第八章 “丝绸之路经济带”建设中的能源安全与能源合作*

“丝绸之路经济带”的提出，将中亚腹地各国的共同发展提上日程，经济带沿线各国的能源资源以及贸易互补优势明显，合作潜力大、内容广，中亚地区各个国家之间的能源合作有良好的合作基础，经济带的复兴是新时期中国对大中亚地区外交的重要战略布局，对于深化我国与中亚地区国家各领域的合作具有重要引领作用。今后，能源领域无疑会成为将这一倡议付诸行动的热点。

## 一、能源安全与能源安全体系建设

### （一）能源安全的分类与研究基础

根据能源输出国和能源输入国所面临的能源风险和能源安全目标的差异，可以把能源安全分为供应安全与需求安全。

把能源安全分为供应安全和需求安全，实际上是承认能源出口国与能源进口国不同的安全风险和利益诉求，认识到能源供应安全与需求安全之间的互动关系，有利于在全球范围内建立能源安全体系的合作机制，解决能源安全问题。人们一提起“能源安全”，往往首先想到的就是“供应安全”，这只是站在能源消费国或进口方的角度来看问题，主要出于对能源安全供应的担忧。其实，对于能源

---

* 原文题目：《丝绸之路经济带沿线国家能源安全体系构建思考》。作者：新疆财经大学经济学院袁培。《丝路经济带框架下的能源合作》。作者：新疆财经大学经济学院张磊。有改动。

出口国来说，同样存在着"需求安全"隐患，而且与供应安全一样重要。特别是那些主要依靠能源产业支撑经济发展的资源大国，一旦遭遇市场需求不足或能源价格大跌，就会给国民经济造成致命打击。比如，中东地区的石油资源大国，平均 GDP 的 60%以上、财政收入的 70%以上、外汇收入的 80%以上均依靠石油（沙特阿拉伯的比例更高，分别是 70%、80%、90%）。俄罗斯的情况也大体相同，国家 GDP 的 30%左右、财政收入的 50%~60%、外汇收入的 60%以上要依靠资源性产品出口，其中石油和天然气占主要地位。

对于能源出口国来说，能源安全首先是对自然资源拥有国家主权；其次要确保需求安全，即获得国外市场；最后是保障出口能源所得的金融安全。能源出口国关注的是市场的稳定，即需求安全。能源进口国的能源安全，也就是上述狭义和广义的能源安全，因为是能源进口国最初体验到能源安全问题并提出能源安全概念的。

## （二）能源安全体系

美国剑桥能源研究协会主席丹尼尔·耶金博士认为世界仅有一个石油市场，美国的能源安全有赖于全球能源市场的稳定。能源供应多样化、应急储备是应对能源中断的有效防线，应寻求与其他石油进口国建立多边或双边能源合作关系，健康的、由技术进步推动的国内能源工业是能源安全的一部分。在国外从地缘政治角度对中亚能源进行分析的文献中，比较重要的有卢茨·克莱弗曼的《新博弈：中亚的血与石油》、阿米奈的《全球化与欧亚地缘政治及能源安全》、塞力·库敏的《中亚的石油、转型和安全》、罗威尔·拉斯罗的《欧洲和中亚能源：世界银行的部门战略》、斯·日兹宁的《国际能源：政治与外交》和胡曼·佩马尼的《虎视中亚》等。这些文献的内容均根据冷战后的世界形势，基于本国利益，从西方视角对中亚地区的能源经济引发的现存的和潜在的矛盾进行全面介绍和综合分析。

国家主席习近平于 2014 年在中央财经领导会议讲话中提出：建立多元供应体系，还原能源商品属性，全方位加强国际合作，实现开放条件下能源安全。夏义善认为，我国全球能源战略的核心，就是利用国内、国外两种资源，建立全方位、多渠道的全球能源供应体系，由国内能源供应体系、国外能源供应体系和能源战略储备体系三部分组成。张中祥认为，石油给中国带来的威胁更重要的是因为石油进口来自政治不稳定国家。中国和西方国家应去政治化地看待中国在全球寻求能源权益的问题。以市场为基础的能源合同是持久的，且超越意识形态差异、战争和出于政治动机的行为。周吉平认为，中国作为油气消费和进口大国，应善于把握供应安全与需求安全的关系，用市场换资源，加强与中东、中亚、俄罗斯等油气出口国的合作，打造利益共同体和相互制衡的全球能源安全链。

狭义的“能源安全”是指不存在能源供应中断及因中断引起能源价格暴涨的威胁，即获得数量充足、价格合理的能源供应，一般指石油安全。“冷战”后金融危机以来，发生了新的变化，能源安全演变成为一个深化的，事关国家稳定、地区协调、经济结构和个人发展的战略性问题，包括能源供应、能源需求、能源价格、能源运输、能源使用等安全问题在内的综合性风险与威胁等一系列问题。广义的能源安全概念进一步扩展到人类安全的环境问题。能源安全问题由此演化为全球性的问题。

“丝绸之路经济带”沿线国家能源安全体系构建是将分工理论和区域经济一体化理论有效运用到实践中，不仅涉及国家安全、国家利益，更是一个关乎国际能源供求和能源地缘政治的国际战略问题。

能源安全体系构建的思维特征：

1. 系统性思维

能源安全备受各国政府关注，这是源于经济全球化使能源输出国与能源输入国以及能源过境国的经济发展相互依存，能源安全已不是一个国家所能解决的问题，需要依靠世界各国的通力合作。各国能源安全、区域能源安全、全球能源安全在未来将是“一盘棋”，需要可持续性存在的能源安全体系设计，这一思路是从经济利益角度赢得各国共识，削弱该地传统地缘政治及大国参与因素的作用，以利益目标统一各国思想。

2. 区域性思维

区域能源安全体系的构建是经济全球化和区域经济一体化的具体表现，它将重新整合传统意识中的能源开采、生产、运输、消费的各类供应环节，形成大区域范围内的能源供给和需求的多重安全。

3. 市场化思维

能源安全体系是从能源资源互补视角实现“丝绸之路经济带”沿线国家能源贸易的互利共赢，主张通过市场化手段来建立能源合作的长效机制，逐步实现各国"去政治化"的一种合作模式。

4. 外部化思维

能源安全问题的形成是在能源生产和消费过程中产生的。如石油安全问题是由于国内消费者与厂商使用进口能源而引起整个国家对进口能源的依赖。因此，能源安全问题实际上是由消费进口能源所引起的外部性问题。全球二氧化碳和温室气体排放增加也是由能源消费的外部性引起的。既然能源安全问题是外部性问题，就不能完全依靠市场机制解除，而是依靠政府的干预和措施实施，这为政府在能源安全中的地位与作用提供了理论依据。

## （三）能源安全在"丝绸之路经济带"建设中的地位

能源合作是"丝绸之路经济带"建设的重中之重。在"丝绸之路经济带"沿线，有俄罗斯、哈萨克斯坦、土库曼斯坦、阿塞拜疆、伊朗等多个重要能源生产国，以及中国、印度等重要能源消费国。能源需求与出口对于能源生产国、能源供给与进口对于能源消费国，都是国民经济的命脉、经济发展的基础。

但是，无论是能源需求方还是供给方都存在各自的能源安全问题。目前，中亚各国仅重视国内的能源安全，供给与需求处于割裂状态。我国政府在 2014 年 6 月 13 日中央财经领导小组第六次会议上严正提出尽快建立国家能源安全体系的建议，包含能源供应、运输与消费三大方面。我国与"丝绸之路经济带"沿线国家能源合作的顺利开展，将实现互利共赢，若能从生产与消费角度构建适合区域发展需要的能源安全体系，将各国的能源生产、消费、运输、储备联系起来综合考虑，将大大降低区域能源安全保障的交易成本；同时，市场化的运作效率将超过现有政治参与下的能源合作效率，经济与政治更多地将体现经济的效益。

第一，"丝绸之路经济带"沿线国家能源安全体系为经济带的建设和复兴提供了新的视角，有助于经济带作用的发挥和加强经济带内各国的联系，为我国能源安全问题提供了新的解决思路。国内能源安全离不开国际能源安全。

第二，经济带能源安全体系构建以共同利益为目标，将削弱政治手段的影响，有助于我国与其他国家国际关系的缓和，中亚地区能源安全体系的构建为该地区能源合作提供了新的平台和活动范式。

第三，经济带能源安全体系构建主推市场的作用，有助于能源市场化进程的加快，为区域能源市场化进程的深入发展做出贡献，有利于能源市场的区域稳定。同时，“丝绸之路经济带”沿线国家能源安全体系构建可以直接比较出市场效率与大国政治效率的差别，政治博弈将被共同利益取代。

第四，经济带能源安全体系构建将从区域协同角度进行产业分工和产业转移，有利于资源在更大环境内进行优化配置。

## 二、我国能源安全现状及面临的主要威胁

目前我国作为世界第二大经济体，能源利用效率较低，能源消费总量排名世界第一，并且中国正处于工业化中后期，经济发展对能源的需求具有刚性，且短期内能源利用效率不会有太大的提高。因此，中国对能源的需求会进一步增强。中国的能源供应存在缺口，并且在能源安全方面面临着巨大的压力。

### （一）我国能源需求

经济增长对能源需求具有巨大的拉动作用。根据全球的数据，经济增长对能源需求的拉动系数约为 0.64，即经济增长达到 1%，则会拉动能源 0.64%的增长。改革开放以来，中国的经济经历了持续而高速的发展，对能源的需求也有很大的增长。2000 年以后，中国能源消费总量继续快速增长，“十五”期间，能源消费总量平均增长速度达到 8.3%。2003 年、2004 年、2005 年我国的能源需求总量同比增速超过了 10%，而 2004 年更是达到了最高增速——16.14%。之后我国的能源消费总量的增速开始下降，到 2005 年下降至 10.56%。能源消费总量增长如此之快是因为当时我国经济高速的发展是以高能耗产业作为支撑，造成了国民经济的快速发展对能源过度消耗的不良态势。“十一五”期间延续了“十五”末期增速递减的趋势。2011 年为“十二五”开局之年，能源消费总量增长速度比上年又有所提高。“十五”期间能源需求总量增长了 204802.7 万吨标准煤，充分说明中国经济的高速发展对各种能源的需求与日俱增，如图 8-1 所示。

### （二）我国能源供给

2000 年起，我国能源生产总量由 135048 万吨标准煤增加到 2011 年的

317987万吨标准煤，大致增长了1.4倍，同比增速为年均11.94%。图8-2显示了11年间我国的能源生产总量及其增长速度。

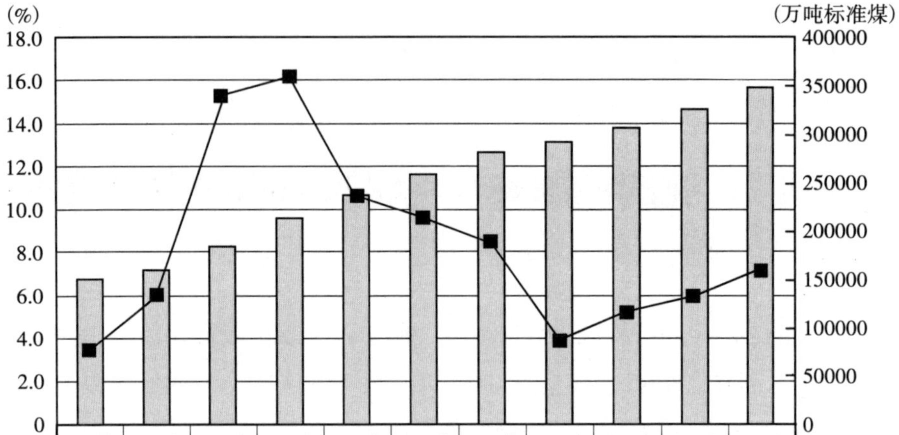


| | 2001年 | 2002年 | 2003年 | 2004年 | 2005年 | 2006年 | 2007年 | 2008年 | 2009年 | 2010年 | 2011年 |
|---|---|---|---|---|---|---|---|---|---|---|---|
| ■ 能源消费总量 | 150405 | 159431 | 183791 | 213455 | 235997 | 258675 | 280503 | 291443 | 206647 | 324939 | 348002 |
| □ 增长率 | 3.3 | 6.0 | 15.3 | 16.1 | 10.6 | 9.6 | 8.4 | 3.9 | 5.2 | 6.0 | 7.1 |

**图8-1 2001~2011年我国能源需求总量及其增长率**

资料来源：根据《中国统计年鉴》(2002~2012) 整理。

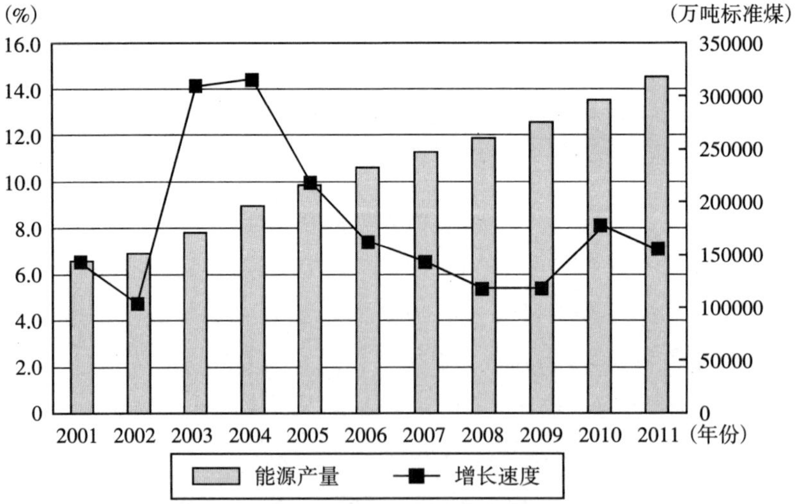


**图8-2 2001~2011年中国能源产量及其增长速度**

资料来源：根据《中国统计年鉴》(2002~2012) 整理。

分析中国能源需求与能源供给可以看出，在中华人民共和国成立初期，中国的工业化和城市化水平处在较低水平，我国能源供给能够满足本国能源需求。随着改革开放不断深入，我国经济取得巨大发展，从图 8-3 中可以看到，2001~2011 年中国能源的需求和供给缺口在波动中增大，在 2007 年达到最大的 33229 万吨标准煤。

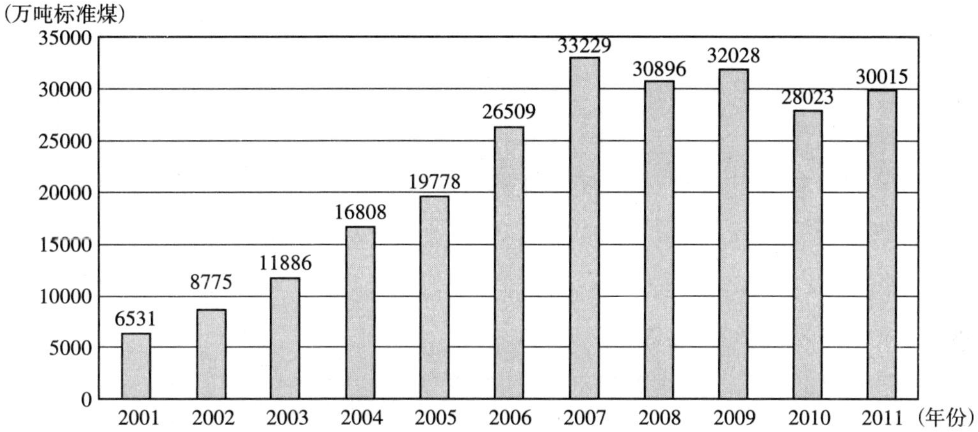


**图 8-3　2002~2011 年中国能源供需缺口**

资料来源：根据《中国统计年鉴》（2002~2012）整理。

进入 20 世纪 90 年代以后，中国经济持续快速发展，中国的能源消费量有了巨大的增幅。近年来，中国在数量上和石油贸易金额上都成为石油绝对净进口国。2004 年，中国进口石油 14599.16 万吨标准煤，对外依存度达到 44.7%。2007 年，中国石油进口量为 25714.57 万吨标准煤，对外依存度达到 49.5%（见表 8-1）；与此同时，中国还在大幅缩减原油出口量。2013 年，中国原油进口达到 35791.55 万吨标准煤，对外依存度达到 57.5%。

**表 8-1　2001~2011 年中国石油对外依存度**

| 年份 | 2001 | 2002 | 2003 | 2004 | 2005 | 2006 | 2007 | 2008 | 2009 | 2010 | 2011 |
|---|---|---|---|---|---|---|---|---|---|---|---|
| 对外依存度（%） | 28.6 | 32.9 | 37.8 | 44.7 | 44.6 | 47.5 | 49.5 | 48.7 | 50.5 | 53.0 | 55.3 |

以石油为例，中国石油进口量直线上升，今后的石油需求也将进一步增加，预计到 2020 年将达到 151140 万吨标准煤，到 2030 年将达到 352910 万吨标准煤，若不加以控制，在 2030 年前后我国石油对外依存度就将突破 70%。国内外研究机构研究结果表明，一国对国外能源的依存度越高，本国经济的发展越容易受到影响。随着中国石油进口依存度的不断提高，中国石油安全的压

力越来越大。

## (三) 我国能源安全面临的困境

面对较严峻的能源供需状况，中国只有"走出去"，通过国际能源市场保证我国的能源供应。1993 年，中国开始石油进口，中国对石油的对外依存度迅速攀升，中国的能源安全局势也亮起了红灯。中国经济的高速发展需要国际能源市场稳定的供给，但目前中国的国际能源供应存在结构性矛盾。中国的能源安全得不到强有力的保证，能源供应的"3A"[资源的可获得性（Availability）、运输的可依赖性（Access）和价格的可承受性（Affordability）] 安全，都面临威胁。

1. 石油进口的来源集中

我国的原油进口来源非常集中，主要的两大来源是中东和非洲，各自占到进口总量的 50%和 30%左右。而根据中国海关总署的数据，中国所依赖的十大原油进口国中，除俄罗斯、哈萨克斯坦和委内瑞拉外，其他国家均来自中东和北非。中东和非洲地区的国家国内局势动荡不安，一旦国内发生冲突，势必对中国石油供应安全构成威胁。例如，南北苏丹之间及南苏丹内部近年来冲突不断，2013 年 12 月 15 日，南苏丹首都朱巴再次爆发武装冲突，12 月 20 日中国石油公司安排 23 名员工撤离，这无疑会对正常的石油生产造成影响。而中东和北非地区距离中国遥远，这又涉及海上运输安全问题。实现石油供应来源的"多元化"可以从源头上加强我国的石油供应安全。

2. 能源运输通道存在风险

以石油为例，石油运输方式包括海运、河运和陆运。陆运方式又包括管道运输、铁路运输、公路运输。中国从中东和北非进口的石油占到石油进口的八成，而这些石油进口需全部通过海上运输完成。相应地，中国石油的运输安全包括两个方面，即运输路线的安全和运输能力的安全。中国进口石油的海运路线比较单一，一直以来都通过霍尔木兹海峡、好望角和马六甲海峡运输。

石油运输安全影响一国的经济安全，尤其是当一国的石油对外依存度超过 50%时，石油运输安全直接关系到该国家的经济安全。因此，中国一方面应该积极保证海上运输安全，另一方面也应该加大陆上运输的比例，积极寻求替代管道。目前，中哈、中缅、中俄石油管道的建设都在一定程度上缓解了中国海上运输的压力，加强了中国石油供应的运输安全。

3. 能源战略储备不足

战略石油储备是应对短期石油供应大规模减少甚至中断的有效途径之一。各国的石油储备模式与一次能源结构、石油资源分布和进口依存度有密切关系。总的来看，一次能源中石油比例越高、石油进口依存度越大，石油储备的规模就越大。

目前，美国、日本、德国、法国等发达国家均已超过该指标，美国和日本的战略石油储备天数在 150 天以上，德国也超过了 100 天。与世界发达国家相比，我国的石油战略储备起步较晚，而目前我国石油储备大约为 40 天，抵御石油供应冲击的能力还比较弱，不能有效抵御国际石油供应冲击及全球原油价格波动对中国国内油价的影响。

## 三、“丝绸之路经济带”沿线国家能源合作与能源安全

中亚地区各国的能源资源丰富，尤其是油气资源储量大，但各国资源类型不同，有资料表明，中亚—里海地区石油储量多达 328 亿吨，天然气为 18 万亿立方米，分别占全球油气资源总量的 8%和 5%，被称为世界“21 世纪的能源基地”。其中，以中国与俄罗斯、哈萨克斯坦、乌兹别克斯坦、土库曼斯坦和伊朗地区的能源合作为主，重点是中俄、中哈、中土之间的合作较为广泛和深入。能源主要以石油和天然气为主，还包括煤炭、电力、核电等内容。中亚地区油气资源丰富，98%集中在土库曼斯坦、哈萨克斯坦、乌兹别克斯坦。特别是哈萨克斯坦，拥有世界石油储量的 1.8%，居世界第 8 位。2011 年底，三国天然气剩余可采储量合计占世界近 1/7，其中土库曼斯坦一个国家就超过世界的 1/9。

### （一）能源合作在“丝绸之路经济带”建设中的地位与意义

能源合作是“丝绸之路经济带”建设的战略突破口，对其他方面合作具有带动意义，具体表现如下：

1. 能源经济合作对经贸合作、产业合作的促进

在能源贸易的带动下，进一步创新贸易方式，极大地推进贸易和投资自由化、便利化。深化与沿线国家海关、标准、检验检疫等方面的多、双边合作和政策交流，改善边境口岸通关设施条件。通过在海关程序、标准方面的一致化，逐步消除商品流动和监管环境方面的壁垒，完善投资法律法规，并在经贸部长会议机制下成立电子商务、海关、质检、投资促进、发展过境潜力五个专业工作组。

能源贸易只是"丝绸之路经济带"能源合作的初级水平。而中俄在天津炼化厂和亚马尔气田液化天然气项目中的合作，开启了中俄间能源上下游产业链的合作。能源合作促进了"丝绸之路经济带"的产业合作，促进了产业结构优化，能源通道形成了交通经济带，影响着产业布局。

2. 能源合作对互联互通的促进

互联互通要求不同流通环节或业务子系统之间实现对接并建立高效、安全的高速通路，通过建立整体服务体系关系，推进区域交通运输、基础设施建设、产业分工合作，促进共同发展。能源合作极大地促进基础设施互联互通，能源通道建设已形成了油气管道、铁路、公路、电网的立体化体系。当前，中国正在积极推动与欧亚国家间建成铁路、公路、电网、能源管道的互联互通网络，进而带动发展与欧亚国家的资金流、物流、人流和信息流等方面的合作。

"丝绸之路经济带"能源合作采取以管道、电网为主，铁路、公路运输并重的能源供给模式。作为能源通道最重要的运输载体管道，包括了中哈原油管道、中亚天然气（中土、中哈）管道及对接的西气东输1、2、3、4线，西部原油管道和成品油管道网，以及规划中中俄西线管道和中巴管道，并联结了新疆境内各主要支线的36条管线。未来将考虑修建环里海油气管线，可以使哈、土、乌与伊朗、阿塞拜疆、俄罗斯在油气输出方面相互支持帮助，以地区合作的方式面对国际市场，甚至未来可将环里海管线与伊朗在波斯湾的油港联系起来，使里海油气可以进入印度洋。同时，形成"丝绸之路经济带"能源合作的四大跨国输电线路：

（1）吉乌塔—吐尔尕特—伊犁—乌鲁木齐—哈密—永登—乾县—环渤海京津唐负荷中心线路，汇集吐尔尕特口岸吉乌塔电力、吉木乃哈电力。

（2）喀什—库尔勒—托克逊线路，接吐尔尕特吉乌塔电力、塔西南水电基地。

（3）塔吉乌中吐尔尕特口岸输电线路（安集延—吐尔尕特—喀什输电线路），接中亚电网，以塔吉乌水电火电为电源。

（4）哈中吉木乃口岸（斋桑—吉木乃—克拉玛依）线路，接东哈萨克斯坦北部联合大电网和阿勒泰电网，以东哈州水电火电为电源，与伊犁、乌鲁木齐输电线路相连。

能源合作另外一种重要运输载体是铁路，目前已有北疆铁路、精伊霍铁路，今后将形成中国西北五大跨国铁路通道，即中哈通道（明水—吉木萨尔—克拉玛依—塔城—阿亚古斯）、中俄通道（克拉玛依—北屯—喀纳斯—科什阿加奇—新西伯利亚）、中蒙通道［乌鲁木齐—塔克什肯—布尔干—科布多（阿勒泰）］、中巴通道（喀什—红其拉甫—伊斯兰堡—瓜达尔港）和中吉乌土通道（喀什—吐尔尕特—安集延—奇姆肯特—塔什干）。①

此外，能源合作还推进了跨国公路运输体系建设，形成中国西北与周边国家“一纵三横”国际公路大通道的框架。“一纵”是指经塔城、喀什，纵贯整个新疆，连接俄罗斯和南亚的国际公路大通道。所谓“三横”，包括经阿拉山口的新亚欧大陆桥、经霍尔果斯的国际公路，以及计划中的由喀什—安集延铁路连接的泛亚大通道，由它们构成横跨亚欧大陆的北、中、南三条主干线。

能源合作促成了中国西北与欧亚已建和潜在的能源通道网络的对接，并将促成以新亚欧大陆桥为核心的通道网络体系的建成，随着国际区域一体化合作体系的完善，将形成铁路、公路、管运相互衔接的立体运输的互联互通体系。

3. 能源合作对区域经济合作的推进

习近平主席在比什凯克上海合作组织成员国元首理事会第十三次会议上发表《弘扬“上海精神”　促进共同发展》的重要讲话，倡导成立能源俱乐部，协调上合组织框架内能源合作，建立稳定供求关系，确保能源安全，同时在提高能效和开发新能源等领域开展广泛合作。进一步树立“同舟共济、互利共赢”的意识，加强合作，联合自强，形成“丝绸之路经济带”沿线的利益共同体。与土库曼斯坦的“强盛富民”时代目标、哈萨克斯坦的“2050 年发展战略”、乌兹别克斯坦的“福利与繁荣年”规划、吉尔吉斯斯坦的“国家稳定发展战略”契合。

在能源合作的推进下，降低了“丝绸之路经济带”部分区域内贸易和投资成

① 闫海龙，张永明. 新疆构建国家能源资源陆上大通道的路径选择［J］. 新疆财经，2014（1）：53.

本，并推进物流、贸易和投资便利化，进而促进区域经济合作。能源合作促进区域经济合作集中体现在能源合作促成了沿线的一些重大基础设施项目及与资源项目配套的设施项目建设。

能源合作也推动了“丝绸之路经济带”区域经济合作的法律基础和组织机制的优化，“丝绸之路经济带”沿线辐射区已形成了上海合作组织（SCO）、中亚区域经济合作（CAREC）机制、联合国经济及社会理事会“中亚经济专门计划”、联合国开发计划署“丝绸之路区域合作项目”、中国新疆“亚欧博览会”、喀什—中亚南亚商品交易会等区域合作机制。

“丝绸之路经济带”能源合作，要以能源综合通道为展开空间，依托沿线交通基础设施和中心城市，对域内贸易和生产要素进行优化配置，促进区域经济一体化，最终实现区域经济和社会同步发展。推进贸易投资便利化、深化经济技术合作、建立自由贸易区。

4. 能源合作对金融合作的影响

能源合作促进了上海合作组织银联体、亚洲开发银行所倡导的中亚区域经济合作（CAREC），并带动了与世界银行、国际货币基金组织、欧洲复兴银行、伊斯兰开发银行等众多国际主流金融机构的合作。

2005 年 10 月形成“上海合作组织银行间合作（联合体）协议”，中国国家开发银行、哈萨克斯坦开发银行、吉尔吉斯共和国结算储蓄公司、俄罗斯对外经济银行、塔吉克斯坦国民银行、乌兹别克斯坦共和国国家对外经济银行加入该协议。2005 年 11 月，上海合作组织银行联合体在莫斯科成立。协议银行在银联体框架下，构建上合组织区域有效融资机制，为组织成员国合作项目提供融资支持。[①] 这一组织框架成为解决能源合作资金问题的有效途径。2012 年，中石化通过上合组织框架内的低息贷款融资 20 亿美元，对奇姆肯特炼油厂实施现代化改造工程。

由亚洲开发银行所倡导的中亚区域经济合作（CAREC）机制，现包括阿富汗、阿塞拜疆、中国、哈萨克斯坦、吉尔吉斯斯坦、蒙古、塔吉克斯坦和乌兹别克斯坦八个国家，而俄罗斯则以观察员的身份参与相关合作。其目的是推动人口、资本、货物的区域流动，为工商界提供服务。CAREC 机制形成后，高度重

① 邢广程等. 上海合作组织研究［M］. 长春：长春出版社，2007.

视在能源领域的合作，并将能源列为优先发展的四个领域之一，其长远目标是建立市场化的能源运行机制，促进区域电力和能源贸易。其中，CAREC 能源行业协调委员会提出能源合作计划，积极促进相关国家能源安全。为了继续推动 CAREC 机制的实施，中亚区域经济合作工商论坛提出中亚地区各国政府、多边机构及工商界人士共同努力，每年筹资 20 亿美元至 30 亿美元，用于推动这一区域的能源、交通和贸易便利化建设。

此外，能源合作还带动了与其他国际金融组织的合作。如中俄合资企业图尔盖彼得列乌姆股份有限公司获得国际银团 5 亿美元联合贷款，用于该合资公司生产投资，以向中国出口原油的收入加以偿还，在贷款期内通过阿塔苏—阿拉山口原油管道向中国出口约 200 万吨原油。

## （二）我国与沿线国家能源合作形势

1. 中国与俄罗斯的能源合作

近年来，中俄能源合作取得迅速发展。这与两国政府的高度重视和双方能源公司的努力参与分不开，至 2011 年底，为推进中俄能源合作，两国元首达成共识，两国总理进行了 15 次定期会晤。其中最主要的能源合作项目包括：2009 年 2 月 17 日，中俄签署了“中方向俄方提供 250 亿美元长期贷款换油的协议”；2010 年 9 月 27 日，中俄输油管道全线开工；2011 年 1 月 1 日，中俄输油 1000 公路的管道正式投入商业运营，标志着中国东北方向的原油进口战略要道正式贯通，如表 8-2 所示。

**表 8-2 中国与中亚国家能源合作项目的主要成果（至 2011 年底）**

| 项目名称 | 完工时间 | 年输送能力 | 投资和规模 |
| --- | --- | --- | --- |
| 中俄输油管道（西伯利亚—太平洋输油管道中国支线） | 2010 年 10 月底完工，2011 年 1 月 1 日投入运行 | 1500 万~3000 万吨 | 67 亿美元，西伯利亚—太平洋管线，俄罗斯境内 67 千米，中国境内 950.5 千米 |
| 中哈原油管道 | 2005 年 12 月完工，2006 年 7 月运营，2009 年 10 月二期竣工投产 | 1000 万~2000 万吨 | 初期投资 7 亿美元，总长 3070 千米，分三段实施 |
| 中亚—中国输气管道（土库曼斯坦—乌兹别克斯坦—哈萨克斯坦） | 2009 年 12 月完工，2010 年 12 月完成双线 | 400 亿立方米 | 投资 65 亿美元，长 1833 千米，西起土库曼斯坦，经乌西至霍尔果斯 |

2. 中国与哈萨克斯坦的能源合作

中哈能源合作开始于2003年的联合修建输油管道协议，2006年，中哈第一条输油管道建成，自此从哈萨克斯坦重镇阿塔苏到新疆阿拉山口得以贯通，使哈萨克斯坦西部和里海地区丰富的油气资源与中国的市场成功对接。2010年，签署中哈输气管道项目，目前已投入运营。据哈萨克斯坦最新官方资料统计，有中国参与的公司在哈萨克斯坦石油开采部门所占份额达到20%，中国在哈萨克斯坦石油天然气部门全部外资占比为26%。

3. 中国与土库曼斯坦的能源合作

2010年1月，西起土库曼斯坦阿姆河右岸，穿过乌兹别克斯坦和哈萨克斯坦，通向中国华中、华东和华南地区的输气管道运营，总长1万千米。双方政府签订协议，未来30年，土库曼斯坦向中国每年提供400亿立方米天然气。

4. 土耳其、伊朗等国涉及“丝绸之路经济带”能源领域的问题

土耳其、伊朗等国也以不同的方式卷入地缘竞争，使“丝绸之路经济带”地缘竞争变得更加复杂。土耳其积极与中亚国家合作，筹划修建从中亚通往土耳其海岸的输油管道，争取中亚石油能够通过土耳其出口。土耳其在对中亚新独立国家进行经济渗透的同时，还加紧向该地区进行宗教文化渗透，在中亚开办了许多中小学，为中亚国家培养留学生，向中亚转播电视节目，极力宣传泛突厥主义。阿富汗战争后，土耳其又通过北约派兵积极介入中亚的维和行动。然而泛突厥主义遭到俄罗斯、中国的反对，中亚国家也都不赞成。土耳其在中亚地区扩张势力还遇到了该地区另一伊斯兰大国伊朗的阻力。伊朗外交的主要方针就是加强同本地区伊斯兰国家的关系，特别是把同新独立的中亚各国的关系作为重点。作为地区大国的伊朗拥有濒临里海、波斯湾的地缘优势，经济实力较强，又不受制于美国，正积极争取在中亚地缘竞争中的有利地位。

在这一复杂多变的能源格局下，“丝绸之路经济带”能源合作应充分利用合理的市场竞争，积极开展包括能源合作在内的各项经贸合作，同时中方不能忽略与外部大国建立双边或多边的信任联系，特别是要平衡美国、俄罗斯的对抗。在一些重要的能源项目上实现分享利益的合作，将有利于深入能源合作和限制冲突发展。针对某些区域内博弈各方利益的尖锐对立，要冷静观察，善于利用各种矛盾。

### （三）“丝绸之路经济带”沿线国家能源安全合作存在的问题

随着世界能源格局的变化，东亚地区正发展成为世界能源消费的中心，大中亚的能源资源国强烈希望利用自身的能源资源优势，搭乘东亚经济发展的“快车”。中国则希望通过与陆上周边国家加强能源合作，增强保障国家能源安全的能力和经济可持续发展的能力。双方在能源领域有着很强的互补优势，在“丝绸之路经济带”多领域经济合作中突出能源合作，符合双方发展战略的要求。此外，从实现各国共同能源安全、构建新型能源合作机制等方面看，加强“丝绸之路经济带”建设中的能源合作亦具有重要战略意义。

第一，中亚能源外运管道已经形成放射状的网络结构，任意一个外部大国或跨国公司及国有大型企业难以独立掌控中亚能源，事实上的竞争与合作并存结构已经形成。从广义上讲，中亚—里海地区的油气管道正从以俄罗斯为主导的单一性分布逐渐转变为多国参与、多方合作和竞争的具有复杂性和多样性的分布格局。

第二，中亚地区的油气出口国和进口国众多，供需关系较为复杂，参与中亚油气开发和外运的国家与企业不比中东等成熟的石油供应地区少。从中亚油气产地算起，通往欧洲的西向管道沿线有十几个过境国；东向管道沿线包括土库曼斯坦、乌兹别克斯坦和哈萨克斯坦；若中亚—中国能源管道继续向亚太地区延伸，则可覆盖日、韩等国，原本作为终端市场的中国将变为过境国。

第三，中亚地区的油气矿藏远离出海口，内陆型特点决定了除管道外，其他运输手段很难将资源开发的成果以较具竞争力的运费外运，这种生产国与消费国的跨境管道往往在客观上造成了生产国—过境国—消费国及相关企业的复杂博弈关系，且这种博弈更多表现为一种合作竞争关系。

第四，中亚地区的能源生产国本身的自主性日益增强决定了其对外合作中的多元平衡不再是一项策略，而是演化为一条规范。中亚地区的事实是，区外大国和国际组织纷纷向中亚提供各类公共产品，大国竞争的“悲剧”正日益演变为一种小国合作的“喜剧”。这在某种程度上决定了中亚国家对外能源合作的多向度作为一项基本特征将长期保持。

因此，不能再仅仅借助于传统地缘政治的视角去考察中亚—里海能源合作脉络。相反，建立一种基于新假定的能源地缘政治经济学分析框架正当其时。在笔者看来，能源地缘政治经济学包含了一套将能源生产国、运输国与消费国的权利投射到能源丰富地区的综合方法。

关注的主要问题包括：围绕能源富集地区的争夺和控制的国家间和企业间的复杂博弈；对能源的海陆运输线和输送管道的安排及在此过程中的复杂博弈，尤其是能源生产国作为国际关系行为主体的合作政策选择的国际—国内联动性。

1. 中亚各国能源开发战略差异大

参与中亚地区能源开发的国家彼此内部的能源发展战略差别大，在一定程度上制约着相互间的能源合作。例如，俄罗斯能源战略的重点就是考虑本国和全球的能源安全，建立多元化能源出口运输设施，垄断能源向东向西运输的主干线。而我国作为世界能源消费大国，除参与油气资源丰富国能源勘探开发、运输等项目投资外，也在努力协助开发国提高发展经济的能力，以确保自身的能源进口安全。

2. 中亚各国彼此信任感与理解能力不强

多年来，参与中亚地区能源合作项目的国家和能源企业，在维护各自国家及自身利益、围绕实施项目目标和交易价格等方面缺乏相互信任和理解，从而影响合作的顺利进行。比如，俄罗斯国内认为，中国人依靠石油和煤炭可以解决能源问题，中国作为俄罗斯天然气公司的伙伴对其经济不利，此外在气价上也存在争议，这些都影响最终的合作。

3. 中亚地区大国势力角逐激烈，中亚能源国表现出多方斡旋博弈态度

中亚地区面临这样一种局面：美国和伊朗的敌对关系尚未终结，阿富汗问题仍对美国构成严峻挑战；而俄罗斯在苏联地缘空间还继续维持着自己的政治和经济上的影响力和统治力；欧盟地区想要逐渐摆脱对俄罗斯的能源依赖，拟打算直接进入中亚—里海地区以获取能源资源；同时，美国早把中亚—里海地区纳入其针对阿富汗的"大中亚"战略计划中；而铺设从中亚到欧洲、南亚等地的新的输油输气管线的博弈也仍在进行中，最终的结果将取决于大国在该地区政治利益的分配，其他诸如日本、韩国以及土耳其、印度等国至今都未放弃对中亚地区能源的争夺。在这些关系中，俄罗斯的实力较强，它所提倡的欧共体专门有针对能源领域的战略草案；2010 年 7 月 5 日，俄罗斯、白俄罗斯和哈萨克斯坦三国宣布，正式启动"关税同盟"，这些都折射出俄罗斯对这片区域的控制决心。

4. 中亚地区能源合作缺少创新机制，合作步伐艰难前行

从近 10 年的能源合作内容看，还停留在贷款换油、政府投资修建管线、企

业参与开发勘探、收购当地能源企业这些方式，合作机制也是由政府牵头达成开发协议，民间企业、市场很难进入，合作步伐都是政府与政府推进的。今后要拓宽合作机制，引进新的合作参与主体。

以上分析表明，“丝绸之路经济带”沿线的中亚国家能源合作深化发展受制于很多因素，未来的合作行动还会有很多困难，只有各方消除壁垒、统一共识、放眼未来，才会逐渐走上经济一体化、合作共赢的道路。

## 四、加强“丝绸之路经济带”沿线国家能源安全与合作的政策建议

从前文分析可以看出，中亚地区各国在能源合作、能源安全方面存有共识，有构建“丝绸之路经济带”沿线国家能源安全体系建设的可能性和必要性。下文将从能源资源互补互利的合作理念出发，倡导市场化利益联系和“去政治化”的能源合作方式，探讨“丝绸之路经济带”沿线国家共同的能源安全问题。以需求、供给的经济学利益联结机制重新审视区域能源合作问题，逐渐形成从“能源供给安全”到“能源需求安全”紧密联系的区域性能源安全体系，打造出“点—线—面”不断强化的安全链，以区域能源体系的参与来打造能源安全供应局面，为该地区的稳定和繁荣发展创新合作平台。

关键要做到以下三点：

第一，解决参与主体问题。“丝绸之路经济带”沿线国家各类能源合作主体是区域能源安全体系的主要参与者，从能源供应与能源需求角度可以分为两大类主体：能源出口国和能源消费国。能源出口国之间存在份额差别和价格差别，其内部也存在不同参与主体——政府、国有企业、民营企业；能源出口环节涉及能源的探明、开采、冶炼、储存、运输、销售等内容。能源消费国之间存在数量争端和议价问题，买方垄断与卖方垄断并存，能源进口主体主要有政府、国有企业、民营企业及批发商等；能源消费领域主要涉及终端消费市场和中间产品加工企业。

第二，解决参与机制问题。以能源供应与能源消费利用行为形成的两大群

体，形成一定的联盟，建立共同的能源交易市场，在市场内部按照俱乐部的形式商讨参与体系内国家和企业的各类能源交易事宜。总体分为两大类别事宜：能源供应问题和能源利用问题。在市场机制作用下，以宏观经济发展的需求为总体导向，指导现实中各个参与国的微观产量、价格和项目进展。建立沿线国家能源俱乐部，实行企业准入制，并形成市场监督部门，以监控市场手段和市场机制的作用发挥。

第三，解决构造与功能问题。区域能源安全体系包含能源供应体系与能源利用体系两个子系统。能源供应体系包含三个组成部分：区域内能源供应的生产运输体系、区域内能源供应的安全保障体系、区域内能源供应的价格体系。其作用是协调以下关系：能源开采、加工转换、运输储备各环节能力的协调和匹配；能源品种结构供需的平衡及各品种的优先发展顺序；能源产、供、需各个环节能源技术投入、能源安全措施等统筹安排与有机联系；合理的能源价格及在上下游之间、能源品种之间具有合理的比例关系。简言之，能源供应体系就是要从数量充足、品质清洁、价格合理三个维度满足更高层次的能源需求，实现能源与经济、社会的协调发展。能源消费体系包含着区域能源消费体系和区域能源清洁利用体系两个部分。作用是协调矿产能源生产与消费的能量转换过程中所存在的能量损失和环境破坏，处理对污染物的排放、预防控制和清洁化利用。

本书提出的构建能源安全体系的建议如下：

第一，开展"丝绸之路经济带"沿线国家能源安全体系建设必须上、中、下游多领域合作并举。上游开发领域的合作是中游运输、下游炼化与贸易合作的基础，因此应当作为能源合作的重点。中国能源企业已经较深地进入这一地区的油气开发领域，下一步应在加大油气开发投资、提高开发技术水平的同时，协助有关资源国进行能源产业的现代化改造。在中游运输领域，在加紧修建中亚天然气管道 C/D 线的同时，可考虑重点解决管道运输的安全顺畅问题，并且为地处亚欧大陆腹地的中亚国家提供东出太平洋的出海港口，俄罗斯石油通过中哈原油管道输往中国的合作项目也应尽快落实。在下游领域，应当更多地考虑到大中亚国家的需求，重点推进当地现代化炼化设施建设合作，以便把更多的附加值留给当地。

第二，能源企业是促进能源安全体系建设的主力军。能源企业一方面要积极推进国家能源战略的实施，承担起维护国家能源安全的使命；另一方面也要乘着“丝绸之路经济带”建设的东风，加快“走出去”步伐，实现自身快速发展。这些都考验着各国能源企业的胆识与智慧。无论国有能源企业还是地方能源企业，都对“丝绸之路经济带”建设抱有极大热情，但关于参与“丝绸之路经济带”建设的路径普遍不够明晰。笔者认为，能源企业应当在“丝绸之路经济带”建设的大框架下构建对大中亚地区能源合作的战略规划。“丝绸之路经济带”战略构想进入到具体操作层面可能还需要一个时间段，其间相关政府部门将会出台加强能源合作的规划，能源企业要争取参与到这个规划的制定中，与相关部门充分沟通对接，准确反映自己的优势和需要，既要进一步丰富政府部门规划的内涵，又要为本企业的发展争取主动。

在合作中充分发挥自己的优势，同样应是能源企业考虑的重点。国有大型能源企业要在这一合作中发挥“领头羊”作用，努力保障国家能源战略的实施，服务于国家经济的可持续发展及地缘政治利益的拓展。我国国有大型能源企业在和中亚的能源合作中已经打下很好的基础，下一步要充分把握党的十八届三中全会提出的“积极发展混合所有制经济”的改革思路，强化对地方能源企业和民营能源企业参与“丝绸之路经济带”建设的带动意识，整合、利用后者的资源和优势，把总体盘子做大，壮大“丝绸之路经济带”建设中的能源合作力量。

第三，“丝绸之路经济带”建设中的能源安全体系建设必须贯彻“合作共赢，共同发展”的理念。要强化正确的义利观，更多地考虑合作对象国的利益和需求，带动合作对象国的发展，实现互利共赢。比如，与中亚国家相比，克拉玛依在炼化技术方面具有一定优势，可考虑利用自己的优势参与合作对象国炼油产业的现代化改造。要重视长期效益，摒弃“抓一把就走”的短视做法。要谋求经济、政治、社会等多重利益，服务于国家打造软实力的需要。

第四，西部地区是“丝绸之路经济带”沿线国家能源安全体系建设的重要联结地段。为保障能源安全和国家利益，不论是能源进口国、出口国，或者跨境能源运输国，均意识到建立能源安全体系的重要性。西部地区是我国联结中亚的中转站，大力发挥这些地区的中转站、“桥头堡”功能可以带动其本土区域经济的发展，提升其国际国内地位，在能源管线建设、能源产品加工等方面适当加大西部地区的参与度，也是区域分工和产业转移的需要，毕竟西部地区和中亚国家有着天然的联系，能源资源也较为丰富，可以集中开发。

第五，由政府主导、发挥政府之间项目推进的作用，推进能源安全体系建设。世界能源供应和消费情况使我国的能源安全在当今和未来都受到挑战，中亚国家与我国西部地区有着天然的联系，应进一步深化各个领域的合作。能源领域关乎国家安全和经济利益，需要更深入的、扎实稳固的伙伴关系，能源安全体系的建设是经济的长期合作，又是政治的长期合作，政府的主导和推动仍然是主要力量，从其他地区经济合作经验上看也是如此。

**参考文献**

[1] 胡鞍钢，马伟，鄢一龙．“丝绸之路经济带”：战略内涵、定位和实现路径 [J]. 新疆师范大学学报（哲学社会科学版），2014（4）.

[2] 赵东波，李英武．中俄及中亚各国“新丝绸之路”构建的战略研究 [J]. 东北亚论坛，2014（1）.

[3] 庞昌伟．能源合作：“丝绸之路经济带”战略的突破口 [J]. 新疆师范大学学报（哲学社会科学版），2014（4）.

[4] 孙永祥．上海合作组织国家能源合作：从双边向多边的扩大 [M]. 北京：社会科学文献出版社，2010.

[5] 孙永祥．中俄天然气合作：在较劲中前行 [J]. 国际贸易，2010（12）：35-39.

[6] 许勤华．后金融危机时期上合组织框架内多边能源合作现状前景 [J]. 俄罗斯中亚东欧研究，2012（4）.

[7] 魏一鸣，焦建华，廖华．能源经济学 [M]. 北京：科学出版社，2011.

[8] 李葆珍．上海合作组织的能源合作与中国的能源安全 [J]. 郑州大学学报（哲学社会科学版），2010（7）.

[9] 李明伟．丝绸之路贸易研究 [M]. 乌鲁木齐：新疆人民出版社，2011.

[10] 周晓沛．油气管道运输安全问题 [J]. 内部报告，2011（2）：25-27.

[11] 吴恩远．上海合作组织黄皮书 [M]. 北京：社会科学文献出版社，2012.

# 第九章　“丝绸之路经济带”与向西开放*

新疆是中国向西开放的前沿地带，“丝绸之路经济带”使新疆继西部大开发—向西开放—对口援疆之后进入了第四个战略机遇期。

## 一、向西开放与“丝绸之路经济带”的关系

### （一）关于向西开放

关于“向西开放”，学术界有两种主要观点：“西进”和“西移”说。尽管说法不同，但其内涵是大致相同的，基本思路就是中国要向西拓展自己的国际空间，以协调均衡中国的国际经济发展空间。“向西开放”是官方的说法，较中性，涵盖全面；而“西进”军事色彩比较浓厚，有咄咄逼人之嫌；“西移”有战略转移和产业转移的被动含义。向西开放更适合作为大国战略的宣示。

向西开放战略的提出经历了一个渐进过程，最早可追溯到1992年实施的沿边开放战略，经历了西部大开发（1999年）—向西开放（2011年）—“丝绸之路经济带”（2013年）的四次战略推进。2011年9月，李克强总理在新疆乌鲁木齐首届亚欧博览会上正式提出向西开放战略，标志着向西开放国家战略的正式启动。

向西开放有明确的地缘指向性，是中国陆上周边战略的有机组成，是中国对外开放战略的重要组成部分，是继20世纪80年代以来推进沿海、沿江、沿边开放之后对外开放的新方向，因其隐含的走向印度洋意义，而与中国海洋周边战略

---

* 原文题目：《丝绸之路经济带与向西开放》。作者：新疆大学孙慧。有改动。

遥相呼应。向西开放依据地缘指向，涵盖中亚、西亚、南亚，是中国对外开放战略的西向延伸，是中国西部大开发战略的推进，涵盖中国西部沿边地区，是国内开发战略的西向发展。

向西开放战略在我国地缘政治、地缘经济、地缘安全等方面作用凸显。在地缘政治方面：有利于我国“睦邻友好带”目标的实现；有利于强化上合组织建设，为我国国际战略运筹提供重要支撑；有利于为我国建设海洋强国提供地缘战略纵深。在地缘经济方面：有利于打造一个幅员辽阔的“经济合作带”；有利于建立我国西部经济发展的直接外部依托，拉动我国经济发展重心从沿海向西部转移；有利于激活我国的陆桥潜力；有利于中国能源外交战略的布局，扩大陆上周边油气供给。在地缘安全方面：有利于打造中国西部周边“战略稳定带”；有利于增加中国与美国合作、博弈的筹码。

## （二）“丝绸之路经济带”与大国战略

### 1. 中美俄三国在中西亚地区战略比较

从上海合作组织旨在打击“三股势力”和跨境犯罪，建立反恐合作机制，到提出“丝绸之路经济带”，充分表达了中国与欧亚各国全面共筑国际和平空间、携手互利合作、谋求共同发展的理念。国家主席习近平于 2013 年 9 月 7 日在哈萨克斯坦纳扎尔巴耶夫大学发表题为《弘扬人民友谊，共创美好未来》的重要演讲，倡议用创新的合作模式，共同建设“丝绸之路经济带”，将其作为一项造福沿途各国人民的大事业。习主席提出的“丝绸之路经济带”阐释了中国新领导集体的中亚政策，更加明确了中国与中亚国家建立睦邻友好关系、与邻为善、与邻为伴的外交思想。

2011 年 7 月，美国国务卿希拉里·克林顿在印度参加第二次美印战略对话期间第一次明确提出“新丝绸之路计划”。随后，该计划被紧锣密鼓地摆上国际议事日程。美国提出以阿富汗为枢纽，将南亚、中亚与西亚连接起来，以实现“能源南下”“商品北上”的计划，但是该战略把重心放在动荡不安的阿富汗和巴基斯坦，并扩展到中亚地区，没有稳固的轴心，也就缺乏实施的基础。

2010 年 1 月 1 日，俄白哈三国关税同盟投入运行，三国签署了于 2012 年 1 月启动统一经济空间的“一揽子”协议。时任俄罗斯总统梅德韦杰夫认为，统一经济空间启动后，三国将在商品自由流通的基础上，实现服务、资金和劳动力的自由流动，并指出三国一体化的最终目标是建设欧亚经济联盟。2011 年 10 月，俄罗斯时任总理普京以欧盟为基础提出建立由白俄罗斯、哈萨克斯坦、俄罗斯、亚美尼亚等苏联原组成国家为加深经济、政治合作与融入而计划组建的一个超国家联盟，即欧亚联盟。欧亚联盟并不是整个欧亚大陆的联盟，欧亚是指“欧亚地区”，也就是独联体、泛东欧地区，引发了外界的一些猜想，认为这是要恢复过去的苏联。

中、美、俄三国在中西亚地区战略比较如表 9–1 所示。

**表 9–1　中、美、俄三国在中西亚地区战略比较**

| 名称 | 主导国家 | 性质 | 特征 |
|---|---|---|---|
| 俄白哈统一经济空间 | 俄罗斯 | 政治、经济联盟 | 减少贸易壁垒，密切经贸合作 |
| 欧亚联盟 | 俄罗斯 | 政治、经济、军事联盟 | 构建统一政治、经济、军事、海关和人文空间 |
| “新丝绸之路”计划 | 美国 | 军事、政治、经济战略 | 以阿富汗为枢纽，将南、中、西亚连接，实现“能源南下”“商品北上” |
| 上海合作组织 | 中国 | 军事、政治合作 | 打击“三股势力”和跨境犯罪，建立反恐合作机制 |
| “丝绸之路经济带” | 中国 | 经济、贸易合作 | 加强政策沟通、道路联通、贸易畅通、货币流通、民心相通 |

综上所述，美国“重返亚洲”战略，通过东海日韩岛链、南海菲越岛链、南亚诸国形成了对中国合围的珍珠链，意在主导亚洲事务的话语权；俄罗斯“重返中亚”战略，密切与苏联原加盟共和国成员的政治、军事、经贸关系，以期巩固在传统势力范围的影响力；中国提出“丝绸之路经济带”建设，发挥古丝绸之路历史人文优势，充分施展大国经济影响，构建东联西出、互联互通的丝绸之路经贸走廊，形成东、南、西全方位、多层次、宽领域的国际经贸格局。

2. 沿线国家竞争力评价

依据世界银行数据库的相关数据，借鉴世界经济论坛发布的《2012~2013 年全球竞争力报告》评价指标体系，构建了“丝绸之路经济带”沿线 23 个国家经济发展评价指标体系，如表 9–2 所示。采用模糊综合评价法，计算出“丝绸之路经济带”沿线主要国家经济发展竞争力排行榜，其中中国、白俄罗斯、俄罗斯和乌克兰分列排行榜的前四位，伊朗、叙利亚、阿富汗、伊拉克分列排行榜的后四位。测算结果表明，资源型国家竞争力相对较强，而政局不稳的国家竞争力相对较弱，各区域间存在较大差异，如表 9–3 所示。

**表 9–2 “丝绸之路经济带”沿线主要国家经济发展竞争力评价指标体系**

| 一级指标 | 二级指标 | 权重 | 三级指标 | 权重 | 四级指标 | 权重 | 单位与说明 |
|---|---|---|---|---|---|---|---|
| A1 经济竞争力 | B1 经济发展 | 1/2 | C1 宏观经济 | 1/4 | D1 GDP | 1/5 | 亿美元 |
| | | | | | D2 人均 GDP | 1/5 | 美元 |
| | | | | | D3 总税率 | 1/5 | %（占商业利润的百分比） |
| | | | | | D4 消费者价格指数 | 1/5 | 2005 年=100 |
| | | | | | D5 GDP 增长率 | 1/5 | % |
| | | | C2 经济结构 | 1/4 | D6 城镇人口比重 | 1/4 | %（占总人口比例） |
| | | | | | D7 农业占 GDP 比重 | 1/4 | % |
| | | | | | D8 工业占 GDP 比重 | 1/4 | % |
| | | | | | D9 服务业占 GDP 比重 | 1/4 | % |
| | | | C3 国际化程度 | 1/4 | D10 外商直接净投资 | 1/2 | 亿美元 |
| | | | | | D11 进出口贸易总额 | 1/2 | 亿美元 |
| | | | C4 科技水平 | 1/4 | D12 商标申请总数 | 1/4 | 个 |
| | | | | | D13 研究人员 | 1/4 | 每 100 万人 |
| | | | | | D14 研发支出 | 1/4 | %（占 GDP 的比例） |
| | | | | | D15 高科技出口 | 1/4 | 现价美元 |
| | B2 社会发展 | 1/2 | C5 基础设施 | 1/3 | D16 医院每千人床位数 | 1/4 | 张 |
| | | | | | D17 互联网用户 | 1/4 | 每 100 人 |
| | | | | | D18 移动蜂窝式无线通信系统的电话租用 | 1/4 | 每 100 人 |
| | | | | | D19 铁路货运量 | 1/4 | 百万吨/公里 |
| | | | C6 教育培训 | 1/3 | D20 公共教育支出 | 1/3 | %（占政府支出的比例） |
| | | | | | D21 高等院校入学率 | 1/3 | %（占总人数的百分比） |
| | | | | | D22 接受过高等教育的劳动力 | 1/3 | %（占劳动力总数的百分比） |
| | | | C7 劳动力就业 | 1/3 | D23 劳动力参与率 | 1/2 | %（占 15 岁以上总人口的百分比） |
| | | | | | D24 总失业人数 | 1/2 | %（占劳动力总数的比例） |

表 9-3 “丝绸之路经济带”沿线主要国家经济发展竞争力排行榜（2012 年）

| 综合排名 | “丝绸之路经济带”沿线主要国家 | 综合得分 |
|---|---|---|
| 1 | 中国 | 0.6242 |
| 2 | 白俄罗斯 | 0.4480 |
| 3 | 俄罗斯 | 0.4349 |
| 4 | 乌克兰 | 0.4305 |
| 5 | 蒙古 | 0.3913 |
| 6 | 哈萨克斯坦 | 0.3896 |
| 7 | 沙特阿拉伯 | 0.3663 |
| 8 | 摩尔多瓦 | 0.3574 |
| 9 | 吉尔吉斯斯坦 | 0.3276 |
| 10 | 阿塞拜疆 | 0.3230 |
| 11 | 亚美尼亚 | 0.3003 |
| 12 | 土耳其 | 0.2959 |
| 13 | 塔吉克斯坦 | 0.2943 |
| 14 | 格鲁吉亚 | 0.2926 |
| 15 | 印度 | 0.2797 |
| 16 | 约旦 | 0.2593 |
| 17 | 乌兹别克斯坦 | 0.2401 |
| 18 | 巴基斯坦 | 0.2215 |
| 19 | 土库曼斯坦 | 0.1990 |
| 20 | 伊朗 | 0.1811 |
| 21 | 叙利亚 | 0.1622 |
| 22 | 阿富汗 | 0.1421 |
| 23 | 伊拉克 | 0.0969 |

## （三）向西开放与“丝绸之路经济带”的关系

向西开放战略的实施，正在推动中国形成全方位、立体式、多层次的陆上(铁路、公路、管道)、海上、空中的全面对外开放格局。“丝绸之路经济带”的提出，使向西开放由国内战略扩展到周边国际战略。“丝绸之路经济带”与向西开放战略在区域上的重叠性、目标指向的趋同性等特征说明“丝绸之路经济带”是向西开放战略的内涵延伸。

# 二、新疆对外开放与经济增长的基本现状

第四次援疆工作会议强调，要围绕“丝绸之路经济带”建设，努力把新疆建设成为我国向西开放的“桥头堡”；第二次中央新疆工作座谈会议指出，“加强基础设施建设，建设好丝绸之路经济带核心区”；中共中央政治局会议强调，要“加快新疆对外开放步伐，坚持开放战略，着力打造新疆丝绸之路经济带核心区”；自治区党委常委（扩大）会议上提出，要“当好建设丝绸之路经济带的排头兵”。因此，考察新疆对外开放和经济增长基本情况，测度新疆向西开放水平，揭示新疆向西开放水平与区域经济增长的关系特征，对于发挥新疆向西开放前沿支点作用和建设“丝绸之路经济带”核心区有显著意义。

## （一）新疆进出口贸易形势特点

1. 新疆进出口贸易形势两阶段回顾（2000~2013 年）

第一，2000~2009 年，以出口为主导，进口波动下降，进出口贸易总值占全国比重波动性上升。2000~2009 年，新疆进出口总值总体呈逐年上升趋势，且增幅较大，由 2000 年的 22.6 亿美元增至 2009 年的 138.3 亿美元，增长了 5.12 倍。其中，以出口贸易为主导，出口远大于进口（见图 9-1）。2009 年，受国际金融危机影响，进出口、出口贸易总值较 2008 年显著下滑，分别下降 83.9 亿美元、84.8 亿美元。新疆进出口贸易总值占全国比重由 2000 年的 0.48%增至 2009 年的 0.63%，其中 2008 年占比最高，为 0.87%（见图 9-2）。新疆与全国出口贸易总值比较如图 9-3 所示。新疆进口贸易总值占全国比重总体呈波动下降趋势，且波幅较大，2000 年，新疆进口贸易总值占全国比重为 0.47%，2009 年则下滑至 0.30%，其中 2007 年占比最低，为 0.23%（见图 9-4）。

第二，2010~2013 年，仍以出口为主导，进口先升后降，进出口贸易总值占全国比重逐年稳升。2010~2013 年，新疆进出口贸易总值呈逐年上升趋势，由 2010 年的 171.3 亿美元增至 2013 年的 275.6 亿美元，增长 61%。其中，出口在对外贸易中占主导地位，2013 年，新疆出口约占进出口贸易总额的 81%

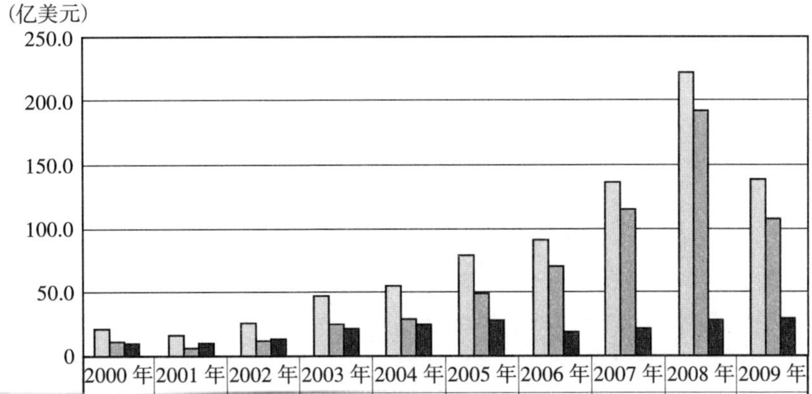


| | 2000 年 | 2001 年 | 2002 年 | 2003 年 | 2004 年 | 2005 年 | 2006 年 | 2007 年 | 2008 年 | 2009 年 |
|---|---|---|---|---|---|---|---|---|---|---|
| 进出口总值 | 22.6 | 17.7 | 26.9 | 47.7 | 56.4 | 79.4 | 91.0 | 137.2 | 222.2 | 138.3 |
| 出口总值 | 12.0 | 6.7 | 13.1 | 25.4 | 30.5 | 50.4 | 71.4 | 115.0 | 193.0 | 108.2 |
| 进口总值 | 10.6 | 11.0 | 13.8 | 22.3 | 25.9 | 29.0 | 19.6 | 22.1 | 29.2 | 30.0 |

**图 9–1 新疆进出口贸易总值（2000~2009 年）**

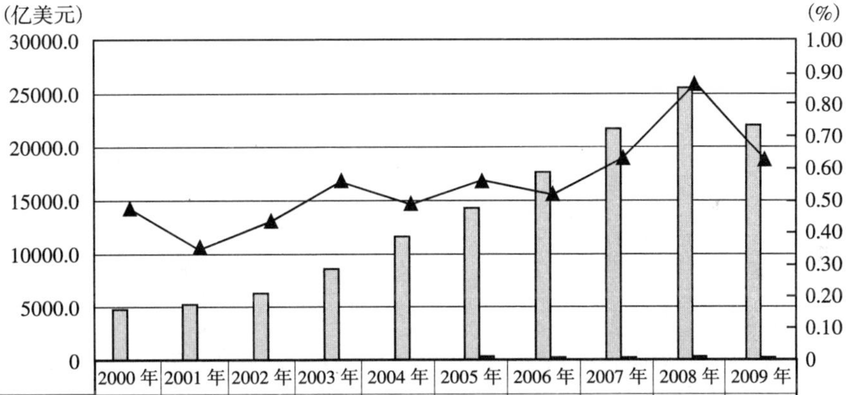


| | 2000 年 | 2001 年 | 2002 年 | 2003 年 | 2004 年 | 2005 年 | 2006 年 | 2007 年 | 2008 年 | 2009 年 |
|---|---|---|---|---|---|---|---|---|---|---|
| 全国 | 4742.9 | 5096.5 | 6207.7 | 8509.9 | 11545.5 | 14219.1 | 17604.4 | 21765.7 | 25632.6 | 22075.4 |
| 新疆 | 22.6 | 17.7 | 26.9 | 47.7 | 56.4 | 79.4 | 91.0 | 137.2 | 222.2 | 138.3 |
| 新疆占全国比重 | 0.48 | 0.35 | 0.43 | 0.56 | 0.49 | 0.56 | 0.52 | 0.63 | 0.87 | 0.63 |

**图 9–2 新疆与全国进出口贸易总值比较（2000~2009 年）**

（见图 9–5）；新疆进口贸易呈上升趋势，由 2010 年的 41.6 亿美元增至 2013 年的 52.9 亿美元，增长 27.2%。新疆进出口贸易总值占全国比重呈逐年增长趋势，2010 年，新疆进出口贸易总值占全国比重为 0.58%，至 2013 年占比增至 0.66%，达历年最高值（见图 9–6）。其中，新疆出口贸易总值占全国比重呈逐年增长趋势，2010 年，新疆出口贸易总值占全国比重为 0.82%，至 2013 年占比突破 1%，增长至 1.01%（见图 9–7）。2010~2013 年新疆进口贸易总值占全国比重在 0.3%左

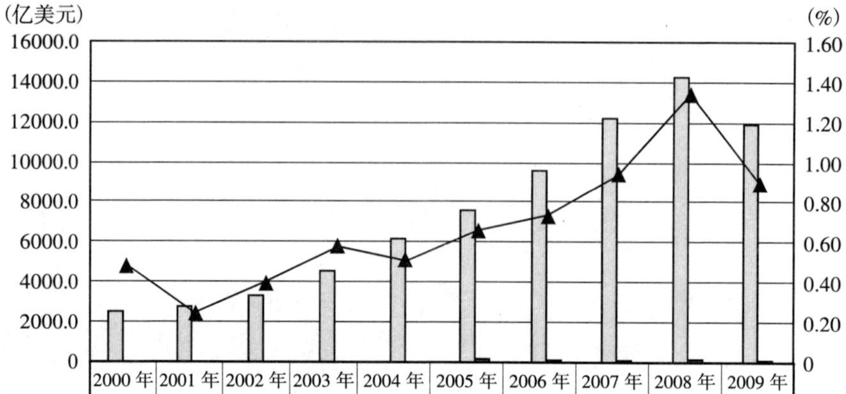


| | 2000 年 | 2001 年 | 2002 年 | 2003 年 | 2004 年 | 2005 年 | 2006 年 | 2007 年 | 2008 年 | 2009 年 |
|---|---|---|---|---|---|---|---|---|---|---|
| 全国 | 2492.0 | 2661.0 | 3256.0 | 4382.3 | 5933.3 | 7619.5 | 9689.8 | 12204.6 | 14306.9 | 12016.1 |
| 新疆 | 12.0 | 6.7 | 13.1 | 25.4 | 30.5 | 50.4 | 71.4 | 115.0 | 193.0 | 108.2 |
| 新疆占全国比重 | 0.48 | 0.25 | 0.40 | 0.58 | 0.51 | 0.66 | 0.74 | 0.94 | 1.35 | 0.90 |

**图 9–3　新疆与全国出口贸易总值比较（2000~2009 年）**

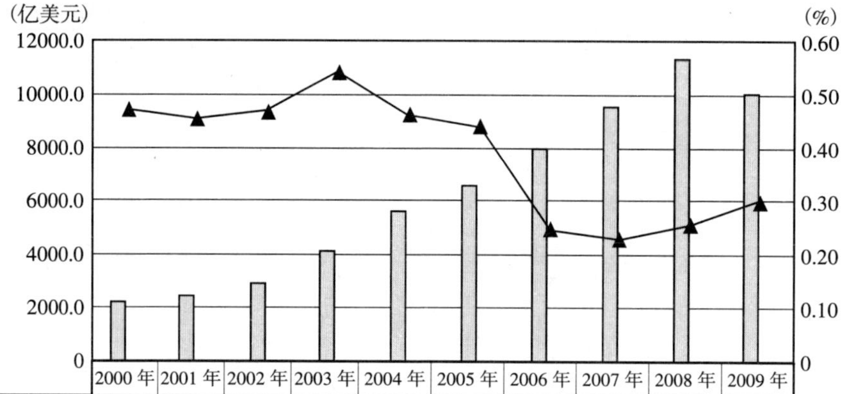


| | 2000 年 | 2001 年 | 2002 年 | 2003 年 | 2004 年 | 2005 年 | 2006 年 | 2007 年 | 2008 年 | 2009 年 |
|---|---|---|---|---|---|---|---|---|---|---|
| 全国 | 2250.9 | 2435.5 | 2951.7 | 4127.6 | 5612.3 | 6599.5 | 7914.6 | 9561.2 | 11325.7 | 10059.2 |
| 新疆 | 10.6 | 11.0 | 13.8 | 22.3 | 25.9 | 29.0 | 19.6 | 22.1 | 29.2 | 30.0 |
| 新疆占全国比重 | 0.47 | 0.45 | 0.47 | 0.54 | 0.46 | 0.44 | 0.25 | 0.23 | 0.26 | 0.30 |

**图 9–4　新疆与全国进口贸易总值比较（2000~2009 年）**

右徘徊（见图 9–8）。

2. 2014 年上半年新疆进出口贸易形势分析

第一，新疆进出口贸易以出口为主导，2 月为进出口最低值。2014 年 1~4 月，新疆进出口总额为 66.59 亿美元，其中出口额为 59.18 亿美元，占进出口总额的 88.87%，进口额仅占 11.13%。新疆进出口总额占全国比重为 0.50%，出口额占全国比重为 0.87%，比进口额占全国比重高 0.76 个百分点（见图 9–9）。

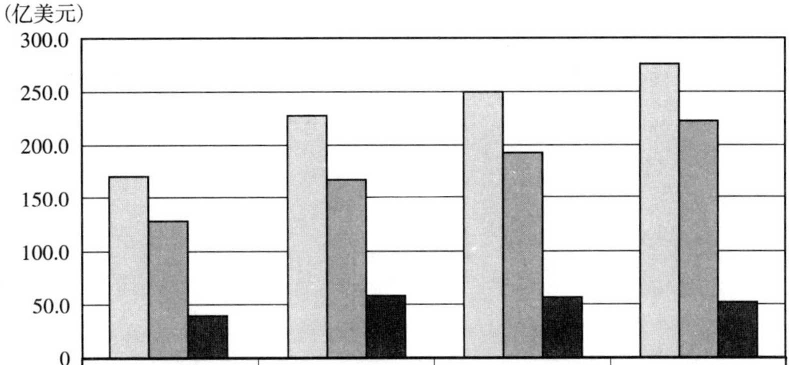


| | 2010 年 | 2011年 | 2012年 | 2013年 |
|---|---|---|---|---|
| □进出口总值 | 171.3 | 228.2 | 251.7 | 275.6 |
| ■出口总值 | 129.7 | 168.3 | 193.5 | 222.7 |
| ■进口总值 | 41.6 | 59.9 | 58.2 | 52.9 |

**图 9-5　新疆进出口贸易总值（2010~2013 年）**

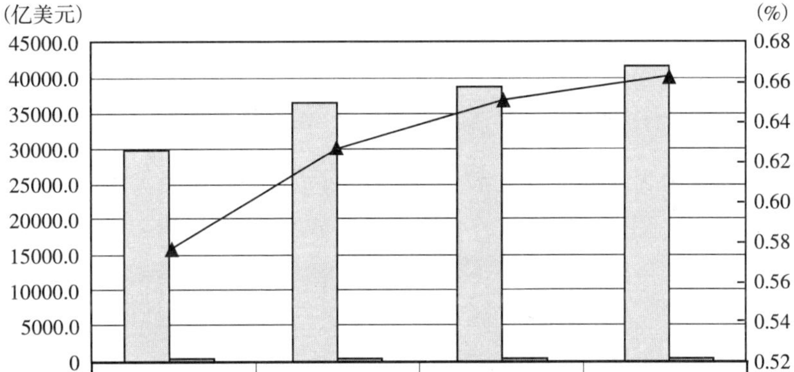


| | 2010 年 | 2011年 | 2012年 | 2013年 |
|---|---|---|---|---|
| □ 全国 | 29740.0 | 36418.6 | 38671.2 | 41603.1 |
| ■ 新疆 | 171.3 | 228.2 | 251.7 | 275.6 |
| —▲— 新疆占全国比重 | 0.58 | 0.63 | 0.65 | 0.66 |

**图 9-6　新疆与全国进出口贸易总值比较（2010~2013 年）**

分月份来看，1~4 月进口表现平稳，在 2 亿美元左右波动；进出口总额变化趋势主要受出口拉动，出口占进出口总额比重在 80%~92%，变动趋势呈“V”形（见图 9-10 和图 9-11）。

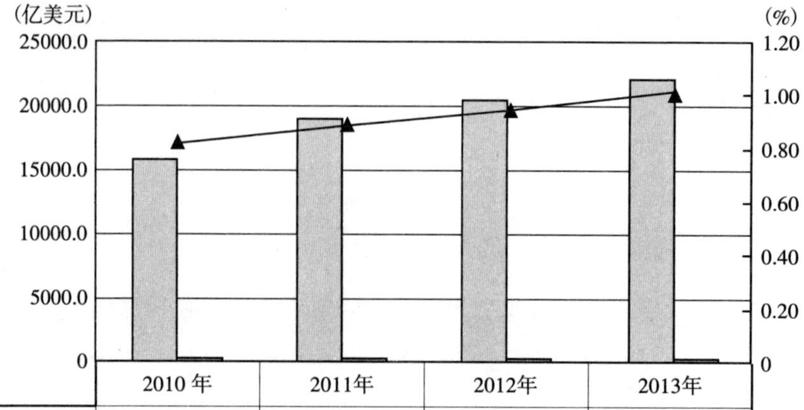


| | 2010年 | 2011年 | 2012年 | 2013年 |
|---|---|---|---|---|
| 全国 | 15777.5 | 18983.8 | 20487.1 | 22100.2 |
| 新疆 | 129.7 | 168.3 | 193.5 | 222.7 |
| 新疆占全国比重 | 0.82 | 0.89 | 0.94 | 1.01 |

**图 9–7　新疆与全国出口贸易总值比较（2010~2013 年）**

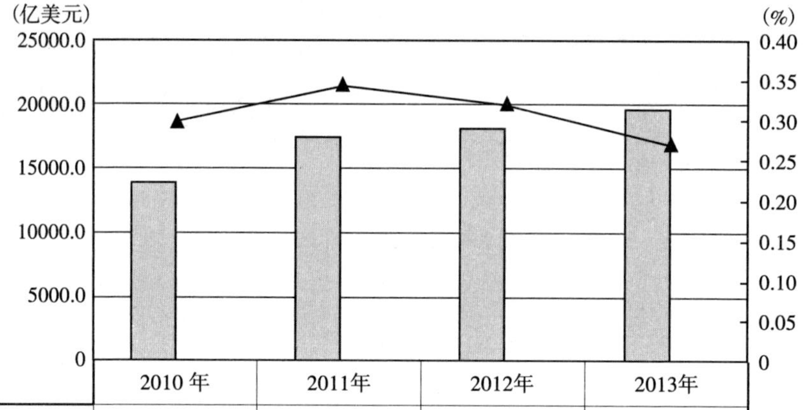


| | 2010年 | 2011年 | 2012年 | 2013年 |
|---|---|---|---|---|
| 全国 | 13962.4 | 17434.8 | 18184.1 | 19502.9 |
| 新疆 | 41.6 | 59.9 | 58.2 | 52.9 |
| 新疆占全国比重 | 0.30 | 0.34 | 0.32 | 0.27 |

**图 9–8　新疆与全国进口贸易总值比较（2010~2013 年）**

第二，边境小额贸易和一般贸易继续主导进出口。2014 年 4 月，新疆进出口主要贸易方式有七种，较上季度新增租赁贸易。其中，边境小额贸易进出口总值约 10.94 亿美元，排名第一，占全区进出口总值的 57.73%，同比增长 14.4%，环比增长 36.07%；一般贸易进出口总值约 6.28 亿美元，排名第二，占全区进出口总值的 33.15%，同比下降 13.3%，环比上升 39.87%（见图 9–12）。

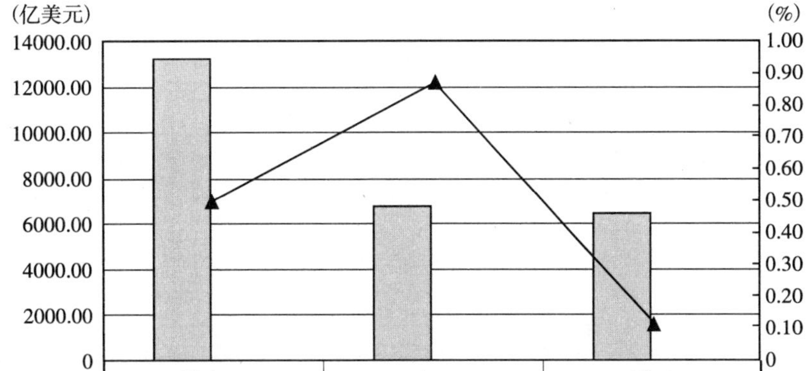


| | 进出口 | 出口 | 进口 |
|---|---|---|---|
| 全国 | 13247.08 | 6798.79 | 6448.41 |
| 新疆 | 66.59 | 59.18 | 7.40 |
| 新疆占全国比重 | 0.50 | 0.87 | 0.11 |

**图 9–9　新疆与全国进出口贸易总值比较（2014 年 1~4 月）**

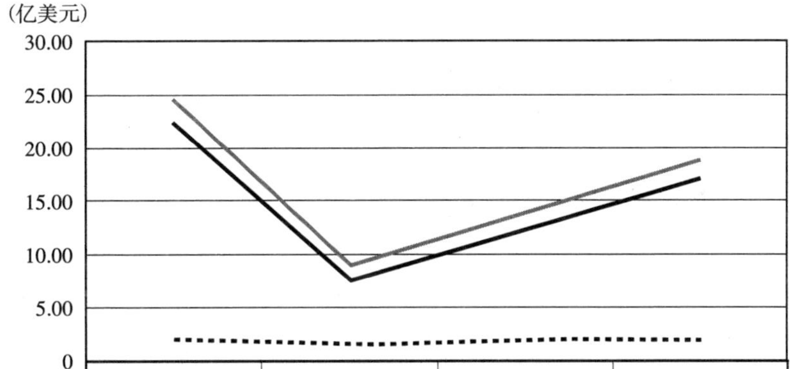


| | 1 月 | 2月 | 3月 | 4月 |
|---|---|---|---|---|
| 出口 | 22.42 | 7.57 | 12.13 | 17.07 |
| 进口 | 2.09 | 1.50 | 1.94 | 1.88 |
| 进出口 | 24.51 | 9.07 | 14.07 | 18.94 |

**图 9–10　新疆进出口贸易总值（2014 年 1~4 月）**

第三，民营企业继续主导出口，在进口方面，民营企业取代国有企业而占主导地位。新疆企业进出口类型主要分为三类：国有企业、外商投资企业、民营企业。2014 年 4 月，民营企业进出口总值为 16.43 亿美元，占新疆进出口总值的 86.72%，位列第一（见图 9–13）。在出口方面，民营企业继续占主导地位，总值为 15.17 亿美元，占新疆进出口总值的 88.88%，同比、环比双增；在进口方面，

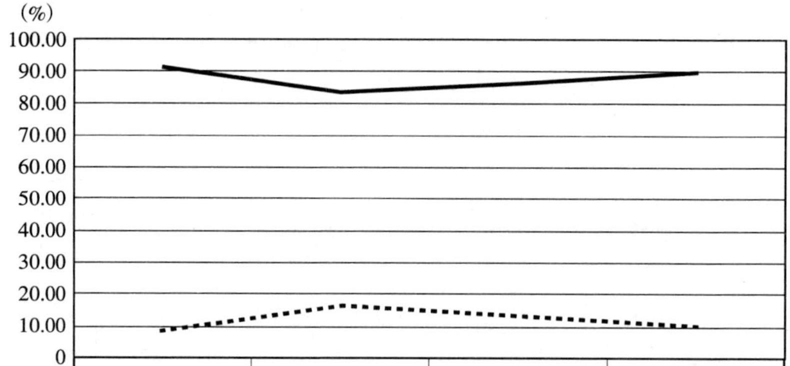


| | 1月 | 2月 | 3月 | 4月 |
|---|---|---|---|---|
| 出口占比 | 91.46 | 83.47 | 86.23 | 90.10 |
| 进口占比 | 8.54 | 16.53 | 13.77 | 9.90 |

**图 9-11 新疆进、出口额占进出口贸易总额比例（2014 年 1~4 月）**

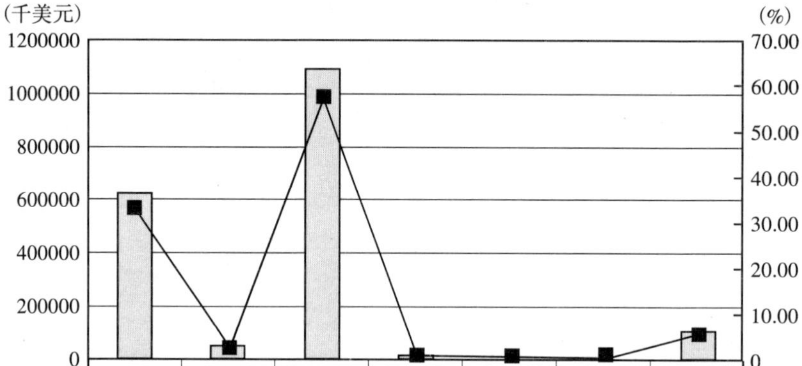


| | 一般贸易 | 加工贸易 | 边境小额贸易 | 对外承包工程出口货物 | 租赁贸易 | 海关特殊监管区域 | 其他贸易 |
|---|---|---|---|---|---|---|---|
| 各贸易方式进出口总值 | 627829 | 47672 | 1093589 | 13319 | 3809 | 2692 | 105263 |
| 占比 | 33.15 | 2.52 | 57.73 | 0.70 | 0.20 | 0.14 | 5.56 |

**图 9-12 2014 年 4 月新疆主要贸易方式进出口总值及其占新疆进出口总值比重**

民营企业取代国有企业占主导地位，总值为 1.26 亿美元，占新疆进口总值的 67.1%，同比增长 116%，环比增长 63%。

第四，在出口商品总值中机电产品位列第一，在进口商品总值中氧化铝位列第一。2014 年 4 月，新疆进出口商品主要有 30 种，其中出口总值排名前十的依次是机电产品、服装类、鞋类、纺织类、农产品、汽车零件类、箱包类、初级形

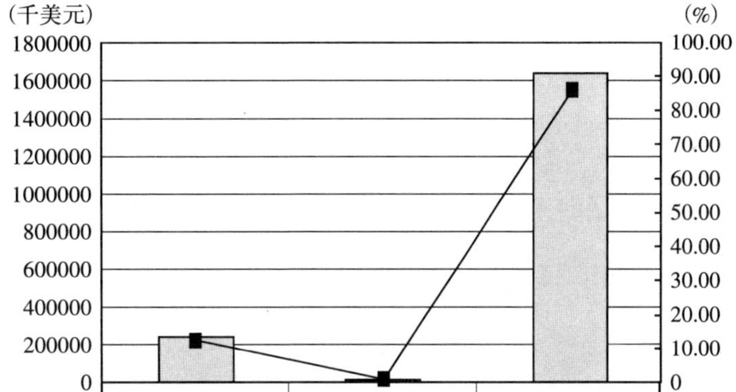


| | 国有企业 | 外商投资企业 | 民营企业 |
|---|---|---|---|
| □ 各类型企业进出口总值 | 239988 | 11575 | 1642610 |
| —■— 占比 | 12.67 | 0.61 | 86.72 |

**图 9-13 2014 年 4 月按企业性质划分新疆进出口总值及其占比**

状的聚氯乙烯、番茄酱、陶瓷产品；进口商品总值排名前十的依次是氧化铝、机电产品、农产品、铜矿砂及其精矿、高新技术产品、纸浆、纺织类、锯材、棉花、铁矿砂及其精矿。

在出口商品中，机电产品、服装类、鞋类稳定出口前三，机电产品由第二位上升至第一位，陶瓷产品代替成品油进入出口前十；在进口商品中，前三位为氧化铝、机电产品、农产品，氧化铝为本月新增产品，位列第一，纸浆、纺织类、锯材进入前十。

第五，中西亚、南亚国家是新疆的主要经贸伙伴。一是新疆对中西亚、南亚国家进出口贸易额占新疆进出口总额的 80.12%。中西亚、南亚国家进出口贸易额占“丝绸之路经济带”沿线 22 个与中国新疆有贸易往来国家的 42.86%。2014 年 4 月，新疆对中亚五国进出口额为 13.6 亿美元，占新疆进出口总额的 74%，中亚五国仍为新疆第一贸易伙伴；新疆对西亚四国进出口额为 1.05 亿美元，占新疆进出口总额的 6%；新疆对南亚国家的进出口额为 0.51 亿美元，占新疆进出口总额的比例为 3%。新疆对俄罗斯进出口额为 0.44 亿美元，占新疆进出口总额的比例为 2%。新疆对其他国家进出口贸易额为 2.82 亿美元，占新疆进出口总额的 15%。这显示出新疆面向中、西、南亚地区进出口贸易占贸易总额达八成以上。新疆对中、西、南亚各国均以出口贸易为主，出口占比分别超过 80%、65%、60%。分国家或地区新疆进出口额比重如图 9-14 所示。二是哈萨克斯坦是新疆最主要的贸易伙伴。2014 年 1~4 月，新疆与哈萨克斯坦贸易额为 77.89 亿美元，同比增长 16.6%，占新疆外贸总额的 43%，占比较上年同期降低 4.2 个百分点。2014 年 4 月，新疆对哈萨克斯坦的进出口额、出口额、进口额分别为 7.8629 亿美元、7.3388 亿美元、0.5241 亿美元，分别占新疆进出口额、出口额、进口额的 41.51%、43.00%、27.94%，哈萨克斯坦是新疆最大出口国和进口国。分国家新疆进出口额比重如图 9-15 所示。

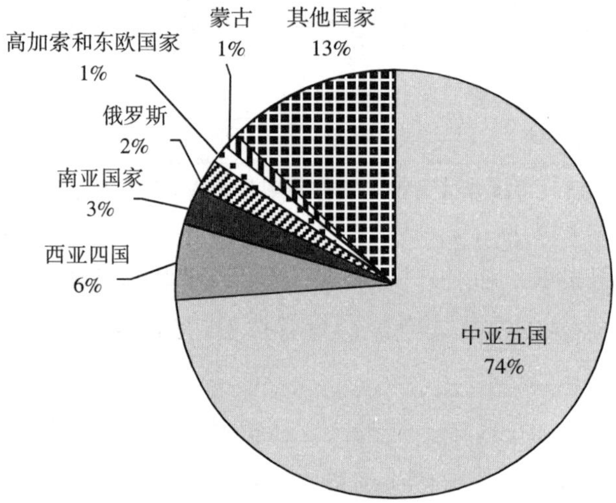


**图 9-14　分国家或地区新疆进出口额比重**

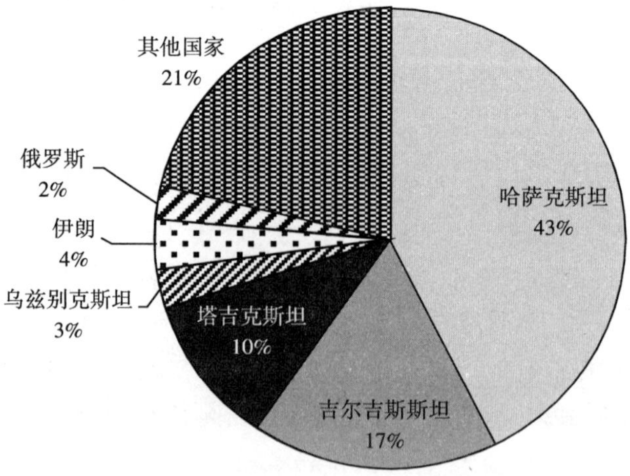


**图 9-15　分国家新疆进出口额比重**

## （二）新疆经济增长情况

1. 新疆经济增长基本走势两阶段回顾（2000~2013 年）

第一，2000~2009 年，新疆 GDP 总量小，人均 GDP 低于全国平均水平，GDP 平均增速高于全国均值，且增速波幅较大。2000~2009 年，新疆 GDP 总量、人均 GDP 均保持持续增长态势。2009 年新疆 GDP 为 4277.05 亿元，是 2000 年的 3.14 倍，但总量小，占全国 GDP 比重仅为 1.25%。新疆人均 GDP 逐年增长，2009 年为 19942 元，是 2000 年人均 GDP 的 2.71 倍，但十年来人均 GDP 均低于全国平均水平。从 GDP 增速来看，新疆 GDP 增速呈起伏波动态势，受金融危机影响，2009 年 GDP 增速降至 8%，平均 GDP 增速高于全国水平（见表 9-4、图 9-16）。

**表 9-4 2000~2009 年新疆与全国 GDP 总量、人均 GDP、GDP 增速**

| 年份 | 新疆 GDP（亿元） | 全国 GDP（亿元） | 新疆 GDP 占全国比重（%） | 新疆人均 GDP（元） | 全国人均 GDP（元） | 新疆 GDP 增速（%） | 全国 GDP 增速（%） |
|---|---|---|---|---|---|---|---|
| 2000 | 1363.56 | 99214.6 | 1.37 | 7372 | 7858 | 8.20 | 8.0 |
| 2001 | 1491.60 | 109655.2 | 1.36 | 7945 | 8622 | 8.10 | 7.3 |
| 2002 | 1612.65 | 120332.7 | 1.34 | 8457 | 9398 | 8.10 | 9.1 |
| 2003 | 1886.35 | 135822.8 | 1.39 | 9828 | 10542 | 11.20 | 10.0 |
| 2004 | 2209.09 | 159878.3 | 1.38 | 11337 | 12336 | 11.40 | 10.1 |
| 2005 | 2604.14 | 184937.4 | 1.41 | 13108 | 14185 | 10.90 | 10.4 |
| 2006 | 3045.26 | 216314.4 | 1.41 | 15000 | 16500 | 11.00 | 11.1 |
| 2007 | 3523.16 | 265810.3 | 1.33 | 16999 | 20169 | 12.20 | 11.4 |
| 2008 | 4183.21 | 314045.4 | 1.33 | 19797 | 23708 | 11.73 | 9.6 |
| 2009 | 4277.05 | 340902.8 | 1.25 | 19942 | 25608 | 8.00 | 8.7 |
| 平均 | 2619.60 | 194691.4 | 1.35 | 12979 | 14892 | 10.10 | 9.6 |

第二，2010~2013 年，新疆 GDP 占全国比重较上阶段提高 0.05 个百分点，平均增速提高 1.3 个百分点，增速高于全国平均水平。2010~2013 年，新疆 GDP 总量、人均 GDP 仍保持攀升状态，2013 年 GDP 为 8510.00 亿元，是 2010 年的 1.57 倍，但总量仍很小，占全国 GDP 比重平均仅为 1.5%，四年来平均 GDP 较上阶段提高 0.05 个百分点。新疆人均 GDP 逐年增长，2013 年为 37847 元，是 2010

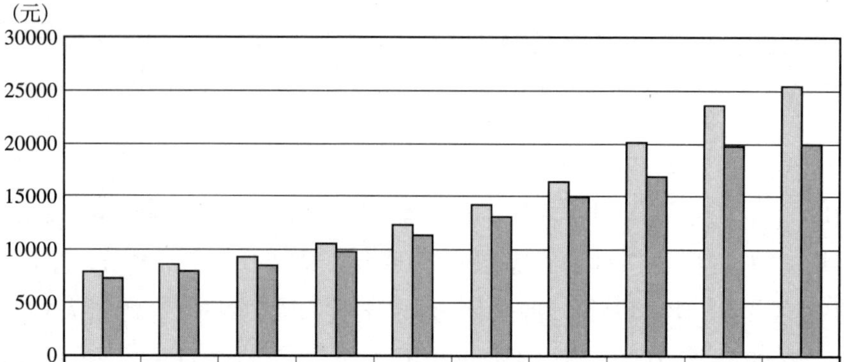


| | 2000年 | 2001年 | 2002年 | 2003年 | 2004年 | 2005年 | 2006年 | 2007年 | 2008年 | 2009年 |
|---|---|---|---|---|---|---|---|---|---|---|
| 全国人均GDP | 7858 | 8622 | 9398 | 10542 | 12336 | 14185 | 16500 | 20169 | 23708 | 25608 |
| 新疆人均GDP | 7372 | 7945 | 8457 | 9828 | 11337 | 13108 | 15000 | 16999 | 19797 | 19942 |

**图 9-16　2000~2009 年新疆与全国人均 GDP 走势**

年人均 GDP 的 1.51 倍，但四年来人均 GDP 仍低于全国平均水平。从 GDP 增速来看，新疆 GDP 平均增速为 11.4%，较上阶段加快 1.3 个百分点，高于全国 GDP 平均增速（8.8%）（见表 9-5、图 9-17、图 9-18）。

**表 9-5　2010~2013 年新疆与全国 GDP 总量、人均 GDP、GDP 增速**

| 年份 | 新疆 GDP（亿元） | 全国 GDP（亿元） | 新疆 GDP 占全国比重（%） | 新疆人均 GDP（元） | 全国人均 GDP（元） | 新疆 GDP 增速（%） | 全国 GDP 增速（%） |
|---|---|---|---|---|---|---|---|
| 2010 | 5437.47 | 401512.80 | 1.35 | 25034 | 30015 | 10.6 | 10.3 |
| 2011 | 6610.05 | 473104.00 | 1.40 | 30087 | 35198 | 12.0 | 9.2 |
| 2012 | 7505.31 | 518942.10 | 1.45 | 33796 | 38420 | 12.0 | 7.8 |
| 2013 | 8510.00 | 568845.00 | 1.50 | 37847 | 41804 | 11.0 | 7.7 |
| 平均 | 7015.70 | 490601.00 | 1.40 | 31691 | 36359 | 11.4 | 8.8 |

2. 2014 年上半年新疆经济形势分析

2014 年上半年，自治区紧紧围绕"稳中求进、改革创新"的发展基调，积极应对复杂严峻的国内外形势，针对有效需求不足导致的经济下行风险，把稳增长和调结构有机结合起来，通过积极拓宽民间投资领域，不断加大重点项目推进力度，加快"短、平、快"项目和纺织服装产业发展等一系列措施，在全国经济增势放缓的情况下，GDP 持续增长，经济运行呈现稳中向好态势。

第一季度，新疆 GDP 完成 1295.89 亿元，同比增长 10.2%，较上年同期增速

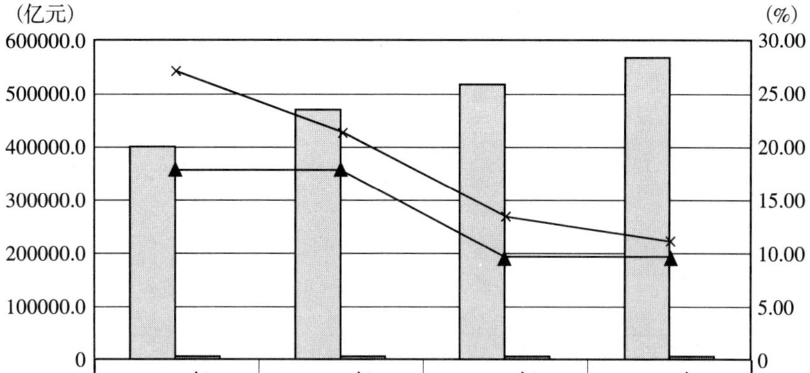


| | 2010 年 | 2011年 | 2012年 | 2013年 |
|---|---|---|---|---|
| 全国 GDP | 401512.80 | 473104.00 | 518942.10 | 568845.00 |
| 新疆 GDP | 5437.47 | 6610.05 | 7505.31 | 8510.00 |
| 全国 GDP 增速 | 10.3 | 9.2 | 7.8 | 7.7 |
| 新疆 GDP 增速 | 10.6 | 12.0 | 12.0 | 11.0 |

**图 9–17　2010~2013 年新疆与全国 GDP 总量、GDP 增速走势**

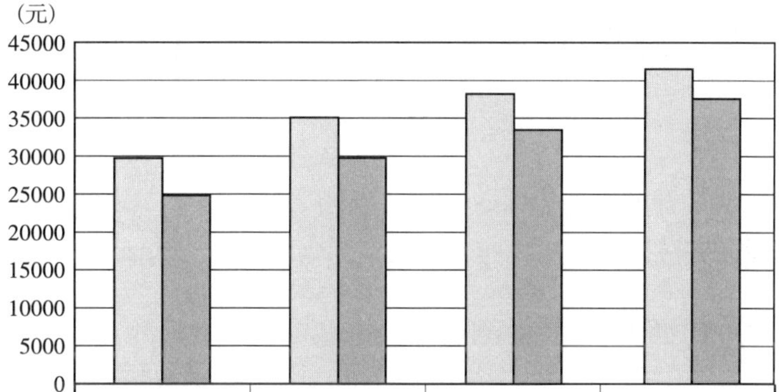


| | 2010 年 | 2011年 | 2012年 | 2013年 |
|---|---|---|---|---|
| 全国人均 GDP | 30015 | 35198 | 38420 | 41804 |
| 新疆人均 GDP | 25034 | 30087 | 33796 | 37847 |

**图 9–18　2010~2013 年新疆与全国人均 GDP 走势**

回落 0.1 个百分点，高于全国 2.8 个百分点，增速居全国第四，创 24 年来新高（见图 9–19）。其中，第一产业增加值 114.6 亿元，增长 5.2%，高于全国 1.7 个百分点；第二产业增加值 723.29 亿元，增长 10.8%，高于全国 3.6 个百分点；第三产业增加值 458 亿元，增长 10.1%，高于全国 2.3 个百分点。

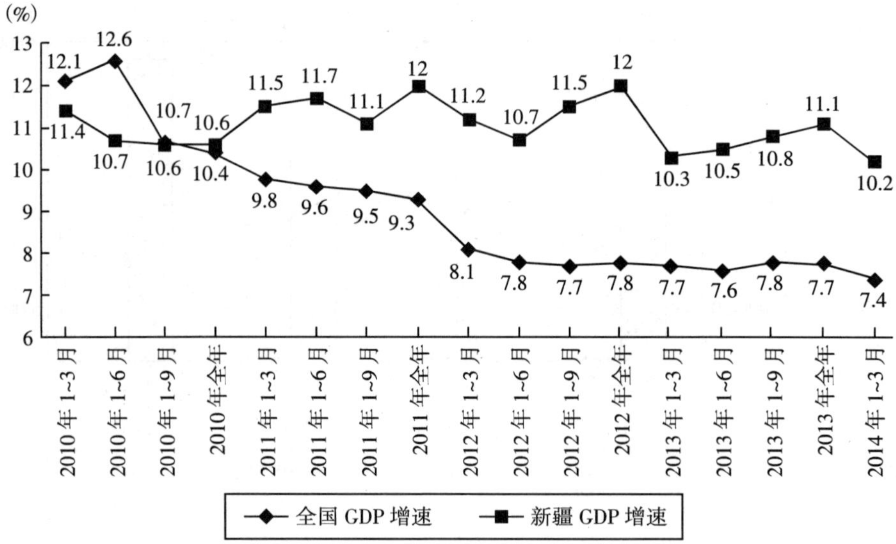


**图 9-19　2010 年至 2014 年 3 月全国和新疆 GDP 增速对比**

# 三、新疆向西开放水平测度与区域经济增长

借鉴对外开放度的思路，采用“丝绸之路经济带”沿线主要国家的外贸依存度，即向西开放度，作为向西开放水平的测度指标，具体测度新疆向西开放水平。

## （一）向西开放水平测度

外贸依存度是指某年一个国家或地区的进出口贸易总额占同期该国家或地区GDP的比重。外贸依存度可分为出口依存度和进口依存度。其中，出口依存度是某年一个国家或地区的出口额占该国家或地区的GDP的比重；进口依存度是某年一个国家或地区的进口额占该国家或地区的GDP的比重。类似地，在本书对向西开放度的测算中，外贸依存度=出口依存度+进口依存度，据此测算出2001~2012年新疆向西开放度，如表9-6所示。

$$\text{出口依存度} = \frac{\text{新疆对 22 个向西开放国家的出口总额}}{\text{新疆 GDP}} \times 100\%$$

$$\text{进口依存度} = \frac{\text{新疆对 22 个向西开放国家的进口总额}}{\text{新疆 GDP}} \times 100\%$$

**表 9-6 2001~2012 年新疆向西开放度**

单位：%

| 年份 | 向西出口依存度 | 向西进口依存度 | 向西开放度 | 新疆对外开放度 | 向西开放在新疆对外开放中的占比 |
|---|---|---|---|---|---|
| 2001 | 1.83 | 4.68 | 6.51 | 9.83 | 66.26 |
| 2002 | 4.08 | 5.97 | 10.05 | 13.82 | 72.76 |
| 2003 | 8.63 | 7.18 | 15.81 | 20.94 | 75.50 |
| 2004 | 9.48 | 7.08 | 16.57 | 21.12 | 78.47 |
| 2005 | 14.11 | 7.49 | 21.60 | 24.98 | 86.45 |
| 2006 | 17.35 | 4.29 | 21.64 | 23.83 | 90.80 |
| 2007 | 23.24 | 3.74 | 26.98 | 29.60 | 91.13 |
| 2008 | 30.51 | 3.86 | 34.36 | 36.89 | 93.17 |
| 2009 | 16.10 | 3.16 | 19.27 | 22.08 | 87.23 |
| 2010 | 15.06 | 3.99 | 19.05 | 21.32 | 89.34 |
| 2011 | 14.12 | 4.92 | 19.04 | 22.30 | 85.37 |
| 2012 | 12.27 | 4.19 | 16.46 | 21.17 | 77.76 |
| 平均 | 13.90 | 5.05 | 18.95 | 22.32 | 82.85 |

资料来源：根据《新疆统计年鉴》相关数据整理计算。

## （二）向西开放水平评价

1. 新疆向西开放水平评价

2001~2012 年，新疆向西出口依存度逐年上升至 2008 年的 30.51%后，又逐年下降至 2012 年的 12.27%，平均水平为 13.90%；向西进口依存度稳中有降，12 年间平均值为 5.05%；新疆向西开放度逐年上升至 2008 年的 34.36%后，又逐年下降至 2012 年的 16.46%，12 年间平均向西开放度为 18.95%；向西开放度变动趋势与向西出口依存度变动趋势一致，均呈倒“V”形变化，说明新疆向西开放水平的主要贡献因素为向西出口贸易规模（见图 9-20）。

2. 新疆向西开放度与对外开放度的变化趋势分析

2001~2012 年，经历 12 年发展，新疆的对外开放度从 9.83%攀升至 2008 年的 36.89%，但是自 2009 年开始下降，跌至 2012 年的 21.17%。新疆对外开放度与向西开放度变化趋势大致一致，均呈倒“V”形变化，2001~2008 年，新疆对外开放度与向西开放度均呈上升趋势，2009 年开始下降，此后一直低于 2008

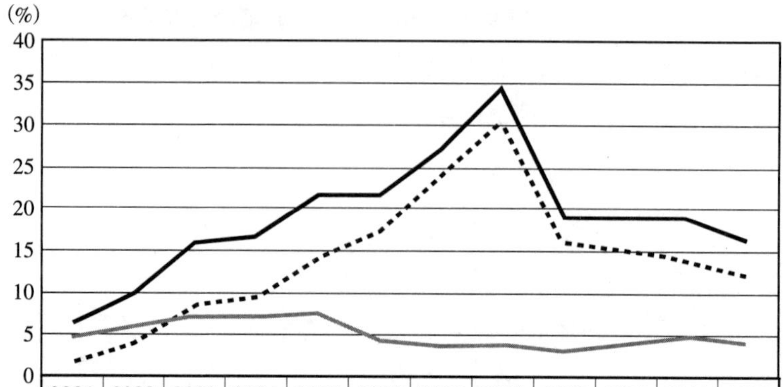


| (年份) | 2001 | 2002 | 2003 | 2004 | 2005 | 2006 | 2007 | 2008 | 2009 | 2010 | 2011 | 2012 |
|---|---|---|---|---|---|---|---|---|---|---|---|---|
| 向西出口依存度 | 1.83 | 4.08 | 8.63 | 9.48 | 14.11 | 17.35 | 23.24 | 30.51 | 16.10 | 15.06 | 14.12 | 12.27 |
| 向西进口依存度 | 4.68 | 5.97 | 7.18 | 7.08 | 7.49 | 4.29 | 3.74 | 3.86 | 3.16 | 3.99 | 4.92 | 4.19 |
| 向西开放度 | 6.51 | 10.05 | 15.81 | 16.57 | 21.60 | 21.64 | 26.98 | 34.36 | 19.27 | 19.05 | 19.04 | 16.46 |

**图 9-20　2001~2012 年新疆向西出口依存度、向西进口依存度、向西开放度变化趋势**

年的向西开放水平（见图 9-21），这验证了前文中以 2009 年为拐点的新疆进出口贸易和经济增长两阶段的划分。此外，2001~2012 年，新疆向西开放度在新疆对外开放度中平均占比为 82.85%，说明向西开放在新疆的对外开放中占主导地位。

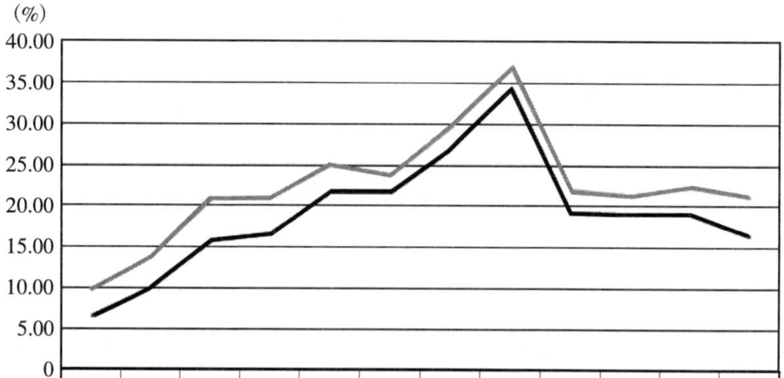


| (年份) | 2001 | 2002 | 2003 | 2004 | 2005 | 2006 | 2007 | 2008 | 2009 | 2010 | 2011 | 2012 |
|---|---|---|---|---|---|---|---|---|---|---|---|---|
| 向西开放度 | 6.51 | 10.05 | 15.81 | 16.57 | 21.60 | 21.64 | 26.98 | 34.36 | 19.27 | 19.05 | 19.04 | 16.46 |
| 对外开放度 | 9.83 | 13.82 | 20.94 | 21.12 | 24.98 | 23.83 | 29.60 | 36.89 | 22.08 | 21.32 | 22.30 | 21.17 |

**图 9-21　2001~2012 年新疆向西开放度及新疆对外开放度变化趋势**

## （三）向西开放与区域经济增长

1. 数据使用与模型选择

（1）数据使用。采用“丝绸之路经济带”沿线 22 个主要国家的外贸依存度，即向西开放度，作为新疆向西开放水平的测度指标。采用新疆 2001~2012 年 GDP 增速作为衡量新疆经济增长的测度指标，其中，测算新疆向西开放度中的新疆进出口贸易额及 GDP 增速指标数据来源于《新疆统计年鉴》（2002~2013）。

（2）模型选择。灰色综合关联度分析是由邓聚龙教授提出的灰色系统理论中的一种主要分析方法。该方法的优点是无论样本量多少和样本有无规律都同样适用，且计算量小、计算方便，不会出现量化结果与定性分析结果不符的情况。但该方法也有其固有缺陷，无法判别出自变量与因变量之间的相互作用程度。因此，本书在样本量小的情况下，优先选择灰色综合关联度分析方法，分析新疆向西开放与经济增长的关系。模型方程如下：

$$\varepsilon_{0i}=\frac{1+|S_0|+|S_i|}{1+|S_0|+|S_i|+|S_i-S_0|}:\ |S_0|=\left|\sum_{k-2}^{n-1}x_0^0(k)+\frac{1}{2}x_0^0(n)\right|:\ |S_i|$$
$$=\left|\sum_{k-2}^{n-1}x_i^0(k)+\frac{1}{2}x_i^0(n)\right|:\ |S_i-S_0|=\left|\sum_{k-2}^{n-1}[x_i^0(k)-x_0^0(k)]+\right.$$
$$\left.\frac{1}{2}[x_i^0(n)-x_0^0(n)]\right| \tag{9-1}$$

$$\gamma_{0i}=\frac{1+|S_0'|+|S_i'|}{1+|S_0'|+|S_i'|+|S_i'-S_0'|}:\ |S_0'|=\left|\sum_{k-2}^{n-1}x_0^{0'}(k)+\frac{1}{2}x_0^{0'}(n)\right|:\ |S_i'|$$
$$=\left|\sum_{k-2}^{n-1}x_i^{0'}(k)+\frac{1}{2}x_i^{0'}(n)\right|:\ |S_i'-S_0'|$$
$$=\left|\sum_{k-2}^{n-1}[x_i^{0'}(k)-x_0^{0'}(k)]+\frac{1}{2}[x_i^{0'}(n)-x_n^{0'}(n)]\right|x_i^{0'}(n)\ x_i(n) \tag{9-2}$$

$$\rho_{0i}=\theta\varepsilon_{0i}+(1-\theta)\gamma_{0i},\ \theta\in[0,\ 1] \tag{9-3}$$

由于灰色综合关联度分析无法判别出自变量与因变量之间的相互作用程度，笔者进而运用回归分析测度新疆向西开放与经济增长的相互作用程度，以 GDPI 表示 GDP 增长率，OPENW 表示向西开放度，计量方程如下：

$$GDPI=\alpha+\beta OPENW \tag{9-4}$$

2. 向西开放与区域经济增长的关系

根据灰色综合关联度数据表，运用灰色系统理论建模软件，计算出新疆的向西开放度与新疆经济增长的绝对关联度、相对关联度和综合关联度，并进一步列出关联序，从而定量分析新疆向西开放度对新疆经济增长的影响。2001~2012 年新疆向西开放度与新疆 GDP 增长率如表 9-7 所示。

**表 9-7　2001~2012 年新疆向西开放度与新疆 GDP 增长率**

| 年份 | 向西开放度（%） | GDP 增长率（%） |
|---|---|---|
| 2001 | 6.51 | 8.1 |
| 2002 | 10.05 | 8.1 |
| 2003 | 15.81 | 11.2 |
| 2004 | 16.57 | 11.4 |
| 2005 | 21.60 | 10.9 |
| 2006 | 21.64 | 11.0 |
| 2007 | 26.98 | 12.2 |
| 2008 | 34.36 | 11.7 |
| 2009 | 19.27 | 8.0 |
| 2010 | 19.05 | 10.6 |
| 2011 | 19.04 | 12.0 |
| 2012 | 16.46 | 12.0 |

灰色综合关联度的计算结果（取 θ=0.5）显示，向西开放度与新疆 GDP 增长的综合关联度为 59.66%，说明新疆向西开放与区域经济增长存在显著关联。

回归结果在 5%的水平上显著，回归结果为：

$$GDPI = 8.036 + 0.135OPENW \quad (9\text{-}5)$$

这表明，新疆向西开放显著促进区域经济发展，向西开放度增加 1%，拉动新疆经济增长 0.135%。

3. 基本结论与主要观点

第一，“丝绸之路经济带”建设是向西开放战略的内涵延伸。向西开放战略的实施，正在推动中国形成全方位、立体式、多层次的陆上（铁路、公路、管道）、海上、空中的全面对外开放格局。“丝绸之路经济带”的提出，使向西开放由国内沿边开放战略扩展到周边国家国际战略。“丝绸之路经济带”与向西开放战略在区域上的重叠性、目标指向的趋同性等特征表明“丝绸之路经济带”以向西开放战略为引领，是向西开放战略的实施目标，是向西开放战略的内涵延伸。

第二，向西开放对区域经济增长具有拉动作用。向西开放与区域经济增长两者之间存在显著相关关系；向西开放度增加1%，会拉动区域经济增长0.135%。2012年，新疆对外开放水平为21.17%，比全国47.05%的水平低25.88个百分点，其中向西开放水平仅为16.46%，向西开放水平需进一步提高，对区域经济拉动作用有待提升。

第三，新疆应进一步扩大向西开放水平，通过“丝绸之路经济带”建设，发挥新疆核心区支点作用。新疆应进一步扩大向西开放水平，充分发挥向西开放前沿地带、“丝绸之路经济带”核心区的支点作用，推进向西开放战略的实施，推动“丝绸之路经济带”的建设，带动“丝绸之路经济带”沿线主要国家经济发展，充分发挥新疆核心区支点作用。

**参考文献**

［1］肖宪.“向西开放”需外交全局统筹［N］. 环球时报，2013-07-31.

［2］王睿，陈德敏. 西部地区向西开放总体战略构想研究［J］. 中国软科学，2013（4）：69-78.

［3］刘世庆，许英明. 向西开放：中国新一轮西部大开发的重点与突破［J］. 经济与管理评论，2013（3）：128-134.

［4］王海运. 中国“向西开放”的战略价值［N］. 东方早报，2013-01-16.

［5］习近平在哈萨克斯坦纳扎尔巴耶夫大学发表重要演讲［EB/OL］. http：//www.gov.cn/ldhd/2013-09/07/content_2483425.htm.

［6］“丝绸之路经济带”将带来什么［EB/OL］. http：//news.xinhuanet.com/globe/2013-10/05/c_132773983.htm.

［7］孙慧. 2014年4月中国新疆向西开放月度报告［R］. 新疆大学新疆创新管理研究中心，2014.

［8］黄繁华. 中国经济开放度及其国际比较研究［J］. 国际贸易问题，2001（1）：19-23.

［9］董锋，谭清美，周德群，李晓晖. 技术进步、产业结构和对外开放程度

对中国能源消费量的影响——基于灰色关联分析—协整检验两步法的实证［J］. 中国人口·资源与环境，2010（6）：22–27.

［10］徐兴华. 经济发展与政治稳定关系的实然逻辑［J］. 华北水利水电学院学报（社会科学版），2011，27（3）：42–44.

# 第十章　新疆构建“丝绸之路经济带”核心区的战略*

2013年9月，习近平总书记在出访中亚四国时提出共建“丝绸之路经济带”重大战略构想，强调要加强政策沟通，加强设施联通，加强贸易畅通，加强资金融通，加强民心相通。共建“丝绸之路经济带”，这是党中央在深刻洞察世界发展大趋势、立足中国国情做出的重大战略调整和战略决策。既是应对经济全球化的战略选择，也是推进区域经济一体化发展的重大举措；既是上合组织区域合作由政治、反恐向经济的重要转型，也是我国全面向西开放的重大突破。它标志着我国开始改变传统的对外经贸合作方向，由偏重东部海路变为东部海路与西部陆路双方向均衡发展，必将对21世纪亚欧大陆乃至世界经济政治格局产生重大而深远的影响。共建“丝绸之路经济带”，绝不是简单地重塑古丝绸之路，它是融经济、政治、外交、国防、能源、安全等为一体的，跨时空的历史超越，是融向西开放与西部开发为一体的大政方针整合，是融中央几代领导集体关于国家安全和经济安全的认识为一体的新的重大战略谋划。2014年4月，习近平总书记在新疆考察工作时明确提出：“要抓住这个历史机遇，把自身的区域性对外开放战略融入国家‘丝绸之路经济带’建设、向西开放的总体布局中去。”第二次中央新疆工作座谈会又进一步指出，新疆要“加强铁路等基础设施建设，发展现代物流，立足区位优势，建设好丝绸之路经济带核心区”。这一系列重要指示为新疆建设“丝绸之路经济带”指明了方向。新疆作为亚欧大陆的“桥头堡”、丝绸之路的核心区域和横贯东西的交通大动脉，在“丝绸之路经济带”的战略地位更加凸显，在欧亚经济格局中地位将会全面提升，必将成为我国西向战略的重要支点

* 原文题目:《构建丝绸之路经济带新疆核心区的战略思考》。作者：新疆维吾尔自治区政府办公厅政研室陈德峰。有改动。

和战略高地，成为"丝绸之路经济带"最具活力和投资潜力的热土，成为名副其实的我国对外开放的前沿阵地，国家的一些重大战略意图需要通过新疆来实现。在这种情况下，谋划"丝绸之路经济带"核心区建设具体内容时，需以更具有时代感、全球化和历史纵深感的多维视角，审视相关重大战略利益，同时勾勒出"丝绸之路经济带"核心区所应具备的特点，提出相应战略举措，明确我们的行动方向、政策措施和目标任务，这是我们当前必须认真思考和高度重视的重大战略问题。

## 一、"丝绸之路经济带"新疆核心区建设的意义

"丝绸之路经济带"是在古丝绸之路概念基础上提出的一个新的经济发展区域，通过现代化的综合交通通道和信息网络通道将丝绸之路沿线国家紧密联系起来，东牵亚太经济圈，西系欧洲经济圈，辐射东亚、中西南亚和欧洲以及北非区域，总面积约 5000 万平方千米，涵盖 40 多个国家、30 多亿人口，是横跨亚欧大陆的世界最长、最具发展潜力的经济大走廊和战略性经济带。地域辽阔，资源富集，文化底蕴深厚，市场潜力巨大，具备共建"丝绸之路经济带"的客观条件。一方面，上海合作组织的建立和完善，既奠定了"丝绸之路经济带"多向化发展的基础，又推进了成员国之间由政治、反恐合作转向经济、政治、反恐的广度深度合作。另一方面，中国的和平崛起，为中亚、西亚各国充分利用自然资源加快发展发挥了支撑性作用。当前最为关键的是要加快"丝绸之路经济带"核心区的发展，没有坚挺的"脊梁"，这条"巨龙"难以腾飞。从历史渊源和地缘来印证，中国的西部特别是新疆和中亚诸国无疑就是这条经济带的核心区域。由于近代海运的崛起，陆路的沉寂，再加上深居内陆，这个古丝绸之路最为繁华的核心区域却在近代落伍了，致使这条东西经济大走廊在中国西部和中亚地区之间历史性地形成了一个"经济凹陷带"。这里虽然地域辽阔，有丰富的自然资源、矿产资源、能源资源、土地资源和宝贵的旅游资源，被称为"21 世纪的战略能源和资源基地"，但该区域交通不够便利，经济发展水平低，与两端的经济圈存在巨大落差，整个区域存在"两边高，中间低"的现象。要想振兴"丝绸之路经济

带”，必须首先振兴中国新疆和中亚诸国这一核心区域，这就好比一条巨龙，欲龙头昂立，必先脊梁坚挺，中亚和中国新疆无疑就是这条“巨龙”的“脊梁”，欲振兴“丝绸之路经济带”，必先崛起中亚和中国新疆，如此打造中亚经济圈则可以收到牵一发而动全身的功效。举全国之力推进中国西部特别是新疆与中亚的全方位战略合作，理应成为国家建设“丝绸之路经济带”的重中之重，必须加快建设以综合交通通道为展开空间，以沿线交通基础设施和中心城市为依托，以域内贸易和生产要素自由流动优化配置为动力，以区域经济一体化安排为手段，以实现快速增长和关联带动作用为目的的中国—中亚跨国带状经济合作区。只有实现这一核心区域的快速发展，充分发挥其“增长极”的功能，才能带动次区域加快发展。在当前复杂的国际政治经济背景下，加快丝绸之路核心区建设，有助于形成我国同周边国家“政治关系更加友好、经济纽带更加牢固、安全合作更加深化、人文联系更加紧密”的合作新格局，其战略意义重大而深远。①有利于促进全球经济繁荣，通过构建横跨亚欧的经济带，将对当前世界经济版图产生重要影响，可以有效促进区域互动，实现各国的互利共赢。②有利于拓展我国的战略发展空间，通过发展周边外交，找准深化互利合作的战略契合点，积极参与区域经济合作，加强文化交流，扩大国际影响，可以更加从容应对日趋复杂的国际形势。③有利于保障我国能源资源的战略安全，通过深化与中西亚以及里海产油国的能源合作，实现能源供应的多元化，开辟安全便捷的战略能源资源通道，规避潜在的能源风险。④有利于加快我国经济转型升级和产业结构调整，通过加强与周边国家的经贸合作交流，开拓新的国际市场，加快促进产业结构调整和升级。⑤有利于促进我国区域经济协调发展，通过强化“丝绸之路经济带”沿线基础设施特别是交通设施建设，加快夯实西部地区的发展基础，提升发展能力。⑥有利于维护国防安全和社会稳定，通过与周边国家进行全面的安全合作，合力深度打击“三股势力”，维护地区安全稳定，确保国家战略安全。合作建设“丝绸之路经济带”核心区，推进区域经济一体化，还将有利于本区域更好地参与经济全球化，同时最大限度地化解、规避全球化的风险，为发展民族经济提供重大机遇。因此，确定实现经济带内贸易和生产要素自由流动所需要的制度安排以及建立经济发展带核心区需要的合作机制、时空组织模式等都是一些重要而迫切的工作。

国家把实施全方位向西开放战略和推进“丝绸之路经济带”建设的重心放在

新疆，是由其得天独厚的、其他省份无可比拟的优势所决定的。国家要充分发挥这一独特优势，将国家的一些重大战略意图通过新疆来实施，可以预期其成效将是显著的。综合审视亚欧大陆经贸、交通、资源现状和发展战略格局变化趋势，以及我国经济发展的整体格局和向西开放的通道建设情况，可以清楚地看到，“丝绸之路经济带”国内段的空间格局主要是北中南三条大通道，分别从我国东部经济最发达的三个经济圈出发，依托国内现有交通干线，自东向西贯穿沿线重要节点城市，经新疆通向中西南亚和俄罗斯等。其中，北通道起于“环渤海经济圈”，自京津唐经山西、内蒙古，从伊吾进入新疆，再经北屯、吉木乃西出哈萨克斯坦至俄罗斯等国；中通道起于“长三角经济圈”，自上海沿第二座亚欧大陆桥横穿我国中原、西北诸省份，由哈密进入新疆，再经乌鲁木齐、精河，分别从阿拉山口和霍尔果斯出境直通中亚至欧洲；南通道起于“珠三角经济圈”，自广东经湖南、重庆、四川、青海，由若羌进入新疆，再经和田、喀什，南下印度洋沿岸的瓜达尔港，是一条极具战略意义的新通道。

新疆不仅是这三大通道的交会地，更是亚太与欧洲两大经济圈的重要节点和枢纽，占据着天时、地利、人和的优势。

从地理环境看，新疆地处亚欧大陆的中心，周边毗邻 8 个国家，有 17 个国家一类陆路开放口岸和 2 个航空口岸。以乌鲁木齐为中心，拥有连接内地，辐射中亚、西亚、南亚的公路、铁路、航空、管道“四位一体”的安全交通运输网络和区域性国际商贸中心、出口商品加工基地、物流通道。从政策环境看，新疆在 19 个省市对口援助的基础上，拥有差别化产业政策、税收优惠政策、金融支持及土地利用等优惠政策。特别是中央新疆工作座谈会后，设立了喀什、霍尔果斯经济开发区，并赋予其一系列的特殊政策，采取了诸多灵活措施。从资源方面看，新疆的石油、天然气、煤炭资源等矿产资源、农副产品资源、旅游资源十分丰富，是我国大型油气生产加工基地、大型煤炭煤电煤化工基地、大型风电基地；相邻的中亚地区是世界第三大能源和矿产资源富集区，且多数为我国紧缺矿种，资源互补性非常强。我国的大宗工业品和农副产品都是周边国家稀缺的，经济方面的互补性也较强。从人文方面看，新疆是东西方多元文化的交汇点，经过长期的相融共生发展，形成了独特的地域文化和民族文化，境内的维吾尔、哈萨克、柯尔克孜、塔吉克、俄罗斯等少数民族跨界而居，双方血缘相亲，语言相通，风俗相近，既有开放发展的强烈政治意愿，又在民族、宗教、文化上相互认同，传统友谊源远流长，这种得天独厚的人文优势是开展区域经济合作的重要推动力量。

新疆的地缘政治、资源禀赋、文化渊源，决定了其在“丝绸之路经济带”建设中的核心区域作用。这为新疆参与国际区域合作提供了更加广阔的空间和机会，为新疆的发展提供全新的方式、规程和路径。如何牢牢抓住“丝绸之路经济带”大发展的重大战略机遇、实现新疆经济的全面转型，如何在中国—中亚区域经济一体化发展中发挥重要的引擎作用，如何在我国全面向西开放中更加有所作为，将新疆打造成“丝绸之路经济带”上开放包容、互利共赢的战略新高地，是我们当前必须认真思考和高度重视的重大战略问题。我们要建设好“丝绸之路经济带”“桥头堡”，当好主力军和排头兵，大力推动“丝绸之路经济带”建设，实现沿线地区共同发展，这事关全局，意义重大。

## 二、建设“丝绸之路经济带”新疆核心区的基本内涵

### （一）建设“丝绸之路经济带”新疆核心区必须创新思维

当前，“丝绸之路经济带”新疆核心区建设面临诸多制约。一是缺乏顶层设计，尚未建立国家、地区之间的统筹协调机制、政策对接机制，缺少可操作性的战略规划。二是通道建设缓慢，铁路通道能力弱，国际航线少，口岸开放程度低，通关条件落后，信息传输能力不足。三是出入境管制过严，签证手续严重影响人员往来便利。四是金融服务体系极不健全，尤其缺乏为基础设施建设提供融资服务的国际金融合作组织。五是中亚国家由于民族、历史、边界、资源等关系错综复杂，美俄在中亚的角力及“中国威胁论”的存在，增加了中国与中亚各国合作的不稳定性和不确定性。

加快“丝绸之路经济带”新疆核心区建设必须从战略高度思维出发。一是全力推进“丝绸之路经济带”国家间的协调沟通机制建设，建立国家有关部委和相关省市的协商机制，组织力量对成员国国情、经贸、产业、财税、金融、投资、土地政策进行研究，制定促进区域一体化发展的政策制度。二是从战略高度统筹做好“丝绸之路经济带”核心区的规划布局和顶层设计，对新疆现代产业体系、

新型城镇、交通运输、互联互通信息网络、民生发展进行体系化建设。三是认真谋划由各成员国政要及工商精英参加、国家主办及新疆承办的“丝绸之路经济带”高层论坛、工商峰会，着力打造新疆走向世界的“名片”和“丝绸之路经济带”核心区，全面提升中国—亚欧博览会规模和层次，提高中国和新疆在“丝绸之路经济带”的影响力。四是积极规划新疆国家改革开放试验区建设，将两个特殊经济开发区建设、国际资本股权市场运作与扶贫攻坚、民生改善、长治久安融为一体，整体推进。五是积极谋划中国—中亚自由贸易区和中巴经济走廊建设，推动两个市场对接，主动吸引和承接东部地区产业转移，形成产业集聚效应。六是大力支持中央企业和国内大中型企业“走出去”，进军中亚、西亚、俄罗斯和欧洲市场，促进和提升物流、资金、技术、信息等服务业在“丝绸之路经济带”中的国际分工合作与地位。七是积极谋划以铁路换能源。周边国家经济相对落后，大多无力进行重大基础设施投资，铁路不畅是最大瓶颈，可采取铁路换能源的方式，由中方负责承建周边国家铁路，周边国家以能源资源来补偿中方投资。八是从战略高度积极培植现代物流业发展，全面推进乌鲁木齐国际商贸中心建设。九是积极统筹谋划旅游、文化、金融等产业的国际化发展。十是积极推进新疆“五化”与核心区建设的对接，充分发挥天山北坡经济带引领跨越、天山南坡产业带拓展延伸、交通干线经济带辐射提升、沿边开放经济带开放带动功能，在核心区建设中发挥重要作用。新疆新的战略定位和战略目标应该确立为我国全面向西开放的重要门户、改革开放试验区、中国—中亚自由贸易区、中国西部经济增长极、能源资源战略通道，以及“丝绸之路经济带”的综合交通枢纽中心、国际商贸物流中心、金融中心、旅游中心、文化中心以及国家大型油气生产加工和储备基地、大型煤炭煤电煤化工基地、大型风电基地、高新产业和先进制造业基地。

### （二）加快“丝绸之路经济带”新疆核心区建设动脉在于交通

构筑与周边国家的运输通道，完善综合交通枢纽，是“丝绸之路经济带”新疆核心区建设的重中之重。新疆要担负与“丝绸之路经济带”国家在能源、经贸、金融、文化、科技、生态及旅游等领域全方位多层次交流合作的重担，承担我国大型油气生产加工基地、大型煤炭煤电煤化工基地、大型风电光伏基地和国家能源资源大通道的重任，综合交通运输体系建设必须先行。当前，要加快以航空、信息高速、数字城市为重点的“空中丝绸之路”，以铁路或高铁、高等级公路、货运专线、特高压电网为重点的地上丝绸之路，以及以原油、成品油、天然气管道为重点的“地下丝绸之路”建设。目前，仅有经新疆阿拉山口和霍尔果斯的铁路实现了对外对接，整个新疆铁路并未成网。必须尽快打通南疆铁路外运通道（南线铁路），加快库尔勒—格尔木至西南的铁路通道建设，力争中巴铁路及早开工建设，尽快打通直通印度洋铁路通道，积极启动中吉乌铁路建设。大力推动环渤海湾至内蒙古额济纳—哈密—准东—吉木乃的北线铁路通道建设。规划连接中亚国家直达莫斯科中俄高铁项目。

加快新亚欧大陆桥经济走廊、中伊土经济走廊（中国新疆—哈萨克斯坦—伊朗—土耳其，抵达波斯湾、地中海沿岸）、中巴经济走廊（从中国新疆纵贯巴基斯坦，抵达瓜达尔港）建设。加快中吉乌公路、塔乌公路、京新高速公路建设，多途径开通新疆内外通道。开放乌鲁木齐国际机场和喀什机场航权，吸引中亚、西亚、南亚和东欧国家航空公司进入新疆市场。加快上海合作组织云数据中心建设，推动上合组织信息高速公路和利用电子签名进行跨境电子合作示范性项目建设。加快“丝绸之路经济带”重要能源资源通道建设。在管道建设上，着力加快中乌、中吉、中塔、中伊巴石油天然气管道通内地的建设。在电网建设上，在加快疆电东送特高压输电线路建设的同时，大力推进与周边国家的电网设施合作项目建设。最终形成铁路、公路、航空、通信、管道、电网等互联互通的立体综合交通体系，构建我国重要的能源资源安全大通道和中亚地区通往我国沿海最便捷的现代物流通道。

### （三）“丝绸之路经济带”新疆核心区建设现代服务业是引擎

“丝绸之路经济带”新疆核心区建设，核心中的核心是产业体系国际化，引擎是现代服务业的发展。新疆内联国内几大重要经济区，外联中亚、西亚、南亚、北非、俄罗斯乃至欧洲市场。要实现从通道或走廊向核心区和新的经济增长极转型，现代服务业的发展必须上升到重要位置。

第一，加快商贸物流中心建设。加快形成面向周边国家和国内的现代商贸物流网络、物流体系，建设区域性国际商贸中心和商品集散地，大力发展适合国际采购、国际中转、国际配送的国际物流。办好中国—亚欧博览会等大型国际会展，办好哈萨克斯坦、吉尔吉斯斯坦等境外展会，积极搭建新的国际经贸合作交流平台。以服务贸易为载体，加强人流、物流、资金流在能源、资源等方面的深层次合作。建立境外研发中心，掌握和控制先进工艺生产技术，建立高新技术企业，开拓境外高新尖端市场。积极发展工业设计、电子商务、教育培训、信息服务等生产性服务业。加快法律、会展、咨询等专业性服务业和文化创意、现代传媒、动漫游戏、数字出版等服务业新业态发展。鼓励企业依托资源、地缘和区位优势，开展境外投资、服务贸易、跨境贸易、工程承包和劳务输出。大力发展面向中西南亚乃至欧洲的出口加工基地。大规模推进进口资源在新疆落地加工，促进特色优势产品出口。支持具备条件的新疆企业参与境外经贸合作区建设。

第二，大力发展现代物流业。随着经济全球化和信息化进程的加速推进，现代物流业在世界范围内广泛发展。目前，全球物流业规模已超过 4 万亿美元。美国、日本和欧盟国家的现代物流业规模已超过高技术产业，从而成为拉动这些国家经济的新动力。无论古代丝绸之路，还是"丝绸之路经济带"，发展物流业都是新疆最大的优势所在，也是最大的潜力所在，必须把现代物流业纳入国家和自治区重大发展战略，尽快研究制定环"丝绸之路经济带"现代物流发展规划，建立以乌鲁木齐市、喀什、阿拉山口、霍尔果斯为核心，以公路为基础，以铁路为骨干，以航空、管道协调发展的综合运输网络为依托，以国际物流为发展方向的现代物流体系，加快建设物流公共信息平台和各专业市场交易信息平台，建成覆盖中亚和内地、功能齐全的物流信息网络，推进物联网、云计算技术在商贸物流智能化管理方面的应用，加快布局建设一批起点高、规模大、辐射能力强的现代物流枢纽、基地和中心及现代物流企业，大力推进连锁经营、物流配送、代理联运等现代物流业发展，加快国际现代物流业发展，完善区域性国际营销网络，积极发展跨境电子商务，推进欧亚现代物流网络一体化发展，使新疆成为我国面向中亚、西亚、南亚及俄罗斯、欧洲的现代物流中心和现代物流大通道，全面提升新疆物流业的竞争力，使之成为撬动丝绸之路核心区建设的引擎。

第三，创新金融服务业发展。推动金融服务业对符合条件的民营资本和外资金融机构全面开放，支持设立外资银行和中外合资银行。着力培育面向中亚的资本股权市场。积极发展中小金融机构，构建多元化的金融市场。完善证券和保险市场。推进金融创新，完善人民币跨境结算的相关政策，推动实现人民币在中亚国家的自由兑换和结算。加快乌鲁木齐、霍尔果斯区域性国际金融中心和人民币离岸中心建设。力争将喀什建设成为金融贸易创新示范区。积极探索设立"丝绸之路经济带”产业投资基金。

第四，着力打造国际黄金旅游环线。要科学规划布局“丝绸之路经济带”国际黄金旅游环线，加快乌鲁木齐、喀什、伊宁和阿勒泰四个国际旅游集散中心建设，将乌鲁木齐打造成亚欧大陆航空网络中转中心和客流集散地，依托霍尔果斯、阿拉山口、巴克图、吉木乃等口岸优势，进一步放宽跨国旅游限制，大力发展边境观光旅游。积极筹建亚欧丝绸之路文化主题公园和现代旅游文体商贸产业项目，实施品牌经营战略。依托新疆独特的自然风光和人文景观资源，努力把旅游业培育成为自治区国民经济的战略性支柱产业和改善民生的富民产业，把新疆建设成为我国和周边国家重要的旅游目的地。

第五，积极构建现代物流业的产业支撑体系。大力促进特色优势产业集群化、战略性新兴产业高端化发展，抓紧国家大型油气生产和储备基地、国家重要的石油化工基地、大型煤炭煤电煤化工基地、大型风电基地和国家能源资源陆上大通道建设。瞄准中亚、西亚、南亚等周边国际市场，积极承接东部地区产业梯度转移，科学布局，加快“丝绸之路经济带”机械装备、轻工、纺织服装、建材、化工、金属制品、农产品、信息服务、进口油气资源、矿产资源加工十大出口加工基地建设。发展面向国际市场的先进装备制造业。重点建设输变电装备、新能源装备、石油石化装备、矿山和工程机械、农牧机械、汽车六大产业集群，加快建设乌鲁木齐、昌吉、石河子、库尔勒、奎屯—独山子—克拉玛依、伊犁、阿克苏、喀什八个装备制造业基地。大力促进特色农产品加工业发展，加快国家绿色食品加工出口基地建设。加快面向国际、特色鲜明的轻工业发展。大力发展境外原料本地化加工。

第六，大力发展文化产业。加快文化产业园区和基地建设，推进文化产业结构调整，形成具有新疆特色的文化产业集聚区。实施重点项目带动战略，培育一批知名文化品牌。做大做强骨干文化企业，提高文化产业规模化、集约化、专业化水平。充分发挥新疆一体多元的文化优势，以文化、教育、科技、医疗、旅游等为重点，着力打造文化交流品牌，培育外向型文化企业，开展与周边国家政府间的文化交流活动，着力办好中国新疆国际民族舞蹈节、丝绸之路国际服装节等活动，与周边国家开展体育竞赛等项目，推动更多广播电视节目落地中亚国家，加强新疆高校与周边国家高校的合作，扩大孔子学院的规模和影响，推动新疆文化走向世界。

## 三、建设“丝绸之路经济带”新疆核心区的政策选择

贸易投资便利化、深化经济技术合作、建立自由贸易区，是“丝绸之路经济带”新疆核心区建设的三部曲。建设“丝绸之路经济带”新疆核心区，必须加快建立各国政府间的贸易政策协调沟通机制。国家要赋予新疆更加特殊的政策。

第一，特殊的投资贸易信贷政策。投资方面：对新疆境外投资企业进口原油、成品油、化肥、钢材、矿产品等资源性商品免征进口关税和进口环节增值税；对国家紧缺资源实行进口补贴；对新疆境外投资企业生产的农产品，实行免关税配额政策。贸易方面：赋予新疆对中亚国家差别化贸易政策；对新疆自产自用有余、属国家重点管理的出口商品，由新疆进行管理和许可证发放；恢复开展新疆边境贸易进口环节双倍抵扣政策和边贸出口商品的退税政策；赋予新疆政府自主审批和相关政策制定权限。信贷方面：允许商业银行资金进入境外投资领域；对到境外进行资源开发、加工贸易和产品替代发展的企业所需的流动资金贷款，经信用评级授予或扩大授信额度；对效益好的境外资源开发类投资项目，给予专项商业贷款优惠利率支持；支持符合条件的企业到国际资本市场融资。

第二，加快中国—中亚自由贸易区建设。按照中国—东盟自由贸易区和中国（上海）自由贸易区模式，积极开展中国—中亚自由贸易区前期工作，将乌鲁木齐、伊宁—霍尔果斯、喀什、阿拉山口作为中国境内自由贸易区规划雏形，作为推进中国—中亚区域经济一体化发展的“试验田”，作为打造中亚经济圈的蓝本，先行先试，上海自贸区的模式是完全可以复制的。我们要积极主动参与中国与中亚国家自贸区谈判，争取尽早在新疆设立中国—中亚自由贸易区，加强中哈、中塔、中吉、中乌、中土国际经济技术合作。在塔吉克斯坦设立资源开发境外经济贸易合作区，在中哈霍尔果斯边境合作中心哈方设立制造业合作区。在喀什、霍尔果斯经济开发区和阿拉山口保税区基础上，依托乌鲁木齐出口加工区以及吉木乃、巴克图、伊尔克什坦、塔克什肯口岸设立五个综合保税区，通过加快体制、机制、政策创新，大力扩充出口加工区功能，吸引国际研发机构进入出口加工区，进行研发、试制、加工、出口等生产经营，增加出口加工

区仓储企业的现代物流配送功能，将其努力建设成为我国向西开放的重要窗口和对外开放的示范区。

第三，设立新疆国家沿边改革开放试验区。将西部大开发和全方位向西开放战略融为一体，把新疆作为国家沿边开放试点省份，积极推动能源综合配套改革、金融改革开放综合配套创新试验，凸显政策的叠加效应。在乌鲁木齐、喀什、伊犁、库尔勒等地区对金融服务体系、对外开放体制、财税体制、基础设施共享共建、产业发展体制创新先行先试。大力发展面向“丝绸之路经济带”沿线国家的国际资本股权市场，积极探索“丝绸之路经济带”重大金融改革。依托中亚地区丰富的石油、天然气等资源，认真研究在新疆设立国际能源交易中心，立足新疆，依托中西亚，建立面向欧洲的能源资源交易平台。

第四，组建上合组织开发银行和中亚投资银行。参照亚太基础设施投资银行模式，由国家牵头，协调各成员国共同出资，在乌鲁木齐组建上合组织开发银行，组建由新疆地方银行、国家政策性银行及中亚五国资本金参股的中亚投资银行，为中亚国家重大跨国基础设施建设项目及重大经贸合作项目提供必要的融资支持，为我国境外基础设施建设、资源开发、加工贸易企业提供政策性贷款和专项商业贷款，为符合条件的企业提供打包贷款、境外代付等形式的融资和国际结算服务；并且在中亚国家开展人民币本币兑换和自由结算业务，促进乌鲁木齐成为中亚区域人民币交易和结算中心。

第五，建立国家发展合作基金。参照中非合作模式，建立500亿元的中国—中亚国家经济发展合作基金，为我国企业参与中亚资源开发提供政策性融资支持。探索设立“丝绸之路经济带”产业投资基金，加速政府资源、金融资本和产业资本的融合。构建多层次金融市场。进一步完善产权、证券、保险市场，提供基金、债券、股票、保险、金融租赁及金融衍生品等多元化金融服务，加强区域间金融业务合作。

第六，允许中亚各国在乌鲁木齐设立领事馆。在实行落地签证基础上，积极与中亚国家协商签订互免签证协议，最终实现与中亚各国人员往来互免互签，为投资、贸易、旅游和人文交流便利化提供有利条件。积极协商开通对俄罗斯的吉克普林（喀纳斯）口岸和对吉尔吉斯斯坦的别迭里口岸，以增加对外开放口岸。

第七，切实强化人才智力的支撑作用。当好“丝绸之路经济带”建设的主力军和“排头兵”，人才是关键。新疆人才奇缺是面临的一大难题。一方面要加快人才的培养，另一方面要强化待遇留人的政策导向，才能确保“丝绸之路经济带”不断繁荣发展。国家、自治区要强力推进对外开放型人才和经贸人才的培养和引进，国家重点大学要大力培训专业人才，新疆境内的大专院校要适应这一形势的变化，及时调整办学方向和专业设置，着力培养外向型人才。要加强新疆与中亚国家的教育合作，整合经贸类大中专院校资源，组建面向中、西、南亚的经贸大学，培养一批熟悉周边国家政治经济体制、社会状况、文化背景的人才。必须加快整合区内、国内及中亚各国研究力量，成立“丝绸之路经济带”研究院或中亚研究院。构建面向中亚国家科学研究、学术交流、先进实用技术和科研成果的转化平台，建立中国—中亚科技合作中心总部。广泛开展学术交流与人才培训，为区域企业技术创新、生态环境保护和资源开发利用提供技术支撑。开展中国新疆与中亚区域合作战略与政策研究，为“丝绸之路经济带”新疆核心区建设提供政策咨询和智力支持。要树立新的用人导向，全面提升各级党政领导干部驾驭对外开放的能力，党政主要领导要熟悉对外开放和经济贸易，分管领导必须精通对外贸易，领导班子配备中要确保对外开放和经济贸易类人才占据 1/3 的比重，真正担负起建设“丝绸之路经济带”主力军、“排头兵”的职责。

# 第十一章　新疆“丝绸之路经济带”核心区与边境自由贸易区建设*

“丝绸之路经济带”连接我国太平洋沿岸的环渤海、长三角和珠三角经济圈，途经哈萨克斯坦、俄罗斯等上海合作组织主要成员国，抵达波罗的海、大西洋、地中海和印度洋沿岸，有效辐射东亚、中亚、西亚、南亚和欧洲以及北非区域，涵盖40多个国家、30亿人口，是横跨亚欧大陆的世界上最长、最具发展潜力的一条经济大走廊。2013年11月，党的十八届三中全会审议通过的《中共中央关于全面深化改革若干重大问题的决定》从国家战略层面上提出推进“丝绸之路经济带”建设，形成全方位开放新格局。至此，“丝绸之路经济带”已从理论研究阶段进入实际设计阶段。

综合区位、人文、资源、经济发展、政策等方面优势，新疆具备实现核心区的基础条件、优势和潜力。建设成为“丝绸之路经济带”核心区对新疆、对中国、对沿线国家均有重要意义。新疆如何抓住机遇，迎接挑战，顺利承担起建设“丝绸之路经济带”核心区的历史使命，是目前亟待解决的战略性问题。

## 一、新疆建设成为“丝绸之路经济带”核心区的优势条件分析

新疆作为“丝绸之路经济带”的必经之地，欧亚的北、中、南三条通道均在

* 原文题目：《新疆建设丝绸之路经济带核心区的优势、问题及对策》《丝绸之路经济带框架下中吉边境自由贸易区建设构想》。作者：新疆财经大学经济学院高志刚、郭晓兵。有改动。

此汇聚，是“丝绸之路经济带”全境通过、全面覆盖、全线连通的核心区域，特殊区位、资源、人文优势，使其在“丝绸之路经济带”战略中处于特别重要的战略地位，是“丝绸之路经济带”的能源枢纽，是我国向西开放的前沿阵地和主战场。随着“丝绸之路经济带”战略的实施，新疆将得到优先发展，经济增长潜力巨大，是未来我国经济增长的第四极，对“丝绸之路经济带”具有决定性的引领和带动作用，将成为整个“丝绸之路经济带”的经济贸易核心区。

## （一）自身优势条件

1. 新疆区位优势决定了其在“丝绸之路经济带”建设中的核心地位

新疆地处亚欧大陆中心，随着新亚欧大陆桥的贯通，已形成以乌鲁木齐为中心，东连内地、西通欧洲，辐射中亚、西亚、南亚，公路、铁路、航空和管道“四位一体”的便捷、安全的综合交通运输网络，拥有 17 个国家一类陆路开放口岸和两个航空口岸，喀什、霍尔果斯经济开发区，中哈霍尔果斯国际合作中心和阿拉山口保税区以及 19 个国家级开发区、62 个自治区级开发区等对外开放平台，初步建成区域性国际商贸中心、出口商品加工基地、物流通道，决定了新疆在“丝绸之路经济带”中连通东西、沟通南北的枢纽地位。

2. 新疆具有建设“丝绸之路经济带”核心区得天独厚的人文优势

新疆作为“丝绸之路经济带”沿线东西方多元文化的交汇点，经过长期的相融共生发展，形成了独特的地域文化和民族文化。境内的维吾尔、哈萨克、柯尔克孜、塔吉克、俄罗斯等少数民族都是跨界而居，双方血缘相亲，民族相连，语言相通，风俗相近，经济互补性强，传统友谊源远流长，具有建设“丝绸之路经济带”核心区得天独厚的人文优势。

3. 资源优势是新疆作为“丝绸之路经济带”核心区的重要支撑

新疆石油、天然气、煤炭资源量分别占全国陆上资源量的 30%、34%、40%，风能、太阳能等清洁可再生能源可利用量居全国前列，是我国重要的能源接替区。随着中哈原油管道、中亚天然气管道等大型能源合作项目相继投运，新疆已经成为“丝绸之路经济带”的能源枢纽，为我国能源战略安全提供重要保障和支持。同时，中亚地区有我国紧缺的铁、铜、镍、铅锌、铀等矿产资源。在国家支持新疆实施差别化产业政策和东部产业向西转移的大背景下，依托资源优势和产业比较优势，发展出口加工产业和战略性新兴产业，必将使新疆成为我国未来经济增长和“丝绸之路经济带”建设的主力军。

4. 新疆经济增长强劲为核心区建成提供了坚实的后盾

中央新疆工作座谈会后，新疆国民经济始终保持提速进位的上升势头。2010~2012 年，新疆的 GDP 增速分别为 10.6%、12%、12%。尤其是 2012 年，在全国平均增速 7.8%的背景下，新疆高于全国 4.2 个百分点，增速排位从 2010 年的全国第 29 位，跃居至 2012 年的第 11 位。经济发展已经进入工业化的中前期阶段，并形成了以电力、化工、煤炭、石油、有色金属为主导，包括钢铁、新型建材、纺织、食品等在内的门类比较齐全的、具有特色的现代工业体系，这将为“丝绸之路经济带”核心区的建成提供强大的后盾。

5. 新疆与中亚国家外贸的快速增长为核心区建设提供了强有力的保障

以亚欧博览会为平台，进一步加强了我国同各国间的交流与合作，使得新疆对外贸易规模迅速扩大。2011 年和 2012 年，货物进出口总额分别达到 228.2 亿美元、251.7 亿美元，超过 2008 年国际金融危机前 220 亿美元的历史最好水平。2012 年，新疆与中亚贸易额达 175.8 亿美元，占新疆贸易额的 69.9%，占我国与其贸易额的 38.27%，其中与哈萨克斯坦、吉尔吉斯斯坦、塔吉克斯坦三国贸易分别占我国与其贸易额的 43.48%、78.24%和 75.79%（见表 11-1），口岸过货突破 4000 万吨且连年增长，管道原油累计进口突破 5000 万吨、天然气累计进口突破 400 亿立方米[①]，使得新疆成为我国向西开放的热点区域。

**表 11-1　新疆与中亚五国贸易额占全国及其贸易额的比重**

单位：%

| 年份 | 新疆与中亚五国贸易额占比 | 新疆与哈萨克斯坦贸易额占比 | 新疆与吉尔吉斯斯坦贸易额占比 | 新疆与塔吉克斯坦贸易额占比 | 新疆与土库曼斯坦贸易额占比 | 新疆与乌兹别克斯坦贸易额占比 |
|---|---|---|---|---|---|---|
| 2002 | 65.04 | 69.85 | 76.17 | 39.58 | 11.28 | 14.49 |
| 2003 | 69.90 | 77.34 | 73.55 | 22.38 | 29.78 | 10.87 |
| 2004 | 66.21 | 73.06 | 76.75 | 44.75 | 3.66 | 14.89 |
| 2005 | 68.91 | 73.69 | 76.84 | 62.85 | 12.32 | 20.31 |
| 2006 | 61.37 | 60.00 | 83.44 | 67.31 | 24.18 | 27.40 |
| 2007 | 55.82 | 50.25 | 86.01 | 71.98 | 11.21 | 29.75 |

① 新疆维吾尔自治区商务厅。

续表

| 年份 | 新疆与中亚五国贸易额占比 | 新疆与哈萨克斯坦贸易额占比 | 新疆与吉尔吉斯斯坦贸易额占比 | 新疆与塔吉克斯坦贸易额占比 | 新疆与土库曼斯坦贸易额占比 | 新疆与乌兹别克斯坦贸易额占比 |
|---|---|---|---|---|---|---|
| 2008 | 61.03 | 51.68 | 85.42 | 83.63 | 9.33 | 27.15 |
| 2009 | 47.15 | 48.82 | 55.77 | 61.67 | 7.57 | 20.10 |
| 2010 | 45.60 | 45.28 | 63.27 | 75.07 | 8.21 | 25.03 |
| 2011 | 42.83 | 42.45 | 76.48 | 83.24 | 2.16 | 34.21 |
| 2012 | 38.27 | 43.48 | 78.24 | 75.79 | 1.34 | 28.91 |

资料来源：《中国统计年鉴》(2003~2013)，《新疆统计年鉴》(2003~2013)。

6. 新疆与其他省份相比所具备的优势巩固了核心区建设的地位

“丝绸之路经济带”战略提出后，各省份都在抢抓发展的机遇，从实际来看，在西北五省份中，新疆比较优势突出。如表 11-2 所示，2012 年新疆地区生产总值、地区财政支出、固定资产投资、实际利用外资额仅次于陕西，居西北五省第二位，远远高于宁夏和青海，经济发展处于工业化的中前期。这说明新疆经济发展水平在西北五省中相对较好，虽然与陕西相比还有差距，但新疆是我国向西开放的“桥头堡”和“排头兵”，具备优越区位条件和人文优势，这是陕西所不具备的。

**表 11-2　2012 年西北五省各项经济指标**

| | 地区生产总值(亿元) | 地区财政支出(亿元) | 三次产业比例(%) | 固定资产投资(亿元) | 实际利用外资额(亿美元) |
|---|---|---|---|---|---|
| 新疆 | 7505.31 | 2720.07 | 18:46:36 | 6158.8 | 30.5 |
| 甘肃 | 5650.20 | 2059.56 | 13.8:46:40.2 | 5145.0 | 26.8 |
| 陕西 | 14453.68 | 3323.80 | 9.5:56:34.5 | 12044.5 | 190.4 |
| 宁夏 | 2341.29 | 864.36 | 8.5:49.5:42 | 2096.9 | 22.0 |
| 青海 | 1893.54 | 1159.05 | 9.3:57.7:33 | 1883.4 | 21.2 |

资料来源：《中国统计年鉴》(2013)。

## (二) 国家的各项战略部署为新疆建设“丝绸之路经济带”核心区创造机遇

1. “丝绸之路经济带”战略的实施为核心区建设创造机遇

随着“丝绸之路经济带”战略的实施，特别是共同市场建成后，商品、服务、劳动力、资本自由流通，国家间的各种壁垒消除，整个区域经济一体化必将向更深层次发展，新疆在“丝绸之路经济带”中的作用也就不再单单是通道和集散地，而是作为中亚地区经济发展的引导者和带动者，推动各经济中心重新洗牌、重新组合。目前，新疆和中亚国家经济融合的趋势越来越明显，新疆“丝绸之路经济带”核心区正在形成。

2. 国家政策对新疆的倾斜和支撑为核心区建设创造机遇

在中央新疆工作座谈会以后，中央出台了一系列关于加快新疆发展和长治久安的政策和措施，从资金、项目、人才等方面加大了对新疆的支持力度，积极帮助新疆发展社会事业、扶持优势特色产业，为新疆经济发展注入了新的活力，使新疆进入发展的“快车道”。

3. 产业转移和向西开放战略的实施为核心区建设提供空间

中央把新疆作为西部大开发和向西开放的重点，国家加大对新疆优势产业的财力和政策支持力度，进一步推进东部产业向中西部有序转移，支持新疆战略性新兴产业发展。这对调整优化我国对外贸易格局、促进我国全方位对外开放、提高我国参与经济全球化和区域经济一体化的能力，具有重要的战略意义，也为新疆打造“丝绸之路经济带”核心区提供了发展空间。

4. 区域合作不断深入为核心区建设提供空间

上海合作组织以实现区域内货物、资本、服务、技术自由流动为发展目标，逐步与新疆周边 14 个国家，从贸易投资便利化和自由化、基础设施投资和建设、项目融资等方面形成了全方位、深层次、区域化合作的格局，在融合发展的大背景下，稳定良好的国际合作环境为核心区发展提供了机遇。同时，中亚国家都希望搭上我国这列“高速列车”发展的“顺风车”，也迫切地希望我国新疆成为其进入亚洲、走向世界的东进门户，中亚各国通过新疆这个平台与我国开展经贸合作的意愿越发强烈。

## 二、新疆建设成为“丝绸之路经济带”核心区的前景

### （一）引领中亚国家经济发展，建立跨区域国际合作新模式

作为核心区，新疆将成为整个中亚地区的经济贸易和金融中心，形成一个跨越国界的商品、资本、技术和劳务等生产要素自由流动的经济区域中枢，成为沟通我国与中亚、南亚、阿拉伯国家乃至欧洲的中介和纽带，成为中亚地区的经济增长极。由此带来的“外部经济效应”，可转化成巨大的辐射力量，提供中亚经济发展所必需的资金、技术和人力资源，为中亚优势产业提供广阔市场，推动中亚经济结构的优化和升级，增加就业，引领中亚国家经济发展。新疆作为核心区建设，既能够贯通沿海内陆和亚欧各国，又能够建立起跨国内外区域合作发展的新模式，为跨国区域合作积累经验。

### （二）培育新的经济增长极，拓宽我国经济发展空间

在经济全球化和区域一体化深入发展的新形势下，将新疆建设成为“丝绸之路经济带”的核心区，将使我国形成沿边开放与东部沿海开放并进的对外开放格局，拓展并稳固我国西向的地缘经济空间。对于拓展我国的战略发展空间、提高我国开放型经济水平、保障我国能源资源的战略安全、加快我国经济转型升级和产业结构调整、促进我国区域经济协调发展都有重大战略意义。

### （三）促进新疆融入我国现代产业体系，推动经济社会稳定发展

新疆作为核心区将逐步被纳入我国现代产业体系中，这将极大增强新疆经济社会的自我“造血”功能，提升新型工业化发展水平，促进新疆经济的快速发展。这有助于进一步凸显新疆的战略地位，完善新疆的基础设施建设、优化产业结构、增强自我发展能力，提高新疆的对外开放程度，发挥新疆特殊优势，实现新疆的后发赶超。

## 三、新疆建设成为"丝绸之路经济带"核心区面临的困难

### （一）新疆经济发展起步晚，积累不足

东部省市对口援疆战略实施以来，新疆经济社会得到了飞速发展。尽管2012年新疆GDP增长12%，高于全国4.2个百分点，但由于经济发展起步晚，规模小，积累不足，财政自给率仅为33.41%，与东部发达省市的绝对差距仍在拉大。在国家实施西部大开发和东部省市援疆后，相对差异有缩小的趋势。要加快新疆对外开放步伐，促进新疆经济发展，必须依靠国家进一步加大政策支持和资金投入。

### （二）基础设施互联互通水平低，通道制约明显

新疆与中亚双方的交通等现代化基础设施互联互通水平低，通行能力差，存在较大缺口。新疆向西的铁路通道能力不足，口岸建设滞后，通道瓶颈问题突出。铁路建设上，新疆"东连西出"的铁路通道单一，目前只有兰新铁路这一条通道，兰新铁路运输能力已经趋于饱和，迫切需要拓展新疆出疆通道。铁路口岸少，路网项目建设滞后，目前对外的开放口岸中仅有霍尔果斯和阿拉山口两个铁路口岸与中亚实现连通；空港建设上，目前仅开通了少量直达中亚、欧洲的国际航线，线路少、覆盖面小，通达城市有限，航空中转及枢纽作用尚未得到发挥；口岸建设上，对外开放的17个口岸中只有8个是面向第三国开放的口岸，其余的只是双边开放或临时开放；在通信和信息传输通道建设上，新疆向西陆地光缆仅与哈、吉、塔三国相通，通信距离长、成本高、质量差，对设施联通、贸易畅通、资金融通和民心相通形成很大瓶颈制约。

### （三）贸易投资便利化水平低，经贸合作存在障碍

当前，新疆在与周边国家贸易往来过程中，在"一关两检"、签证、货币互

换、关税、投资等方面存在诸多政策性限制，贸易和人员往来不畅。人员往来管理较严，限制较多，“一关两检”由于体制上各自独立，国内各部门协调不顺畅，尚不能形成工作合力，大通关协作机制作用未有效发挥。新疆是我国仅有的两个还没有实现护照按需申领的省份之一。同时，现行的签证政策影响了新疆与周边国家人员往来的便利性，特别是与周边国家开展经贸合作相关的投资签证、商务签证办理，对新疆“走出去”的企业造成了很大困扰。各国主要金融机构海外分支机构和代理行的数量少，结算往来只能通过第三国银行转汇办理，我国人民币跨境试点结算面临诸多障碍，影响资金融通。欧亚经济共同体和“俄白哈”关税同盟对我国形成挑战，三国关税和非关税壁垒的消除使新疆在共同体成员国市场处于不利境地，投资贸易法规不健全，还缺少一个涵盖“丝绸之路经济带”的国际政治、经济协调机制，阻碍了新疆与中亚经贸合作。

### （四）面临其他省份和城市的竞争，新疆优势地位受到挑战

随着“丝绸之路经济带”上升为国家战略，陕西、甘肃、青海、宁夏、重庆、四川、云南、广西等省份纷纷争当“丝绸之路经济带”的起点、节点区域和“桥头堡”，如西安打造“丝绸之路经济带”的新起点和“桥头堡”，甘肃打造“丝绸之路经济带”黄金段，重庆打造“丝绸之路经济带”的“桥头堡”等。与此同时，各省份也纷纷提出通过由新疆出境的“亚欧大陆桥”建立对欧快铁，重庆、成都、武汉、郑州已经分别开通了直达欧洲的“渝新欧”“蓉欧”“汉新欧”“郑新欧”国际铁路快线，成为欧洲对华贸易的新枢纽。由于面临着内地城市的激烈竞争，新疆区位优势受到削弱。由于新疆对外贸易多是过境贸易，本地产品所占比例很小，加之在内地省份开通对欧快铁后，新疆与中亚等国贸易额不断下降，存在着被边缘化的风险。由表 11-1 可以看出，新疆与中亚五国贸易额占比处于波动下降态势，2012 年与 2002 年相比，比重下降了 26.77 个百分点，下滑态势十分明显。

### （五）我国参与中亚合作已失去先发优势，缺少成熟经验

在中亚的多种国际合作机制中，我国参与得很少，而且是较晚进入多边合作的大国。有些起步早、基础好、中亚国家又很重视的国际机制，如欧亚经济共同体，我国并不是其正式成员，因而经常被排斥在外；有的国际机构和国际金融组

织在中亚启动的一系列合作项目，我国参与得也比较晚。目前，新疆与中亚的区域合作较为松散，国际化层次也比较低，还未建立起立足于长远发展需要的对外经济合作机制，在“丝绸之路经济带”核心区建设的实践中只能逐渐摸索适合新疆本地的方式、方法，总结经验。

### （六）部分中亚国家不良的政治经济环境给双方经贸合作带来了负面影响

从大环境来看，中亚地区的政治局势总体上还算是稳定，但局部的冲突一直没有中断，再加上近年来这些地区成为美国和俄罗斯权力争夺的热点地区，可以预计在相当一段时期内这些地区还会保持这种不间断局部冲突的政局特点。政局的不稳定必然会带来经济环境的恶化，使经济发展具有很大的不确定性和高风险性。由于法制不健全、市场机制不完善和滥用职权，中亚国家的腐败现象严重，上至政府官员，下至普通公务员，贪污腐化、营私舞弊现象随处可见。根据2012年12月4日公布的《透明国际2012年度全球腐败指数报告》可知，2012年哈萨克斯坦、俄罗斯、吉尔吉斯斯坦、塔吉克斯坦、土库曼斯坦、乌兹别克斯坦腐败程度很严重。

## 四、新疆建设成为“丝绸之路经济带”核心区的对策建议

### （一）加强打造核心区的战略、宏观指导

一是超前谋划，加强顶层设计和战略规划。在国家顶层设计的指导下，加强相关问题的前瞻性研究，重点研究新疆在“丝绸之路经济带”建设中的战略定位、战略重点、优先顺序和主攻方向等，编制发展战略规划。二是设立国家层面的专门机构。成立由国家各相关部门及新疆主要党政领导参加的“丝绸之路经济带”核心区建设工作领导小组，协调新疆与内地省份的联动发展。三是加强新疆与中亚国家及内地各省城市发展、基础设施建设、产业布局等专项规

划的对接。四是把打造核心区作为区域开放合作的重要内容列入新疆国民经济和社会中长期发展规划。五是积极配合，突出发挥各地州的优势。在“丝绸之路经济带”建设中，充分发挥各地州的作用，积极服务，出谋划策，有针对性地进行战略定位和规划，积极配合“丝绸之路经济带”建设。六是科学决策，实现合作共赢。“丝绸之路经济带”建设是一个战略决策、长期规划，不能低估建设任务的复杂性和艰巨性，在发展上应该体现近期和中长期策划，做到科学决策。

### （二）加强与周边国家的政治沟通

高度重视政治的引领作用，配合国家周边外交，加强与周边国家交往，经常就“丝绸之路经济带”有关重大问题交换意见，消除疑虑，扩大共识，巩固传统友好，深化政治互信，增强命运共同体意识，为“丝绸之路经济带”建设营造良好的政治环境。一是加强与外交部和驻周边国家使领馆沟通，及时将新疆对外合作需求纳入高层互访内容，实现高位推动。二是建立与周边国家决策层、协调层、执行层三级对接平台。三是加强友城工作，鼓励、引导和帮助各地州积极与周边国家城市建立友城关系。进一步充实友城合作内容，加强交往。四是加强与周边国家合作机制建设。全面梳理新疆与周边国家现有合作机制，并根据建设“丝绸之路经济带”的新形势、新要求，进行改组、升级、完善或新建相关合作机制。五是加强与中亚国家贸易便利化合作，进一步加强双边对话与沟通，建立我国和中亚国家海关及相关政府机构与商界更加紧密的战略合作伙伴关系。

### （三）制定倾斜的核心区发展政策

一是从国家层面做出部署，国家要在“丝绸之路经济带”中明确新疆战略地位，把新疆作为“丝绸之路经济带”核心区。国家除了在政策、投资、项目方面给予支持外，还需要进行机制体制创新，赋予其“先行先试”的特权。二是实施鼓励企业开展加工贸易的政策。实施更加优惠的加工贸易政策，鼓励国内外投资者以独资、合资、合作、参股等多种形式在新疆发展加工贸易。尽快签订与中亚国家的政府间合作协议，制定支持进口资源在新疆加工的政策措施；支持新疆企业在中亚国家选择合适区域进行煤炭资源开发，满足南疆三地州的煤炭供应。三是实施更加优惠的对外开放政策。建议将新疆列为提升沿边开放的试点省份，实施特殊的对外开放政策，给予伊宁和喀什机场落地签证政策，允许新疆护照办理实行按需申领，积极与中亚五国协商签订互免签证协议，允许新疆周边有条件国家在乌鲁木齐设立领事馆，近期可允许哈萨克斯坦和吉尔吉斯斯坦设立领事馆，适时批准条件成熟的新疆现有口岸扩大功能并逐步有序开放新口岸，协调开通对俄罗斯的吉克普林口岸和对吉尔吉斯斯坦的别迭里口岸，打通向北、向西的开放新通道。

### （四）设立中吉边境自由贸易区

自由贸易区建设成为包括上海合作组织各成员国在内的“丝绸之路经济带”沿线国家的远期目标。当然，自由贸易区建设也可以先从边境自由贸易区的建设开始启动，如中哈霍尔果斯边境自由贸易区。还可以借鉴中哈霍尔果斯边境自由贸易区的经验，在南疆伊尔克什坦口岸建立中吉边境自由贸易区，这样有利于与北疆霍尔果斯边境自由贸易区一起形成新疆向西开发、开放的“双剑”和“双桥头堡”态势，充分发挥阿拉山口、霍尔果斯口岸和亚欧第二路桥、精伊霍铁路以及中吉乌铁路的作用，加快新疆与中亚国家经济合作的进程。也将为建立中国与其他中亚邻国边境自由贸易区乃至中亚次区域自由贸易区积累经验，发挥示范作用。在试点实施效果好的基础上，可以启动中哈和中吉双边自贸区建设，在条件成熟时，逐步推进多个国家的多边自由贸易区，最终建立中国—中亚自贸区。

### （五）加快推进成立上海合作组织开发银行

资金短缺是新疆与中亚各国开展合作，特别是基础设施建设所遭遇的最大的制约，这个问题依靠新疆和周边国家自身力量难以解决。所以，应由国家牵头，协调各成员国共同出资，尽快成立上海合作组织开发银行，为我国与中亚国家重大跨国基础设施建设项目及重大经贸合作项目提供必要的融资保障，促进“丝绸之路经济带”沿线国家和地区经济发展与民生改善。

### （六）加强中国（新疆）与俄罗斯、中亚的教育合作及文化交流

国与国之间一个时期的稳定关系可以通过高层的政治往来和经济合作而获得，但是，国与国之间的充分信任和长期和睦关系没有人民之间在文化教育等领

域的广泛交流是不可能实现的。

只有加强与中亚国家间的教育合作和文化交流，双方才能在感情上相互亲近，文化上相互接受，这样不仅可以增加中亚国家对中国（新疆）的了解，消除相互间的隔阂和误解，也可以加深国家（地区）间的友谊，为“丝绸之路经济带”建设打下坚实基础。

## 五、中国对外在建和商谈自由贸易区现状

目前，中国在建自贸区 18 个，涉及 31 个国家和地区。其中，已签署自贸协定 12 个，涉及 20 个国家和地区，分别是中国与东盟、新加坡、巴基斯坦、新西兰、智利、秘鲁、哥斯达黎加、冰岛和瑞士的自贸协定，内地与香港、澳门的更紧密经贸关系安排（CEPA），以及大陆与台湾的海峡两岸经济合作框架协议（ECFA），除了与冰岛和瑞士的自贸协定还未生效外，其余均已实施；正在谈判的自贸协定有 6 个，涉及 22 个国家，分别是中国与韩国、海湾合作委员会（GCC）、澳大利亚和挪威的自贸谈判，以及中日韩自贸区和“区域全面经济合作伙伴关系”（RCEP）协定谈判。此外，中国完成了与印度的区域贸易安排（RTA）联合研究，正与哥伦比亚等开展自贸区联合可行性研究，还加入了“亚太贸易协定”。[①]

总的来说，目前中国自由贸易区安排呈现出一种以亚太邻国为重点、以拉美北欧为侧翼，点线结合的发展态势。中国 14 个邻国中，在东亚，中国正在积极推进建立中日韩自由贸易区；在东南亚，中国已经与东盟正式建立了自由贸易区，这是中国参加的第一个地区性自由贸易区组织；在南亚，中国与巴基斯坦建立了中巴自由贸易区，并且正在积极与印度磋商建立自由贸易区。但是，中国尚未与中亚地区邻国哈、吉、塔、乌、土等和北方邻国俄罗斯在自由贸易区问题上有重大进展，这不能不说是中国构建全方位立体式自由贸易区体系的一大缺陷或者遗憾。

① 中国对外商谈自由贸易协定总体情况，http://fta.mofcom.gov.cn/。

## 六、“丝绸之路经济带”建设初期的合作范围分析

“丝绸之路经济带”的建设目前还存在一些风险和挑战，因此，构建“丝绸之路经济带”是一个克服困难、逐步推进的过程。推进贸易与投资的便利化、促进互联互通、建立自由贸易区是“丝绸之路经济带”建设的三个阶段。

就目前及未来十年情形而言，范围上不宜过大，在上海合作组织框架下借助CAREC机制进行合作更为可行，可考虑中国、俄罗斯及中亚五国（“2+5”）的模式。上合组织是我国实现中亚战略目标的主要政策工具，倚重和发展上合组织，使其在中亚经济合作方面发挥主导作用是我国对中亚政策的基本出发点。CAREC是活跃在中亚地区经济合作领域的多边机制之一，在推进经济合作议程的实施方面，已走在其他地区多边经济组织前列。因此，中国要充分利用这两个合作组织，作为推动中国（新疆）参与中亚区域经济合作的“驱动轮”，谋求中国（新疆）在不同层面、不同领域的经济利益和经济诉求。

## 七、中吉边境自由贸易区建设构想

建设“丝绸之路经济带”可以借鉴澜沧江—湄公河次区域合作过程中的项目联动模式，从各方的实际出发，本着先易后难的原则，组织力量，认真研究筛选出对合作方都有利的合作项目，制定出合作的规划，并纳入合作方的“计划盘子”，认真实施。依托具体合作项目，先从双边项目启动，再到多边项目合作，逐步推进，建设中吉边境自由贸易区可作为“丝绸之路经济带”中吉两国建设的重点启动项目。项目联动是“丝绸之路经济带”建设的纽带，既是初期合作的启动点、切入点，也是今后不断巩固合作的结合点。

## (一) 中吉边境自由贸易区建设的有利条件

### 1.“丝绸之路经济带”建设已有顶层设计，并逐步推进

党的十八届三中全会通过的《中共中央关于全面深化改革若干重大问题的决定》明确提出，加快沿边开放步伐，允许沿边重点口岸、边境城市、经济合作区在人员往来、加工物流、旅游等方面实行特殊方式和政策。建立开发性金融机构，加快同周边国家和区域基础设施互联互通建设，推进“丝绸之路经济带”“海上丝绸之路”建设，形成全方位开放新格局。

“丝绸之路经济带”建设目前已经进入规划阶段，国家发改委正在编制“丝绸之路经济带”战略规划，丝绸之路沿线省份均密集调研，寻找自身优势，进行规划布局。商务部将进一步推进在货物运输、人员往来等方面的贸易投资便利化进程，加大电子商务等创新贸易方式的推广力度；推动人民币在与中亚各国结算中的运用，为贸易和项目融资提供便利。

商务部配合相关部门研究制定《至2020年沿边地区开放开发规划》，在丝绸之路战略构想落实工作建议中充分考虑发挥西部地区的作用。此外，商务部协助中吉、中塔政府间经贸合作委员会下设新疆—吉尔吉斯斯坦、新疆—塔吉克斯坦经贸合作分委会开展工作，推动在经贸合作分委会下设立新疆与对方国家毗邻地区合作机制，为新疆与中亚国家开展经贸合作搭建平台。

### 2. 吉尔吉斯斯坦支持建设“丝绸之路经济带”

习近平主席提出的共建“丝绸之路经济带”这一主张契合了包括吉尔吉斯斯坦在内的中亚国家的发展诉求，将带来“丝绸之路经济带”贸易和经济往来新的繁荣期。国家主席习近平2013年9月11日在比什凯克同吉尔吉斯斯坦总统阿坦巴耶夫举行会谈，双方就发展中吉关系、深化两国合作坦诚深入交换意见，达成重要共识。两国元首宣布将中吉关系提升为战略伙伴关系。阿坦巴耶夫表示，吉方支持习近平主席建设“丝绸之路经济带”的倡议，愿同中方扩大经贸、能源、互联互通、人文等领域合作。吉尔吉斯斯坦议长叶延别科夫表示，愿以两国建立战略伙伴关系为契机，加快双方合作步伐，共建“丝绸之路经济带”。2013年12月21日，吉尔吉斯斯坦外交部部长阿卜杜勒达耶夫在接受中央电视台“丝绸之路经济带”中亚采访组的专访时表示，“丝绸之路经济带”前景远大。

3. 中国和吉尔吉斯斯坦合作基础好，贸易规模较大

中国新疆的柯尔克孜族与吉尔吉斯斯坦的吉尔吉斯族同根同源，是一个民族，宗教信仰、语言习俗等大体相似，共同的历史渊源与文化传统使中国新疆与吉尔吉斯斯坦的经济合作有着得天独厚的条件。中国与吉尔吉斯斯坦的贸易额逐年扩大，在2008年达到93.33亿美元的顶峰后，有一定程度的下滑，近两年又有回升之势（见表11–3）。此外，中国是吉尔吉斯斯坦的第二大贸易伙伴国，也是吉尔吉斯斯坦最大的商品进口国（见表11–4）。

**表11–3　中国（新疆）与中亚五国贸易额**

单位：亿美元

| 年份 | 中亚五国合计 | 哈萨克斯坦 | 吉尔吉斯斯坦 | 塔吉克斯坦 | 土库曼斯坦 | 乌兹别克斯坦 |
|---|---|---|---|---|---|---|
| 2002 | 23.88<br>(15.50) | 19.55<br>(13.70) | 2.02<br>(1.54) | 0.12<br>(0.05) | 0.88<br>(0.09) | 1.32<br>(0.19) |
| 2004 | 58.43<br>(38.70) | 44.98<br>(32.90) | 6.02<br>(4.60) | 0.69<br>(0.31) | 0.98<br>(0.04) | 5.76<br>(0.86) |
| 2006 | 120.58<br>(73.90) | 83.58<br>(50.10) | 22.26<br>(18.60) | 3.24<br>(2.18) | 1.79<br>(0.43) | 9.72<br>(2.66) |
| 2008 | 308.23<br>(188.11) | 175.52<br>(90.71) | 93.33<br>(79.73) | 15.00<br>(12.54) | 8.30<br>(0.77) | 16.07<br>(4.36) |
| 2010 | 301.34<br>(137.42) | 204.49<br>(92.59) | 42.00<br>(26.57) | 14.33<br>(10.76) | 15.70<br>(1.29) | 24.83<br>(6.21) |
| 2012 | 459.48<br>(176.82) | 256.82<br>(111.67) | 51.62<br>(40.39) | 18.57<br>(14.07) | 103.72<br>(1.38) | 28.75<br>(9.31) |

资料来源：《中国统计年鉴》(2003~2013)。

**表11–4　2012年中亚五国进口与出口贸易额依次排名前五位的国家**

| | 哈萨克斯坦 | 吉尔吉斯斯坦 | 乌兹别克斯坦 | 塔吉克斯坦 | 土库曼斯坦 |
|---|---|---|---|---|---|
| 进口 | 俄罗斯、中国、德国、乌克兰、土耳其 | 中国、俄罗斯、哈萨克斯坦、土耳其、乌兹别克斯坦 | 俄罗斯、中国、韩国、哈萨克斯坦、德国 | 中国、俄罗斯、哈萨克斯坦、土耳其、伊朗 | 中国、土耳其、俄罗斯、阿联酋、德国 |
| 出口 | 中国、俄罗斯、法国、德国、意大利 | 乌兹别克斯坦、哈萨克斯坦、俄罗斯、中国、阿联酋 | 中国、哈萨克斯坦、土耳其、俄罗斯、乌克兰 | 土耳其、中国、伊朗、阿富汗、哈萨克斯坦 | 中国、乌克兰、意大利、阿联酋、阿富汗 |

资料来源：2013年亚洲开发银行中亚五国统计数据。

4. 吉尔吉斯斯坦经济开放程度较高

吉尔吉斯斯坦于 1998 年成为世界贸易组织成员，经济开放程度较高，经贸政策比较宽松透明，平均进口关税低于其他独联体国家和中国，仅为 5%~6%。非关税壁垒相对较少，中国企业和商品进入吉尔吉斯斯坦市场较容易。而且吉尔吉斯斯坦鼓励外资进入，国内建有几个自由经济区，经济区内生产的产品，若在经济区内加工程度超过商品价值的 30%（家电类为 15%），该产品可获得吉尔吉斯斯坦政府授权机构发放的出口商品的原产地证书。中国产品经吉尔吉斯斯坦转口，或中国企业在吉尔吉斯斯坦投资设厂生产的商品，可经吉尔吉斯斯坦顺利进入其他中亚国家市场。

5. 伊尔克什坦口岸通关条件能够满足建设边疆自由贸易区的需求

2011 年 12 月 9 日，伊尔克什坦口岸迁至乌恰县城开发区，迁移后的伊尔克什坦口岸通关条件大为改善，通关能力进一步增强①。加之伊尔克什坦口岸园区是喀什经济开发区的一部分，按照《国务院关于支持喀什霍尔果斯经济开发区建设的若干意见》（以下简称《意见》）的产业布局要求，口岸将重点发展进出口商品物流仓储集散中心、进出口产品加工区、商贸综合服务区等产业，并享受《意见》确定的各项特区优惠政策。喀什—伊尔克什坦高速公路于 2013 年 12 月通车，为伊尔克什坦口岸园区打造乌恰—喀什—阿图什“1 小时经济圈”奠定了基础，对园区建设和发展起到了积极的促进作用。

## （二）中吉边境自由贸易区是中国与吉尔吉斯斯坦合作模式的突破

次区域经济合作模式一般有增长三角、跨国经济合作开发区、边境自由贸易区三种模式。从对次区域经济合作三种模式的分析可以看出，增长三角模式属于双边或三边性质，而其他两种模式都属于双边性质，对现阶段中国（新疆）与中

① 有着百年历史的伊尔克什坦口岸，曾是中苏（中俄）两国边民贸易的通道，2002 年 5 月 20 日，作为国家一类永久性陆路公路口岸，对中吉（吉尔吉斯斯坦）两国及第三国的人员、货物、交通工具开通。伊尔克什坦口岸原址位于克孜勒苏柯尔克孜自治州乌恰县吉根乡斯姆哈拉村，属地震多发带，地域狭小，海拔 3000 米，气温低，昼夜温差大，植被稀少，自然条件恶劣，且缺少相对完善的配套实施，后勤保障、综合服务能力跟不上，难以满足近年来日益增长的双方经贸往来需求。加之远离县城，无法发挥口岸对当地经济的辐射带动作用。新落成的口岸位于新疆乌恰县城以西 3000 米，距喀什市、阿图什市约 110 千米，规划面积 6.4 平方千米，项目设计年过货量 150 万~200 万吨，年客流量为 50 万人次。通关过货、生活设施、后勤保障等条件大为改善，其距老口岸 140 千米，海拔高度下降了 1000 米，寒冷天气也由每年 85 天减少到 29 天，日均 0℃以下的天气由 190 天减至 114 天，有利于延长通关时间，通畅物流、人流。

亚国家区域经济合作在不同的时间和空间范围内具有一定的适用性。但从新疆与吉尔吉斯斯坦的现实情况看，边境自由贸易区模式应该更具有可操作性。

从边境自由贸易区建立的条件看，其选址虽有一定要求，但条件并不苛刻，一般口岸区域基本能满足条件，其最大难度在于双边自由贸易相关政策的协调。如果双方都有强烈的设立边境自由贸易区的愿望，通过谈判、协商，政策问题得以解决，边境自由贸易区模式就具有较强的可操作性和实现的可能性。中哈霍尔果斯边境自由贸易区（中哈霍尔果斯国际合作中心）的建设就是很好的证明。

从新疆与吉尔吉斯斯坦的贸易额、口岸条件来看，建议先建立中吉边境自由贸易区作为试点，可考虑在伊尔克什坦口岸建立。这样有利于与北疆霍尔果斯边境自由贸易区一起形成新疆向西开发、开放的“双剑”和“双桥头堡”态势，充分发挥阿拉山口、霍尔果斯口岸和亚欧第二路桥、精伊霍铁路以及未来中吉乌铁路的作用，加快新疆与中亚国家经济合作的进程。

由于中吉边境属于高海拔地区，自然条件恶劣，双方的口岸区域离边境线都有一定距离，因此很难效仿中哈霍尔果斯边境自由贸易区的建设模式，即双方在边境地区各划出一块土地来规划建设。但可以考虑在中方伊尔克什坦口岸区域或在吉方伊尔克什坦口岸区域划出一块土地（4~5 平方千米），由两国共同建设和管理。如果在中方口岸区域建设，则吉方有一定面积的土地使用权；如果在吉方口岸区域建设，则中方有一定面积的土地使用权。具体建设地址可视双方口岸区域的自然条件和基础设施条件由两国政府协商确定。从目前双方口岸的通关、基础设施、园区建设、政策支持等条件看，在中方伊尔克什坦口岸园区设立双边自由贸易区更具可行性。

中吉边境自由贸易区可视为两国间优惠的自由贸易特殊安排，或者视为两国间自由贸易区的过渡安排。它至少可以说是在两个层面上递进、延伸的结果。一方面，它是在边境贸易概念上的进一步拓展。虽然传统上边境贸易一般是单边的优惠安排，但是，两国相互间均给予对方以优惠（并不要求完全对等）的条件下，它就有可能在边境地区一定地域范围内将这种优惠扩展成为边境自由贸易区，并在符合一般自由贸易区基本要求的基础上，建立两国间地域范围有严格限制的自由贸易区。另一方面，它又可以被认为是两国间自由贸易区概念上的缩小，或地域适用范围压缩在边境商定地区的自由贸易区。其内容涵盖关税与非关税的削减、服务贸易的开放及在区内鼓励和保护投资的优惠。

目前，中哈霍尔果斯边境自由贸易区（边境合作中心）前期建设已开工，部分设施已投入使用①。中哈霍尔果斯边境合作中心的建设可为中吉建立边境自由贸易区提供经验和借鉴。

## （三）中吉边境自由贸易区具体构想与相关政策

中吉伊尔克什坦边境自由贸易区实行相对封闭管理，在区域范围内实行零关税制度，人员出入、往来，货物的流通、交易享有较高的自由度。自由贸易区建成后，两国公民可免签证进入自由贸易区。自由贸易区可设商务区、国际会展区、仓储运输区、宾馆饭店和其他商业服务设施、金融机构等，使进入自由贸易区的人员可以在其中完成从商业谈判到仓储物流、娱乐休闲到吃穿住行的一系列行为，使之具备国际物流中心、行政事务管理中心和旅游休闲中心的功能。

结合目前研究，笔者提出以下中吉伊尔克什坦边境自由贸易区相关政策，如表 11–5 所示。只有大量企业、集团及民间组织参与，在充分的人流、物流和资金流的条件下，以大批行之有效的合作项目作为载体，以具体政策为保障，进入自由贸易区进行贸易与投资的企业在政府提供的“孵化器”中能够成长、壮大，既得利益得到保障，中国与吉尔吉斯斯坦区域经济合作才能实现突破，获得更大的发展。

**表 11–5　中吉伊尔克什坦边境自由贸易区的相关政策**

| | |
|---|---|
| 关税政策 | ①根据 FTA 的一般惯例，以符合原产地规则条件为前提，经过双边谈判，确定除两国法律禁止进出口的货物和物品外，允许原产于中哈两国的货物自由进入该区，一律免征关税和环节税。对该区内的企业从第三国进口所有货物，均实行保税管理<br>②对于该区内生产、制造、加工的产品进入中吉两国市场，由双方政府协商对等给予减半征收进口关税和环节税的优惠。对于该区内未经加工的产品进入中哈两国市场，应视同正常进口商品，税收不予优惠<br>③由新疆境内销往该区的货物视同出口，办理出口报关手续，享受出口退税政策 |

① 经中哈双方批准，2004 年 2 月，在霍尔果斯口岸附近的中哈边境区划出 5.28 平方千米（中方 3.43 平方千米，哈方 1.85 平方千米），并按零关税条款筹建中亚中哈边境自由贸易区。中哈霍尔果斯边境自由贸易区是建立在两国特定边境口岸地区的自由贸易区，按照国际惯例实行对等的优惠政策，即区内实行货物贸易、服务贸易和投资的自由开放政策，充分发挥中哈双方的资源优势，以吸引国内外工商企业大规模进入，使之成为融中哈区域性加工制造中心、区域性贸易中心等多种功能为一体的边境自由贸易区，进而逐步发展成为具有中亚区域特色的国际商贸、加工业中心。2011 年 8 月 23 日，中哈霍尔果斯国际边境合作中心通过国家验收；2011 年 12 月 2 日，举行中哈霍尔果斯国际边境合作中心启动仪式暨中哈铁路对接仪式；2012 年 4 月 18 日，霍尔果斯国际边境合作中心内将启动临时市场，服装、建材、果蔬等各类产品在临时市场经营。

续表

| | |
|---|---|
| 非关税政策 | ①中吉双方均不对原产于另一方的进口货物采取与世界贸易组织规则不符的非关税措施，包括（但不限于）不对任何产品的进口、出口或出口销售采取数量限制或禁止，也不采取缺乏科学依据的动植物卫生检疫措施以及技术性贸易壁垒。此外，一般不采取反倾销、反补贴及保障措施<br>②除两国禁止出口或国际公约限制的产品外，在该区内生产、制造、加工和交易的商品可自由出口，一般不受配额和许可证限制，也不受贸易方式的限制<br>③除国家禁止进口或国际公约限制的产品外，区内企业从境外进口各类资源性货物进行生产、加工、制造和交易，一般不受进口配额限制，也不受国营贸易或非国营贸易限制 |
| 投资便利政策 | ①允许国内及第三国的各类企业、经济组织和自然人等自由进入该区登记注册<br>②除中吉两国法律和国际公约禁止的项目外，企业可自主决定其投资、生产和经营项目 |
| 税收政策 | ①货物在该区内可自由交易、存储、展览、加工、组装，免征增值税、消费税和营业税<br>②凡在该区投资的企业，除征收所得税外，不再征收任何其他税费<br>③由国内进入该区的基础设施建设物资和该区内企业自用设备，按照出口贸易政策，予以退税<br>④企业从哈方进口基础设施建设物资和区内设施自用设备进入该区中方区域，按照保税区政策，免征关税及进口环节增值税<br>⑤从该区进入中方境内的货物按一般贸易税收管理规定照章征收关税和进口环节增值税 |
| 服务贸易政策 | ①中吉两国签订协议，双方均可在自由贸易区设立银行；中吉两国及第三国的企业、经济组织和自然人到该区投资，其资本不受任何限制自由进入该区；中吉两国货币及国际各主要货币均可在该区内自由流通；凡从该区汇出外汇或从该区携带现钞入境，按中吉两国政府金融外汇管理部门签订的相关协定执行<br>②在该区建立独立的电信网络，实行境内关外（如中国香港、中国澳门）的管理模式。依据自由贸易区的实际和国际惯例，自行制定区内的电信管理制度<br>③中吉两国及第三国游客可免签证进入该边境自由贸易区。对在该区内组织旅游团体赴新疆喀什市、阿图什市和吉尔吉斯斯坦奥什市的一日游实行免签证。允许国际旅行社进入该区，从事中吉两国及第三国游客的接团业务和其他旅游业经营业务。旅客从该区进入中方境内，每人每日一次可携带 8000 元人民币的免税物品<br>④允许中吉两国及第三国劳务人员进入该区自由就业 |
| 检验检疫程序及标准一致化政策 | ①经中吉两国协商一致，该区内制定并实行统一的检验检疫标准及程序<br>②从境外以直通或转关运输方式进入该区的货物、集装箱、运输工具应接受卫生检疫<br>③由该区运入境内的货物，视同进口，实施检验检疫监管<br>④区内企业为加工出口产品所需的货物免予实施品质检验，但以废物作为原料的，按有关规定实施环保项目检验。区内企业自用的办公和正常生活用品，检验检疫机构免予实施品质检验<br>⑤该区内企业的加工产品，凡符合中华人民共和国出口货物原产地规则或普惠制给惠国原产地规则的，均可向检验检疫机构申请签发一般原产地证明书或普惠制原产地证明书<br>⑥该区内从事食品生产、加工、经营的企业和人员需接受卫生检疫监管 |
| 人员出入管理政策 | 经中吉两国政府磋商达成协议，凡持有双方认可的有效身份证件的人员即可自由进入该自由贸易区，免办签证手续；第三国人员持有护照或中吉两国颁发的通行证件也可进入该区 |
| 行政与司法管理政策 | ①设立共同的立法与执法机构。该机构的职能是制定统一规划和共同的政策与法规，既要遵循国际规则，同时又不违背各自国家的法律规定，保证相对独立的立法与司法权力。该机构由双方人员对等组成<br>②双方分别设立管理机构，依照各国法律、法规负责管理区内各自一侧的行政、司法事务。新疆设立“中吉边境自由贸易区管理委员会”，该委员会属自治区人民政府的派出机构，行使政府管理职能 |

# 八、中吉边境自由贸易区建设若干建议

## （一）成立组织，适时启动建立中吉边境自由贸易区的谈判

建议在亚洲开发银行牵头主导的CAREC机制下，在中国新疆和吉尔吉斯斯坦的奥什州设立"中国新疆与吉尔吉斯奥什经贸合作委员会"，隶属"中亚次区域经贸合作协调委员会"，属于高官层面，由中国发改委、财政部、商务部的司级官员，新疆政府和吉尔吉斯斯坦的相应部门相应级别官员与奥什州政府联合组成，适时启动建立中吉边境自由贸易区的谈判。谈判内容应围绕前面所提到的具体选址问题、关税和非关税政策、投资便利化政策、服务贸易政策等相关政策展开。每年分别在新疆乌鲁木齐和吉尔吉斯斯坦的奥什州召开两次会议，主要研究和商定边境自由贸易区合作的政策、规划、项目和协调措施，为行业、企业和地区的合作创造条件。下设联络处负责日常事务，负责研究提出合作开发的规划、计划、项目，拟订合作开发的方针、政策和措施，检查督促合作开发项目的执行，以及与国内外的联系和合作开发信息的收集、服务等。新疆应积极力争将联络处设在乌鲁木齐市。还可建立通关和口岸合作、检验检疫、交通运输、贸易与投资、旅游、金融等行业工作小组，具体讨论并筛选近期、中期和远期建设的重点项目事宜。

## （二）新疆应力促中吉边境自由贸易区的设立，实施局部突破战略

由于新疆与中亚国家的经贸合作既有优势，又存在不利因素，所以在短期内不宜仿效欧共体、北美自由贸易区模式，也难以形成类似东南亚那样的经济联盟，只能建立"边境自由贸易区"，走由局部特区到区域一体、由松散合作到紧密合作、从双边到多边合作的路子，集中力量产生重点突破，形成突破效应，以局部带动整体，推动新疆与中亚的区域经济合作向更高层次发展。

### （三）解决中国新疆与吉尔吉斯斯坦经贸合作中的签证难、通关不畅等问题

尽快由国家出面协调解决影响中资企业赴吉尔吉斯斯坦投资经营活动的签证难问题，积极与吉尔吉斯斯坦协商签订互免签证协议，或者缩短当地办理有效签证的时间，延长居留时间；与吉尔吉斯斯坦协调解决通关制度不配套、通关不规范及海关、检验检疫等部门协作不力造成的通关不畅问题；加大口岸基础设施建设，改善双方的口岸基础设施条件，使边境口岸真正成为“丝绸之路经济带”的便捷贸易通道，尽快促成签订《国际铁路运输便利化协定》。

### （四）加强中国新疆与吉尔吉斯斯坦的教育合作和文化交流

国与国之间一个时期的稳定关系可以通过高层的政治往来和经济合作而获得，但是，国与国之间的充分信任和长期和睦关系没有人民之间在文化教育等领域的广泛交流是不可能实现的。只有加强与吉尔吉斯斯坦的教育合作和文化交流，双方才能在感情上相互亲近，文化上相互接受，这样不仅可以增加吉尔吉斯斯坦对中国的了解以消除相互间的隔阂和误解，还可以加深国家（地区）间的友谊，为“丝绸之路经济带”建设打下坚实基础。

## 九、建立中吉边境自由贸易区的展望

若能借鉴中哈霍尔果斯边境自由贸易区的经验，在伊尔克什坦口岸区域建立中吉边境自由贸易区，就为建立中国新疆与吉尔吉斯斯坦自由贸易区奠定了良好的基础。如果中吉边境自由贸易区能够建成并运转良好，通过多方磋商，适时地启动建立中国新疆与吉尔吉斯斯坦自由贸易区的谈判，并促成中国新疆与吉尔吉斯斯坦自由贸易区的早日建立。自由贸易区以消除贸易和投资的障碍为前提，必然会最大限度地实现在区域内的商品、资本和劳务的自由流动，达到跨国界的区域内商品、资本和劳务的最佳配置，促进新疆与吉尔吉斯斯坦经济发展，提升本地区在世界经济和国际经济关系中的地位。这些将为建立中国与其他中亚邻国边

境自由贸易区乃至中亚次区域自由贸易区积累经验，发挥示范作用。同时，也将促使其他成员国转变观念、实现体制创新、加快融入全球多边贸易体系，由此将极大地推动中国与中亚区域经济一体化的进程。

可以预见，随着精伊霍铁路的通车、中吉乌铁路的建设，加之现有的第二亚欧大陆桥，三条现代丝绸之路和向西开发的三大"桥头堡"——博乐（阿拉山口）、伊宁（霍尔果斯）、喀什（伊尔克什坦、红其拉甫）将会形成。"丝绸之路经济带"不仅是一个运输走廊，更是一个充满活力的经济发展轴线和经济走廊。依托这三个走廊和三个"桥头堡"，可以大力实施大经贸、大流通和大旅游战略，实施"走出去""引进来"战略，引进一批有实力的商贸流通企业集团，加大对中亚的投资，大力发展现代物流业，形成"东联西出、西来东去乃至西来西去① 的外向型发展格局"，努力把新疆建成中国—中亚、西亚和南亚的商品出口加工基地、物流中心、交通枢纽中心和文化交流中心，尽早建成中国—中亚自由贸易区。

**参考文献**

[1] 张猛，丁振辉. 上海合作组织自由贸易区：构想及其意义 [J]. 国际经贸探索，2013，29 (2)：22-33.

[2] 高志刚. 中亚国家区域经济合作现状及发展缓慢的原因分析 [J]. 新疆财经大学学报，2013 (4)：12-18.

[3] 高志刚. 基于三类模式的中国新疆与中亚次区域经济合作平台的构建 [J]. 俄罗斯中亚东欧市场，2010 (10)：21-27.

[4] 王习农. 向西开放战略与建立中国—中亚自由贸易区 [J]. 实事求是，2012 (2)：36-38.

[5] 刘志中. "新丝绸之路"背景下中国中亚自由贸易区建设研究 [J]. 东北亚论坛，2014 (1)：113-118.

[6] 张晔. 中亚地区的大国角逐及对中国与中亚区域经济合作的影响 [J]. 新疆社会科学，2009 (3)：59-63.

[7] 高志刚. 新疆与中亚五国在区域开放中战略地位和合作趋势 [J]. 开放导

① "西来西去"是指利用中亚的原材料进行加工和深加工，再把加工的制成品销售到中亚、南亚和西亚市场。

报，2005（1）：60–62.

［8］张鸿翔. 中国周边国家金属矿产资源调查与合作潜力分析［J］. 地球科学进展，2009（10）：1159–1171.

［9］努尔·白克力. 2012 年新疆维吾尔自治区人民政府工作报告［R］. 新疆维吾尔自治区人民政府网站，2012–02–02.

［10］高志刚. 新疆区域经济差异与预警系统研究［M］. 新疆：新疆人民出版社，2003.

［11］周超. 提升新型工业化发展保障能力［EB/OL］. 新疆网，2014–01–14.

［12］秦放鸣，张力民，毕燕茹. 从投资角度看中国与中亚国家区域经济合作［J］. 开发研究，2012（2）：1–3.

［13］刘文翠，李翠花. 新疆与中亚五国跨境贸易人民币结算存在问题及建议［J］. 新疆财经，2013（1）：71–73.

［14］凌激. 中国与中亚国家经贸合作现状、问题及建议［J］. 国际观察，2010（5）：9–10.

［15］王海燕. 中国与中亚国家参与周边区域经济合作机制比较研究［J］. 新疆师范大学学报，2010（2）：59–61.

# 第十二章 “丝绸之路经济带”新疆与中亚的经贸及交通合作*

新疆与中亚五国接壤和毗邻，位居丝绸之路中国最前沿、最核心的地带，是中国对中亚国家贸易的主体、经贸合作的“桥梁”和人文交流的纽带，在建设“丝绸之路经济带”中具有不可替代的重要战略地位和现实作用，也因此在共建“丝绸之路经济带”战略中面临重大历史机遇，当然也存在诸多挑战。

## 一、新疆与中亚国家经贸合作的现状特点

多年来，新疆充分利用与中亚国家的区位、地缘、人文等方面优势，紧紧抓住国家沿边开放、向西开放、西部大开发等战略和历史机遇，积极开展与中亚国家的经贸合作，取得了显著成绩。

### （一）新疆与中亚五国贸易现状特点

1. 新疆对中亚五国的贸易稳步快速增长，但占比下降

新疆对中亚五国的贸易是新疆外贸的主体，从 1992 年的 4.6 亿美元发展到 2012 年的 175.8 亿美元，增长了 37 倍多，尤其是 2001 年以来增长尤为迅速（除了 2009 年因金融危机造成大幅下降外）。近三年，进出口额年均增长 22.1%，高于全国（20.5%）1.6 个百分点。

---

* 原文题目：《“丝绸之路经济带”新疆与中亚经贸合作机遇、挑战与对策》。作者：新疆财经大学国际经贸学院段秀芳。《新疆建设成为“丝绸之路经济带”重要交通枢纽中心研究》。作者：新疆维吾尔自治区交通运输厅规划设计管理中心王伯礼。有改动。

但近年来，新疆对中亚五国贸易占比持续下降。多年来，新疆对中亚五国的贸易在新疆外贸中的占比一直在70%以上，不仅是新疆外贸的主体，也是中国对中亚国家贸易的主体。但是，在激烈的市场竞争中，近年来新疆在中国对中亚国家贸易总额中的比重逐步降低，已由2003年的70%降低到2012年的38%，近十年降低了32个百分点。不仅如此，新疆对中亚国家贸易在新疆外贸中的比重也在市场多元化的推进中由2006年最高时的81%降低到2012年的70%。

与此同时，新疆外贸在全国和西部省份的位次下降。根据中国海关统计数据，新疆外贸在全国和西部省份的位次从2008年最好时的第12位和第1位降至2012年的第19位和第4位。新疆对外贸易依存度从2008年最高时的36.7%降至2012年的21.19%，比全国低近26个百分点。

2. 新疆对中亚五国贸易商品结构明显改善，但仍未根本改变

近年来，新疆机电产品进出口规模增长迅速，从2009年的24.86亿美元增加到2012年的49.9亿美元，增长了1倍多（见图12-1）；出口商品结构明显改善，新疆机电及高新技术产品出口占全区出口总值的比重从2000年的7.76%上升至2012年的24.1%，提高了16.34个百分点。

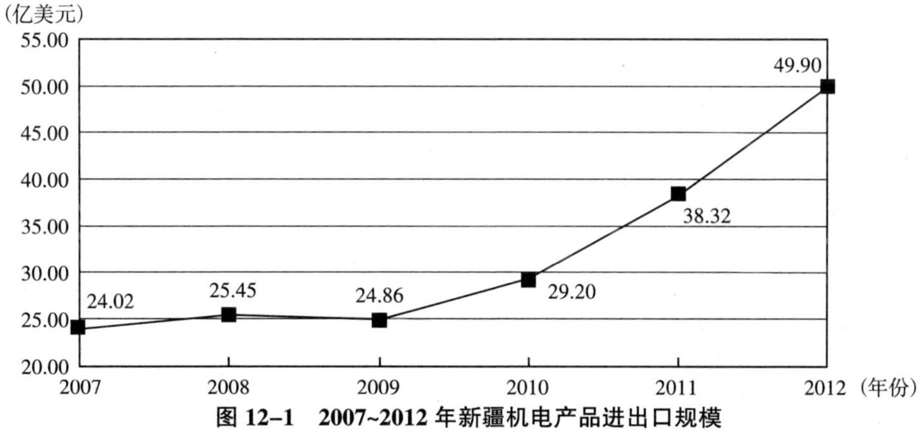


**图12-1 2007~2012年新疆机电产品进出口规模**

资料来源：乌鲁木齐海关。

尽管近年新疆对外贸易商品结构明显改善，但出口以传统大宗商品为主，进口以资源性产品为主的特征明显，而且进出口商品单一。在出口方面，尽管机电、高新技术产品出口占比提高很快，但仍以传统大宗商品为主。由图12-2可见，2012年，新疆出口超过5亿美元的九类商品依次为：服装出口51.10亿美元，机电产品44.4亿美元，鞋类21.37亿美元，纺织制品20.09亿美元，农产品

8.43 亿美元，家具 6.66 亿美元，箱包 5.79 亿美元，塑料制品 5.47 亿美元，汽车 5.39 亿美元。除机电产品和汽车外，其他七类都是传统大宗商品，总计 118.91 亿美元，占出口总额的 61.5%。可见，出口以传统大宗商品为主的特征非常显著。

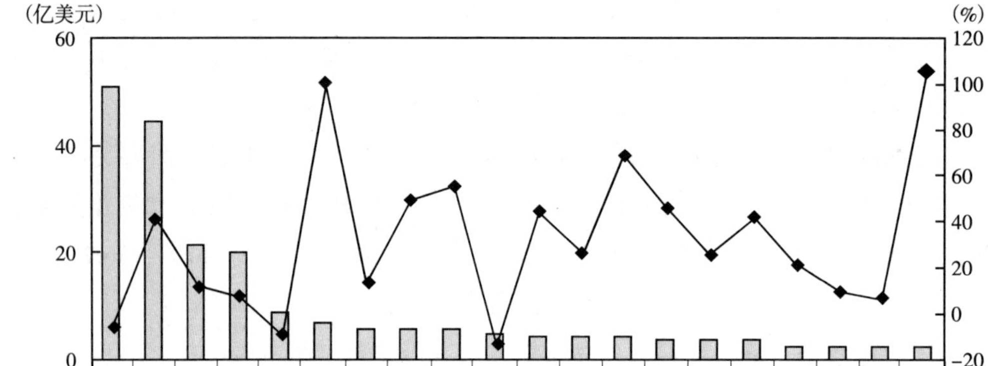


| | 服装 | 机电产品 | 鞋类 | 纺织制品 | 农产品 | 家具 | 箱包 | 塑料制品 | 汽车 | 番茄酱 | 文化产品 | 汽车零件 | 灯具 | 玻璃制品 | 钢材 | 陶瓷产品 | 高技术产品 | 聚氯乙烯 | 水果 | 铝材 |
|---|---|---|---|---|---|---|---|---|---|---|---|---|---|---|---|---|---|---|---|---|
| 出口额 | 51.10 | 44.40 | 21.37 | 20.09 | 8.43 | 6.66 | 5.79 | 5.47 | 5.39 | 4.42 | 3.93 | 3.87 | 3.86 | 3.72 | 3.62 | 3.42 | 2.09 | 2.02 | 2.01 | 1.99 |
| 增减 | −5.60 | 42.30 | 12.30 | 7.50 | −9.90 | 100.90 | 13.50 | 49.00 | 57.00 | −13.30 | 44.80 | 25.30 | 69.40 | 46.10 | 26.00 | 42.30 | 20.60 | 8.90 | 7.00 | 106.20 |

**图 12-2　2012 年新疆出口超亿美元商品分析**

资料来源：乌鲁木齐海关。

在进口方面，由图 12-3 可见，2012 年，新疆进口超过 1 亿美元的八类商品依次为原油 30.70 亿美元，铁矿砂 6.99 亿美元，农产品 6.02 亿美元，机电产品

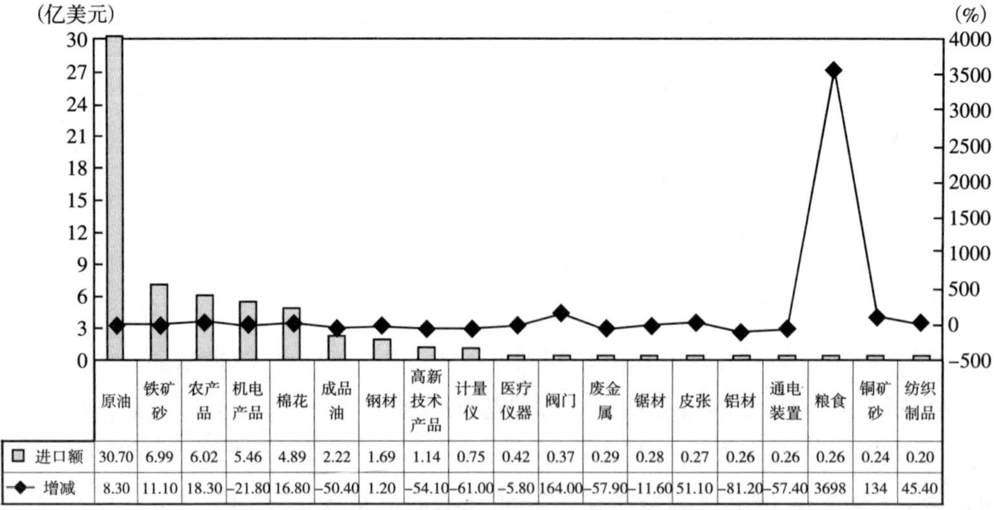


| | 原油 | 铁矿砂 | 农产品 | 机电产品 | 棉花 | 成品油 | 钢材 | 高新技术产品 | 计量仪 | 医疗仪器 | 阀门 | 废金属 | 锯材 | 皮张 | 铝材 | 通电装置 | 粮食 | 铜矿砂 | 纺织制品 |
|---|---|---|---|---|---|---|---|---|---|---|---|---|---|---|---|---|---|---|---|
| 进口额 | 30.70 | 6.99 | 6.02 | 5.46 | 4.89 | 2.22 | 1.69 | 1.14 | 0.75 | 0.42 | 0.37 | 0.29 | 0.28 | 0.27 | 0.26 | 0.26 | 0.26 | 0.24 | 0.20 |
| 增减 | 8.30 | 11.10 | 18.30 | −21.80 | 16.80 | −50.40 | 1.20 | −54.10 | −61.00 | −5.80 | 164.00 | −57.90 | −11.60 | 51.10 | −81.20 | −57.40 | 3698 | 134 | 45.40 |

**图 12-3　2012 年新疆进口超 2000 万美元商品分析**

资料来源：乌鲁木齐海关。

5.46 亿美元，棉花 4.89 亿美元，成品油 2.22 亿美元，钢材 1.69 亿美元，高新技术产品 1.14 亿美元。除机电产品和高新技术产品外，其他六类都是资源类产品，总计 52.54 亿美元，占进口总额的 90.2%（其中，原油进口占进口总额的 52.8%）。可见，进口以资源类产品为主的特征非常显著。

3. 边境贸易比重大，但加工贸易比重很低

从贸易方式看，近年新疆一般贸易占比有所上升，边境贸易占比有所下降，贸易方式结构进一步优化，转变外贸发展方式取得新成效。以机电产品为例，新疆机电产品进出口一般贸易占比从 2009 年的 48%提高至 2012 年的 60%，而边境贸易占比从 2009 年的 38%下降至 2012 年的 29%（见图 12-4）。由图 12-5 可以看到，新疆边境贸易进出口规模已有 17 年占全区外贸半壁江山，连续 8 年列全

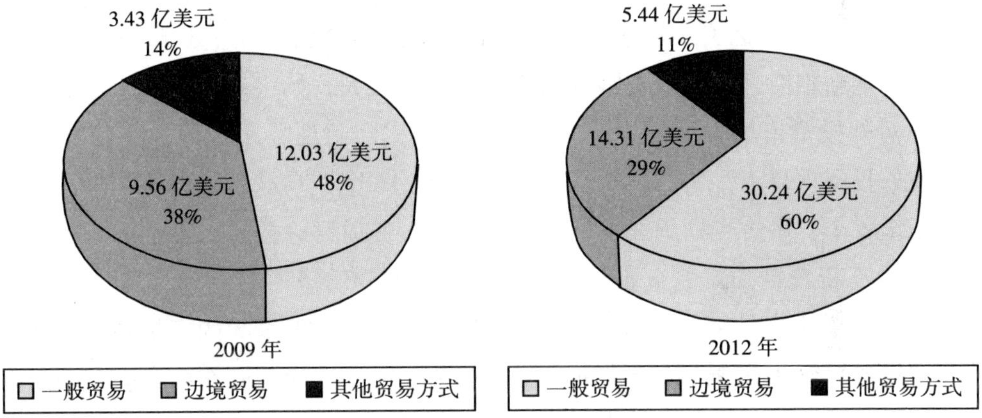


**图 12-4 新疆机电产品进出口贸易方式**

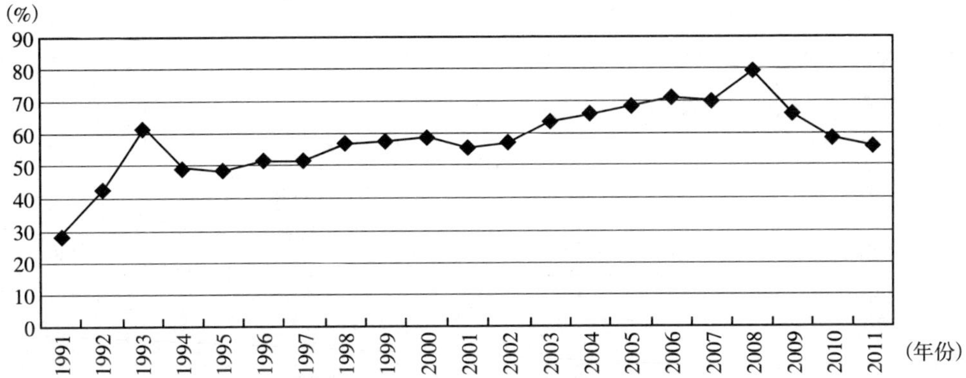


**图 12-5 1991~2011 年新疆边境贸易占比**

资料来源：根据《新疆统计年鉴》计算。

国陆路边境省份之首。2012 年，新疆边境贸易进出口额占全国的 40.2%，占新疆进出口总额的 51.8%，边境贸易仍占绝对比重。但加工贸易在新疆外贸中的占比却从 2001 年最高时的 8.3%降至 2012 年的 1.0%，与全国形成鲜明的反差。

此外，地产品出口占比低，且迅速下降。新疆地产品出口比重从 2004 年的 30%降低到 2012 年的 20%。

## （二）新疆与中亚国家经济技术合作现状特点

在对外贸易快速发展的同时，新疆企业面向中亚市场“走出去”开展工程承包、生产经营、科技、农业、教育合作以及人文交流等，合作日益广泛而深入。

1. 对外直接投资近年徘徊不前，波动较大

从表 12-1 中可以看到，近年全国对外直接投资一直呈现快速稳定增长态势，从 2007 年的 187.2 亿美元迅速扩大到 2012 年的 772.2 亿美元，6 年增长了 3.125 倍。但同期新疆对外直接投资则徘徊不前，波动较大，始终未能突破 4 亿美元大关。在对外投资市场方面，中亚国家是主体。据新疆商务厅统计，2012 年新疆新批境外投资项目 47 个，其中投资哈萨克斯坦 16 个、乌兹别克斯坦 7 个、吉尔吉斯斯坦 6 个、塔吉克斯坦 3 个，中亚国家占投资项目总数的 68%。随着企业发展战略的不断成熟，新疆企业在境外的项目规模和质量不断提升。2012 年，新疆非金融类境外投资 5000 万美元以上项目有 11 个，规模最大的额尔齐斯石油有限公司投资总额达到 55452 万美元。新康等公司已经成为新疆在中亚国家的品牌企业。

**表 12-1 新疆对外经济合作**

单位：亿美元

| 年份 | 中国 | | 新疆 | |
|---|---|---|---|---|
| | 直接投资 | 承包工程 | 直接投资 | 承包工程 |
| 2007 | 187.2 | 406.4 | 2.9553 | 4.1753 |
| 2008 | 406.5 | 566.0 | 1.6363 | 7.9479 |
| 2009 | 433.0 | 777.0 | 1.9237 | 6.8289 |
| 2010 | 590.0 | 922.0 | 3.7346 | 9.3714 |
| 2011 | 600.7 | 1034.2 | 3.7528 | 9.7197 |
| 2012 | 772.2 | 1166.0 | 2.5920 | 14.7047 |

资料来源：历年《新疆统计年鉴》。

2. 对外工程承包稳步快速发展

从表 12-1 可以看到，近年新疆对外承包工程快速增长，从 2007 年的 4.1753 亿美元迅速扩大到 2012 年的 14.7047 亿美元，6 年增长了约 2.5 倍，在全国的占比从 1.027%提升到 1.261%。承包工程市场方面，哈萨克斯坦等中亚传统市场得到进一步巩固，非洲、南美洲等新兴市场成为新疆对外承包工程的增长亮点。2012 年，对外工程承包营业额突破 14 亿美元，200 多家企业在周边国家开展商贸物流、资源开发合作、承包大型输变电工程，建设境外园区等，带动了成套设备、原辅材料出口、资源进口和劳务输出。特变电工等公司已经成为新疆在中亚国家的品牌企业。

在共建“丝绸之路经济带”这一新的历史背景和重大机遇下，进一步深化和提高新疆与中亚国家的经贸合作水平，不仅能够提升新疆对外经贸水平，巩固并提升新疆在国家向西开放和沿边开放中的战略地位，而且也有助于国家能源战略、向西开放战略、沿边开放战略以及西部大开发战略的有效实施，还有助于推动和提升中国在共建“丝绸之路经济带”中的地位和作用。

## 二、新疆与中亚国家经贸合作面临的机遇和挑战

当前，新疆参与共建“丝绸之路经济带”既面临众多机遇，也面临各种挑战，但总体上机遇远大于挑战。

### （一）新疆与中亚国家经贸合作面临的机遇

第一，中国与中亚国家“战略伙伴关系”的全面升级为中国新疆与中亚国家开展经贸合作提供了坚实的国家政治基础。2013 年 9 月，习近平主席先后访问了土库曼斯坦、哈萨克斯坦、乌兹别克斯坦和吉尔吉斯斯坦，并与四国签署了《中土关于建立战略伙伴关系的联合宣言》《中哈关于进一步深化全面战略伙伴关系的联合宣言》《中乌关于进一步发展和深化战略伙伴关系的联合宣言》以及《中吉关于建立战略伙伴关系的联合宣言》，并提出与四国坚持“三好”，明确“三不”，即永远做好邻居、好朋友、好伙伴，绝不干涉中亚国家内政、不谋求地区

事务主导权、不经营势力范围。2014 年 9 月 13 日，习主席与拉赫蒙总统共同签署了《中塔关于进一步发展和深化战略伙伴关系的联合宣言》。这些新的宣言和主张把中国与中亚各国的双方关系都带入“战略伙伴”时代。而“战略伙伴”除了说明双方关系的重要性，还表明关系的长期性、稳定性和可预测性，为中国新疆与中亚国家经贸合作提供了更好的国家政治基础。可以说，目前，中国与中亚国家关系正处于历史最高水平。

第二，中国与中亚国家一系列政府间经贸合作协定为中国新疆与中亚国家经贸合作提供了坚实的物质基础。2013 年 9 月，在习近平主席访问中亚四国期间，中哈双方签署了总金额达 300 亿美元的经贸合作协议 22 项，中乌签署合同金额达 150 亿美元的经贸投资协议 31 项，中吉达成合作融资协议 9 项（中方未来向吉投融资 30 亿美元），中土则主要就天然气管线建设和气田开发达成能源合作协议。2014 年 9 月 13 日，中塔通过了《中华人民共和国和塔吉克斯坦共和国 2015 年至 2020 年合作纲要》等 16 份文件。众多协议的签署为中国新疆与中亚国家经贸合作提供了坚实的物质基础和更加广阔的发展空间。

第三，中亚国家经济发展战略和规划为中国新疆开展与中亚国家的经贸合作提供了现实基础和广阔的发展空间。哈萨克斯坦正在实施工业创新发展战略（《2010~2014 年国家加速工业创新发展纲要》），努力推进私有化进程，并开始把引资重点转向非资源领域。吉尔吉斯斯坦《2013~2017 年经济发展的五年规划》提出，集中精力优先发展交通、电力、采矿、农业、轻工业、服务业等经济领域。塔吉克斯坦制定的《2007~2015 年国家发展战略》把发展轻工业、矿产品和农产品加工、有效开发水利资源、发展旅游业和服务业等作为今后经济发展的方向。乌兹别克斯坦于 2010 年底正式批准了《2011~2015 年乌兹别克斯坦工业发展纲要》。各国重点支持优先发展的领域都是新疆具有相对优势的领域，为中国新疆企业投资相对具有竞争优势的中亚国家工业制造业领域提供了广阔的经贸合作与投资发展空间。

第四，中亚国家积极“入世”为中国新疆与中亚国家经贸合作提供了更加宽松有利的市场环境。吉尔吉斯斯坦早在 1998 年就已经“入世”。塔吉克斯坦于 2012 年底成为世界贸易组织一员。长期停滞不前的乌兹别克斯坦也加快了“入世”谈判进程，进入双边市场准入谈判。就连在国际经济事务中长期保持中立的土库曼斯坦也在 2013 年决定启动加入世界贸易组织的谈判。而新疆最大的贸易伙伴国哈萨克斯坦已经结束与世界贸易组织成员的双边市场准入谈判，有望于近期“入世”。中亚国家的积极“入世”，尤其是哈萨克斯坦“入世”必将为中哈贸易与投资提供有利的市场环境，推动以哈萨克斯坦为重点的中国与中亚经贸合作进入一个全新的发展阶段。此外，中亚国家为吸引外资建立的一系列经济特区也为新疆与中亚经贸合作提供了更加有利的政策条件。如哈萨克斯坦已经建立了以加工制造为主，包括科技、物流和旅游在内的十大经济特区。

第五，近年新疆一系列涉外经贸平台的搭建为中国新疆与中亚国家经贸合作提供了有力的条件支撑和政策支持。2010 年 6 月，批准设立的喀什、霍尔果斯经济开发区建设全面推进；走过 19 年历程的乌洽会升格为中国—亚欧博览会，并已成功举办四届；中哈霍尔果斯国际边境合作中心于 2011 年 12 月正式封关运营，部分建设项目已经投入使用，新疆乃至西北第一个免税购物中心——中免商场已经开业；中哈第二条铁路于 2012 年 12 月 25 日通车运营；阿拉山口综合保税区于 2013 年 1 月 10 日封关运营；2012 年 12 月 17 日阿拉山口和 2014 年 7 月 10 日霍尔果斯批准建市； 此外，一批国家级经济技术开发区（19 个）、高新技术产业开发区（2 个）、科技兴贸出口创新基地（2 个）、外贸转型升级示范基地（1 个）的建设等都为推进中国新疆企业与中亚国家经贸合作、充分发挥新疆在共建“丝绸之路经济带”中特殊而重要的作用提供了更加有力的条件支撑和政策支持。

### （二）新疆与中亚国家经贸合作面临的挑战

第一，俄罗斯为保持其对中亚国家的主导、控制和影响力，会对中国提出的共建“丝绸之路经济带”存有戒心。

第二，美国、西欧以及日韩等国家对“丝绸之路经济带”沿线国家强有力的市场竞争对我国构成现实挑战。对新疆而言，还面临国内东南沿海等内地发达省份的激烈竞争。

第三，2011 年 7 月，美国提出的构筑以阿富汗为交通和贸易枢纽，将南亚、中亚与西亚连接起来，以实现“能源南下”“商品北上”的“新丝绸之路计划”无疑会加强阿富汗与巴基斯坦等周边古丝绸之路经济带几个国家的经贸合作，从而削弱中国在共建“丝绸之路经济带”中的作用。

第四，俄白哈关税同盟自 2010 年开始实施以来，进程很快，对中国和新疆与其经贸合作尤其是双边贸易造成很大的负面影响。而它的"升级版"——将于2015年1月1日生效的欧亚经济联盟无疑将进一步延续这种负面影响。

第五，"丝绸之路经济带"沿线国家是跨国有组织犯罪猖獗的地区，中亚极端伊斯兰势力的蔓延，跨界犯罪、贩毒等恐怖活动，以及2014年英美从阿富汗撤军后，阿富汗境内外的恐怖组织活动等都将对共建"丝绸之路经济带"构成威胁。这一点对新疆影响更大。

此外，"丝绸之路经济带"沿线国家对共建"丝绸之路经济带"这一战略构想的不解和疑虑也会影响到经贸合作的快速推进。

## （三）深化新疆与中亚国家经贸合作的对策建议

面对上述挑战，如何抓住共建"丝绸之路经济带"这一重大历史机遇，发挥与新疆极其重要的战略地位相适应的特殊作用，深化新疆与中亚国家经贸合作，我们认为，必须由中央与新疆地方政府双管齐下、共同努力，才能实现预期目标。具体对策建议如下：

（1）积极争取中央政府支持，解决长期影响新疆与中亚国家经贸合作的遗留历史问题。

第一，签证难的问题。签证难问题一直是制约中国与中亚经贸关系的一个重要因素，而且并没有随着双方贸易与投资规模的扩大而得到缓解，严重影响着中资企业在中亚国家的投资经营活动。哈萨克斯坦于2008年设定的外国劳务配额比例为全国就业人口的1.6%，2014年这一比例降至0.7%。严重供不应求的劳务许可配额致使我国在哈萨克斯坦的许多中资企业，包括本地化程度很高的中资企业都受到签证难的困扰。例如，新康哈萨克斯坦番茄制品厂、野马国际有限公司哈萨克斯坦分公司等，这些中资企业员工的本地化率都在95%以上，中方员工只有7~9个指标，但是，由于签证难且要求和限制多，中方员工从来没有全部在岗，通常在岗率只有50%，有时甚至只有1人或2人在岗，而且回国仅半月再返回哈萨克斯坦也要重新体检、办理落地签等手续，严重影响到企业的正常生产和经营活动。此外，应争取国家尽快批准霍尔果斯口岸和喀什办理签证业务。霍尔果斯口岸和喀什都是中国新疆和中亚国家出入境频繁、人员流量很大的口岸，而且离乌鲁木齐和北京距离遥远，为方便人员进出，降低成本，必须尽快解决两地的签证问题。

第二，通关不畅问题。通关不畅来自中亚国家和国内海关、商检等部门内部协调不畅这两方面原因。解决此问题，一是需要中央政府出面与对方国家协调通关制度、通关不规范造成的通关不畅，二是需要国家相关政府主管部门出面协调解决国内各相关部门，如海关、检验检疫等部门的协作问题。

第三，口岸基础设施建设问题。由于口岸多在边境自然环境和条件恶劣的地方，基础设施建设所需投资巨大，而新疆自身和中亚国家都是资金短缺的经济落后地区，口岸基础条件很差，严重影响双边经贸合作。以中亚国家经济发展最好的哈萨克斯坦为例，哈方段霍尔果斯口岸至阿拉木图市 378 千米路程因路况太差，需颠簸近八个小时。因而建议国家从地缘政治和国家战略利益出发，积极承担大国责任，帮助丝绸之路沿线国家改善口岸基础设施条件；同时，加大新疆口岸建设投资，进一步改善口岸基础设施条件，使边境口岸真正成为“丝绸之路经济带”便捷的贸易通道。

第四，增加并扩大新疆现有口岸功能。开放中俄吉克普林口岸和中吉别迭里口岸，推动红山嘴、都拉塔等更多的口岸向第三国开放，卡拉苏和老爷庙口岸由季节性开放转变为常年开放，尽快开放伊宁机场口岸等。

第五，国际道路运输问题。“丝绸之路经济带”是一条陆路大通道，陆路通道的不利条件远大于海上通道，尤其是跨境国家之间的运输协调复杂而困难，导致第二欧亚大陆桥通而不畅。要加大力度积极主动开展丝绸之路沿线国家的国际协调，尽快签订《国际铁路运输便利化协定》。

此外，在加快中国新疆与中亚国家公路、铁路以及管道建设的同时，建议增加开通新疆与“丝绸之路经济带”沿线国家，尤其是中亚国家的民用和货运航线。具体包括：尽快恢复乌鲁木齐至塔什干航班（2010 年 3 月停飞），除伊斯兰堡外，喀什还应该尽快开通至杜尚别和比什凯克的航线，尽快批准伊宁口岸国际机场建设项目。发挥新疆“丝绸之路经济带”交通枢纽、交通节点和通道的作用，提升对外开放能力。

（2）加强沿线国家政府间共识，合力推进。充分利用上合组织平台和亚行倡导的中亚区域经济合作（CAREC）机制共同推进“丝绸之路经济带”建设。上合组织成员和亚行成员同时都是“丝绸之路经济带”沿线国家（地区），建议在此基础上，充分发挥和利用现有基础和条件推进“丝绸之路经济带”建设。建立沿线国家“丝绸之路经济带”建设合作机制。鉴于目前沿线国家对共建“丝绸之路经济带”战略的观望和疑虑态度，中国政府应通过多种渠道和方式加强沟通，尽快达成共识，推动沿线国家积极参与，真正形成“共建”的国际氛围。在此基础上，逐步建立沿线国家“丝绸之路经济带”建设合作机制，合力推进“丝绸之路经济带”建设。积极协调督促哈方加快中哈霍尔果斯国际边境合作中心哈方建设，争取中哈双方区域协调发展，尽早发挥合作中心综合功能，促进合力，力争取得最大经济效应；同时，充分利用其离岸金融试点区的有利条件，实现货币兑换和结算的自由交易。

产业是经济发展的基础，也是开展对外经贸活动的基础。没有产业做支撑，新疆众多口岸只能是通道经济。为改变这一现状，必须发展自身产业，以产业发展带动贸易和投资发展，为经贸发展提供支撑。大多中亚国家油气等能源资源丰富，但基础设施和工业技术相对薄弱。自治区及地州市政府，尤其是乌昌地区、奎独乌地区、伊犁地区、石河子地区、库尔勒地区、喀什地区等产业基础和外向型经济条件好的地区，要充分利用自身的资源优势、特色产业以及对口援疆下的东部产业转移的契机，面向中亚市场选择确定优先发展的重点产业，给予重点支持，形成产业链，培育一批面向中亚市场的重点支柱产业和主导产业，加快推进新疆新型工业化进程，加快新疆贸易结构的优化、转型升级，为新疆“丝绸之路经济带”核心区建设和“五大中心”建设提供产业支撑，这是长久发挥新疆在共建“丝绸之路经济带”中特殊作用之根本和基础。在产业选择中，既要考虑现有特色优势产业的发展，如农副产品加工、矿产品加工、煤化工、劳动密集型制造业等，又要考虑环境保护和可持续发展。在产业培育中，要结合国家级经济技术开发区和各类工业园区，形成产业集聚效应。同时，要重点扶持培育一批进出口加工基地，为深化经贸合作提供物质基础。

企业是市场竞争的微观主体，新疆要想在激烈的中亚市场竞争中占据一席之地，取得和自身地缘、市场、人文等优势一致的竞争地位，就必须培育技术领先、质量过硬，且具有创新能力和国际竞争力的大企业。在新疆出口贸易中，地产品的比重仅占 20%，对地方经济的拉动作用非常有限。要改变这一现状，提高新疆地产品出口比重，必须培育造就一批有国际竞争实力的大企业。要充分利用 19 省市援疆，重点支持和培育一批面向中亚市场、具有造血功能的“龙头”企业，通过质量和品牌提高国际竞争力，这是深化新疆与中亚国家经贸合作、提升贸易和投资水平、长久发挥新疆在共建“丝绸之路经济带”中特殊作用的关键。

(3) 建设完善并充分发挥现有涉外平台的综合功能。新疆现有 17 个国家级一类口岸，15 个陆路口岸中面向中亚五国的就有 10 个，其中阿拉山口和霍尔果斯是目前国内仅有的两个铁路、公路、管道“三位一体”的综合性陆路口岸。中哈霍尔果斯国际边境合作中心是建立在中哈两国霍尔果斯口岸的跨境经济贸易区和投资合作中心，是中国与其他国家建立的首个国际边境合作中心，也是上海合作组织框架下区域合作的示范区，2011 年 12 月封关运营，现已开始发挥功能效应。喀什和霍尔果斯两个经济开发区在援疆和国家一系列优惠政策的支持下快速发展，显示出良好的发展前景。主要面向中亚国家的中国—亚欧博览会已经成功举办四届，成为中亚地区最有影响力的展会。此外，还有阿拉山口保税区、乌鲁木齐出口加工区、边境经济合作区等涉外平台。可以说，上述现有涉外平台已经具备了良好的政策条件、一定的基础设施条件和功能基础，但综合功能还未能充分发挥，经济社会效应还非常有限，需要进一步建设完善，真正发挥为新疆与中亚国家的经贸合作提供强力支撑的平台作用。

## 三、新疆与“丝绸之路经济带”的交通合作

通过深入分析新疆所具有的独特交通区位内涵和特殊重要的战略地位，笔者认为将新疆建设成为“丝绸之路经济带”重要交通枢纽中心是重要的战略选择。

2013 年 9 月 7 日，习近平主席在哈萨克斯坦纳扎尔巴耶夫大学演讲时，首次提出“丝绸之路经济带”概念，并提出要创新合作模式，共建“丝绸之路经济带”。2013 年 11 月 16 日，中共中央政治局委员、新疆维吾尔自治区党委书记张春贤在自治区党委八届六次全委（扩大）会议上提出：加大全方位开放力度，努力将新疆建设成“丝绸之路经济带”上重要的交通枢纽中心，成为国家能源资源陆上大通道，成为“丝绸之路经济带”核心区，即共建“丝绸之路经济带”，把新疆建设成为“丝绸之路经济带”上重要交通枢纽中心。

“丝绸之路经济带”是典型的交通经济带。所谓的“交通经济带”，是以运输通道作为发展主轴（轴），以轴上或其吸引范围内的大中城市（点）为依托，以发达的产业特别是第二、第三产业为主体的带状经济区域和点轴经济系统，即交

通经济带=交通+城市+产业。根据这一定义，“丝绸之路经济带”就是以古丝绸之路沿线已经形成或即将形成的运输通道为发展轴线（轴），以轴上或其吸引范围内的大中城市（点）为依托，以发达的产业特别是第二、第三产业为主体的带状经济区域和点轴经济系统。

## （一）“丝绸之路经济带”通道的空间范围

根据对古丝绸之路沿线各国交通、城市、产业发展现状、地缘政治状况及未来发展趋势的全面把握、综合比选和高度概括，笔者认为，“丝绸之路经济带”包括北带、中带、南带三条既相互区分又紧密联系的发展带，各带都是以古丝绸之路沿线已经形成或即将形成的运输通道为主轴（轴），以轴上或其吸引范围内的大中城市（点）为依托，向两侧延伸一定距离（两侧各50千米左右）而形成的点轴面相结合的带状区域和点轴经济系统，以中带为主带，以北带、南带为两翼。

（1）北带交通主通道走向：京津唐地区（环渤海经济圈）—呼和浩特—额济纳旗—伊吾—将军庙—富蕴—吉木乃—哈萨克斯坦厄斯克门—俄罗斯莫斯科—圣彼得堡—芬兰赫尔辛基（波罗的海沿岸）。

（2）中带交通主通道走向：上海—徐州—兰州—哈密—乌鲁木齐—精河—霍尔果斯—哈萨克斯坦阿拉木图—乌兹别克斯坦塔什干—土库曼斯坦捷詹—伊朗马什哈德—伊朗德黑兰（支线自德黑兰通波斯湾沿岸霍梅尼港）—土耳其安卡拉—德国慕尼黑—法国巴黎—法国加来（大西洋沿岸）。

（3）南带交通主通道走向：广州—长沙—怀化—重庆—成都—阿坝—格尔木—若羌—和田—喀什—巴基斯坦伊斯兰堡—瓜达尔（印度洋沿岸）。

在亚欧大陆层面，“将新疆建设成为‘丝绸之路经济带’重要交通枢纽中心”，就是要依据新疆处于亚欧大陆腹地的区位内涵，形成两条通道、一个枢纽的“十”字形交通格局，把新疆建设成为亚欧大陆中心地区最重要的交通枢纽中心。

具体来说，“两条通道”即指东西通道和南北通道；“一个枢纽”即指东西通道和南北通道交会地带形成的国际交通枢纽中心。

东西通道即指上海—西安—兰州—哈密—乌鲁木齐—霍尔果斯—阿拉木图—塔什干—德黑兰—伊斯坦布尔—慕尼黑—巴黎洲际通道。目前，该条通道已经实现公路线路全程通达。

南北通道即指俄罗斯新西伯利亚市—喀纳斯地区—独山子—库车—喀什—伊斯兰堡—瓜达尔国际通道。目前，南北通道除中俄阿尔泰山交界喀纳斯地区尚未实现公路直接连通以外，其他地段均已经实现公路全线通达（中巴公路因地质病害暂时中断、独库公路为季节性通道）。

未来，东西通道将逐步演化为亚欧大陆东西向陆路综合交通运输主轴线和经济发展主轴带，南北通道及其延伸线将逐步演化为亚欧大陆中心地区南北向陆路综合交通运输主轴线和经济发展主轴带。

### （二）新疆建设亚欧大陆交通枢纽中心的具体设想

从亚欧大陆层面看，新疆尤其是天北核心区乌昌—奎独乌石地区将逐步成为两条通道交会地带，成为亚欧大陆中心地区最重要的交通枢纽中心，成为“丝绸之路经济带”重要的交通枢纽中心。

在中亚及其相邻地区层面，“将新疆建设成为‘丝绸之路经济带’重要交通枢纽中心”，就是要依据新疆处于中亚及相邻地区中心部位的区位内涵，形成八条通道、一个枢纽的双向“扇形”交通格局，把新疆建设成为中亚及其相邻地区最重要的交通枢纽中心，成为国内最大的国际陆路交通运输省份。

具体来说，八条通道依次为：①东北向的乌鲁木齐—伊吾—额济纳—呼和浩特—京津唐地区通道；②东向的乌鲁木齐—哈密—兰州—西安—上海通道；③东南向的乌鲁木齐—库尔勒—格尔木—阿坝—成都—北海通道；④南向的乌鲁木齐—库尔勒—喀什—伊斯兰堡通道；⑤西南向的乌鲁木齐—库尔勒—喀什—安集延—塔什干—德黑兰通道；⑥西向的乌鲁木齐—奎屯—霍尔果斯—阿拉木图—阿特劳通道；⑦西北向的乌鲁木齐—塔城—阿斯塔纳通道；⑧北向的乌鲁木齐—中俄阿尔泰山交界喀纳斯地区—新西伯利亚市通道。

目前，除东北向通道伊吾—额济纳段、东南向通道香日德—花石峡段、北向通道白哈巴—科什阿加奇段未建设公路线路以外，其他各条通道均已实现公路线路全程通达（南向通道中巴公路因地质病害暂时中断）。

以上八条通道全部建成通车之后，从中亚及相邻地区层面看，新疆尤其是乌鲁木齐—库尔勒一线就将逐步成为八条通道的交会地带，成为中亚及相邻地区最重要的交通枢纽中心，成为“丝绸之路经济带”重要的交通枢纽中心。

建设枢纽城市是通道建设的关键。在全区各市县中优选出十个重要交通枢纽城市。通过对新疆各个市县交通区位、交通线路通达状况、经济社会发展现状及未来发展趋势的全面把握、综合比选，笔者认为，在新疆各市县中，以下十个市县或城市集群适宜成为"丝绸之路经济带"重要交通枢纽城市，分别为乌昌核心区、哈密市、库尔勒市、若羌县、喀什市、阿克苏市、奎独乌石地区、伊宁市、克拉玛依市、阿勒泰市—北屯市—布尔津城市集群。

最后，还应该完善乌鲁木齐市、喀什和伊宁等中心城市及节点城市的功能，强化其交通枢纽中心、物流商贸中心、金融中心、文化科技中心和医疗服务中心的地位，为新疆与中亚国家的经贸合作提供全方位的优质配套服务功能。

## （三）新疆建设亚欧大陆交通枢纽中心的行动计划

建议"丝绸之路经济带"新疆交通枢纽中心建设采取以下具体行动：

1. 十条通道建设与畅通行动计划建议

需要解决的障碍或问题：亚欧南北通道北段存在阿尔泰山自然地理障碍，中俄阿尔泰山交界地带尚未实现公路直接连通或者间接便捷连通；亚欧南北通道南段存在喀喇昆仑山自然地理障碍，中巴国际公路尚未实现完全畅通；亚欧南北通道中段存在中天山自然地理障碍，独库公路目前仅为季节性通道；亚欧东西通道新疆天北核心区段已建高速公路的车辆拥挤度相对较高，需要增容扩能，提高公路基础设施服务水平和车辆通过能力；亚欧东西通道新疆出入境段需要进一步提高国际运输便利化水平。

行动计划建议：促请新疆维吾尔自治区人民政府或者交通运输部，通过中哈俄或者中蒙俄国际协作，建设经过阿黑吐别克口岸或者红山嘴口岸的中俄间接公路便捷通道；促请自治区人民政府或者交通运输部，通过中巴国际协作，升级改造或改线中巴公路部分路段，争取实现中巴国际公路全年畅通；着手研究进一步改建独山子—库车段以延长通车期、便利通行的可行性，争取将该线全线或者部分路段改建为全年通车通道；促请国家相关部委批准实施天北核心区段已建高速公路增容扩能改造项目，进一步提高公路基础设施服务水平和车辆通过能力；促请自治区人民政府或者交通运输部，通过中哈国际协作，进一步提高亚欧东西通道新疆出入境段国际运输便利化水平。

2. 八条中亚及相邻地区主通道建设与畅通行动计划建议

需要解决的障碍或问题：东北向通道伊吾—额济纳段瓶颈制约路段尚未正式获准开建；东向通道乌鲁木齐—星星峡段仍需进一步提高服务水平和车辆通过能力；东南向通道北段存在中天山自然地理障碍，乌鲁木齐—巴仑台—库尔勒高速公路亟待建设；五条国际通道出入境段均存在需进一步提高国际运输便利化水平问题，通道境外线路大部分路段等级水平相对较低，国际道路运输车辆通行不便。

行动计划建议：促请国家相关部委批准开建东北向通道伊吾—额济纳段瓶颈制约路段；进一步优化东向通道乌鲁木齐—星星峡段服务设施，提高服务水平，增强车辆通过能力；积极开展乌鲁木齐—巴仑台—库尔勒—尉犁—若羌高速公路或高等级公路项目前期工作，争取首先建成乌鲁木齐—巴仑台—库尔勒—尉犁段；促请自治区人民政府或者交通运输部，通过国际协作，进一步提高五条国际通道出入境段乃至延伸段国际运输便利化水平；通过国际协作，提升五条国际通道境外线路等级水平。

3. 十个交通枢纽城市建设行动计划建议

需要解决的障碍或问题：绝大部分枢纽城市的总体规划对交通枢纽地位体现不足，规划和预留交通用地严重不足。而德国相关研究表明，成熟城市交通用地应占城市用地面积的25%。目前，十个交通枢纽城市均未达到这一水平。城市交通枢纽职能与相关职能未能完全合理组合。

行动计划建议：促请自治区人民政府，通过制定相关指导性文件，督促交通枢纽城市在修编城市总体规划时充分体现和突出交通枢纽地位，充分规划和预留交通用地。促请自治区人民政府，通过制定相关文件，督促交通枢纽城市合理组合枢纽城市交通枢纽职能和相关职能。

4. 十个单体交通枢纽建设行动计划建议

需要解决的障碍或问题：迄今为止，几乎所有已建单体枢纽均为单一交通方式运输枢纽；特大城市单体枢纽有待进一步优化整合。

行动计划建议：促请相关部门，有序引导单一交通方式运输枢纽向综合运输枢纽转进；配合和支持相关方面，对特大城市单体枢纽进行进一步优化整合。

在“共建‘丝绸之路经济带’，逐步形成区域大合作”的背景下，只要进一步解放思想，变革创新，加强国际区际通道建设，支持重点枢纽城市重视或突出枢纽地位，加快单体枢纽建设，进一步提高服务能力和运输便利化水平，就一定能够“将新疆建设成‘丝绸之路经济带’上重要的交通枢纽中心”，进而促进和支撑新疆成为“丝绸之路经济带”上重要商贸物流中心、金融中心、文化科技中心和医疗服务中心，成为国家大型油气生产加工和储备基地、大型煤炭煤电煤化工基地、大型风电基地和国家能源资源陆上大通道，成为“丝绸之路经济带”核心区。

**参考文献**

[1] 保健云. 国际区域合作的经济学分析——理论模型与经验证据 [M]. 北京：中国经济出版社，2008.

[2] 孟令兴. 系统动力学建构下交通枢纽型经济的发展理论与实证研究 [D]. 成都：西南交通大学博士学位论文，2011.

[3] 殷广卫. 新经济地理学视角下的产业聚集机制研究 [D]. 天津：南开大学博士学位论文，2009.

[4] 杨鹏. 通道经济—区域经济发展的新兴模式 [M]. 北京：中国经济出版社，2012.

[5] 刘育红. 新“丝绸之路”经济带交通基础设施、空间溢出与经济增长 [D]. 西安：陕西师范大学博士学位论文，2012.

[6] 白永秀，王颂吉. 丝绸之路经济带的纵深背景与地缘战略 [J]. 改革，2014 (3)：64-73.